穹宇涉獵

穹宇涉獵 01
三部曲

文釗 著

代序：人生旅途的啟示

這不是一本經典之作，更不是什麼文學創作，僅是在人生旅程中走遍大江南北，跨越海洋，攀登高山而留下點點滴滴的紀錄而匯聚成的一個冊子，作為獻給與我「相濡以沫」五十載妻子的一份薄禮。這份薄禮中，包含著我謙卑的感恩與敬仰，更代表著我們生命的新一個起始。

這個樸素而溫馨的「家」是在她堅定不移的操勞中打造成我們心田中的安全島；孩子們在她辛勤工作和關愛下健康成長；是她將這座簡樸的屋簷下孕育出一片充滿笑容和希望的祥和氛圍。

我們的生活中從沒有追求浩瀚大海般的雄心壯志輝煌騰達，也未曾有過期待河谷山川中波濤洶湧似的顯赫地位，唯一的喜悅就如同隱藏在密密樹叢中不為人知的淅瀝溪流。

我們的人生旅途中從未幻想過濃葉密布蒼天大樹的深林，也未曾覬覦爭奇鬥豔的錦繡花卉，擁有的只是那一小片微不足道如同在草坪上尋找生命的小黃花，冬天它昂首挺胸忍受冰雪侵蝕，春天裡卻又在陽光下探出帶著微笑的臉龐在微風中搖曳。

我們在生命旅程中始終遠離如同金碧輝煌宴席餐桌上山珍海味般的爾虞我詐，更多的卻是迎接來自大排檔式的小碟細碗，滿盛著人生百態中的真知灼見。

我們慶幸一生中唯一的處世之道就是卑微平凡的包容和謙讓，就如同在一輛擁擠的公交車中，始終記住座位應禮讓給老人或孕婦的基本準則，一切都是那麼平平淡淡。

在我們平凡的日常生活中，擁有著共同的愛好與理想——追逐歷史文化的遐想，這遐想一直是我們無窮盡的歡樂和安詳的泉源，是興趣也是嗜好，為我們譜寫了習以為常的休閒節奏。

為此我們在五大洲海灘上攜手並肩踩出無數深深的足印，象徵著人生旅途綿延不斷的前行；在各大博物館裡欣賞著一幅幅永恆的藝術創作，如同一碟碟的佳餚使我們垂涎三尺而流連忘返；在音樂廳或是歌劇院陶醉在動人的五弦譜及震撼的聲樂裡，猶如人生「盛宴」中的悠揚伴奏。那就是我們人生旅途上唯一而永恆的「夢寐以求」。

回牟一看，往事雖已是過眼雲煙，但人生的征途仍擺在眼前。生命的最後階段不是「夕陽餘暉」，或是「日薄西山」，更沒有「蠟炬成灰」的悲觀。一如往昔，我們共同攜手在燦爛的陽光下繼續仰首尋找蔚藍的天空，低頭撫摸蔥鬱的綠蔭。在大自然的懷抱中，衡量出生命的真實價值，也是這份獻禮的真諦。為此我選擇了101篇，100代表著「圓滿」，「一」就象徵著生命征程的再出發。

1 2

1 1969年4月22日，作者伉儷在瑞士日內瓦市政府婚姻註冊處登記結婚。2019年4月22日夫婦兩特地飛往日內瓦在五十年前註冊結婚大廳內同一位置留下紀念的照片。

2 2019年4月22日是作者伉儷結婚五十周年金婚紀念日，加拿大總督，總理，不列顛．哥倫比亞省總督及省長分別發送了賀函祝福。圖2是加拿大總理札斯廷．杜魯道的簽名賀函。

目次

代序：人生旅途的啟示 003
兩個獨裁者的命運（上） 009
兩個獨裁者的命運（下） 014
大姐的韭菜炒蛋 018
義大利沒有坐墊的馬桶 022
翡冷翠的清燉牛肚 026
誰是真正的單車王國？ 031
荷蘭乳酪好比華人豆腐 036
妓女也有自己的博物館！ 041
貝爾法斯特的啟示 046
羅馬咖啡街的芳鄰 052
西西里島的炸橘子 058
令人噴飯的歐洲中文翻譯 063
飲水思源——感恩之旅 067
國際郵輪成了大海中的渡輪！ 073
為什麼宋美齡選擇加拿大為蔣介石流亡？ 079
香港騷亂引起的思考和隱憂！ 085

警惕歐洲廉價航空的貓膩......091
德航頻繁延誤造成的噩夢......096
西班牙油條的懷念......101
河上遊艇裡遮陽防曬的奇景！......106
義大利獨特的圓錐頂屋特魯洛......110
我和羅馬地下古墓的結緣......116
從2019美國教育機構賄賂醜聞說起......122
郵輪乘客成了超重行李！......128
阿拉斯加海產未來的厄運！......133
我心目中的雷根夫人......137
御木本幸吉對日本養珠的貢獻......145
世紀的相會——憶鄧小平和阿姆斯壯會晤時的一些小插曲....154
我曾有過翱翔藍天的夢！......172
金門炮彈鋼菜刀的冥思......183
阿拉斯加海產的魅力！......189
墨西哥的巧克力蛤蜊......194
貝聿銘給中國和日本留下的建築遺產......199
日本人心目中的神祇......206
我和丁玲伉儷的一段交往......216
和劫後餘生的曹禺相敘......226

巴黎聖母院熊熊烈火中的領悟 234
于焌吉大使最後的歲月留給我們的啟示 243
我第一次赴北京的「政治任務」 253
「鑽石公主」敲響國際郵輪業的警鐘！ 260
我和師兄英若誠未完成的「陽謀」！ 273
我和瓦倫西亞的投緣 289
我在北京失蹤了好幾天！ 299
野味宴會留下半生的陰影！ 310
新疆迷人的神祕在哪裡？ 322

兩個獨裁者的命運（上）

1950年跟隨父親難民式地從大陸逃亡到香港，經過臺灣的嚴格審查後抵達臺北，政府安排蟄居在萬華區一座從日本人手中接收下來的大建築物裡，父親因在大陸曾經服務於財政部，所以到臺灣後，也就按照身分被分配在這棟屬於物資局管轄的大雜院裡。

由於我們是從大陸經香港到臺灣，我這個當時才十多歲的孩子，隨著父親就自然成為被監視的對象。我記得很清楚，每隔一段時間，就要忍受半夜查戶口的困擾。當地派出所一般安排兩位警員到家裡敲門，將我們從睡夢中叫醒，然後拿著我們的戶口謄本及身分證，和他們手中的檔案資料逐個核對。

半夜睡眠是最香的，而且次日還要上學，經過查戶口的程式後，我們也只能抱著「敢怒不敢言」的情緒回到床上慢慢地再進入夢鄉。

我一家還算是幸運的，安然度過半年的監視。但有一位表舅就比我們艱辛多了。他原來是國民黨部隊裡的校級軍官，也不知是在那一個戰役中，被解放軍俘虜後，又逃到香港，在調景嶺難民營中呆了一段時間，並申請赴台。

當父親收到他搭乘赴基隆的船期後，按照時間去碼頭接他。但左等右等，所有旅客都已經上岸，卻未見表舅的蹤影。父親以為他改變了行期，於是在回家後，即刻寫信到香港瞭解情況也音信全無。

大約過了半年後，一天中午時分，表舅突然出現在我們的家門口。父親雖然驚奇萬分，仍不免用江西土話半開玩笑地問道：「這些日子，你死到哪裡去啦？」

表舅坐定喝了口茶，用無奈的口吻道出他抵達基隆的遭遇。原來輪船抵達基隆外港後即下了錨。一艘小火輪隨即靠近輪船，幾個穿制服的官員登船後，對乘客逐個實施入境檢查。有疑問的乘客當場被押上小火輪，表舅也就是這樣被帶走的。到了臺北被關押在西寧南路一棟警衛深嚴的樓房裡，這一關就是半年。

在大學期間，常聽人說，各學校裡都有國防部三廳的官員，監視學生言論。當時對這樣的傳言有些將信將疑，但對我們一心求知的學生沒有任何的影響。畢業後，我和幾個同學去學校領取畢業證書。見到一位面熟者，身著軍服，肩上有三條杠的上校軍官也在領取證書。再仔細一看，居然是我們過去經常拿來開玩笑的同班同學。

這位同學姓張，平時穿著一套黃色的制服，到學校時，習慣性地將幾本書夾在脅下，一隻手裡拿了兩個包在報紙裡作為早餐的燒餅。於是我們給他取了個「張燒餅」的綽號，他也不生氣，反而張著帶有一副外凸門牙的嘴對著我們憨笑，深得同學好感。

在求學期間，他唯一公開的政治活動，就是國民黨知識青年黨部的委員。畢業之後他的真實身分公開後，的確令我們這些天真的學生嚇出一身冷汗。所幸求學時，在他面前，我們從沒有表達過任何對政府的不滿言行。

我在基隆登船赴歐時，曾被憲兵押回臺北的那一幕，只是整個生命中的一段插曲，雖然經歷了半個世紀，仍然是終身難忘的夢魘。

到了馬德里，因為人生地不熟，被安排在學生宿舍後，跟隨來了多年的同學，一起去食堂用餐。西班牙的晚餐十一點開始，吃完後走回宿舍，已是半夜。我們到達宿舍，因為沒有大門鑰匙，正猶疑時，同行的同學突然拍了兩下手，隨即見到一位身穿灰色制服的中年男子，從街道的另一頭向我們跑過來，先給我們禮貌地道了聲

「晚安」，隨即從腰際取出一大串鑰匙，給我們開了門。

那位拍手的同學，給開門的中年男子一個貝塞塔（Peseta，西班牙當時的錢幣，兌換率為一美元兌換六十貝塞塔），中年男子不斷道謝，等我們進入大廈後，他即將大門鎖好。

原來這是西班牙當時的打更人，西班牙文稱為Sereno，其性質頗與中國的街道小組相似，後來瞭解到這是西班牙警方的外圍組織，每條街道配備一位打更人，從晚上十一點到次晨六點，不管春夏秋冬，不論風霜雨雪，他們都嚴格執行巡查的任務。

每天晚上看到這位辛勞的打更人，很自然地就會聯想起臺北的半夜查戶口。不同的是西班牙的打更人彬彬有禮，而且工作極端辛苦，他們不打擾夜歸的住客，卻勤懇地執行他的服務。臺北的半夜查戶口，會造成住戶無形的心理威脅。他們抓在手中那本如同閻王爺的生死簿，沒有表情的面容，暗示著這一晚他們巴不得要斬獲豐收的勝利。

西班牙對外來的旅人態度是外鬆內緊，生活在馬德里的外國人，從不感覺到有任何的威脅，除非是觸犯了當地的法律。有一位來自臺灣的留學生，因為我們不知的案件被捕，一開始他矢口否認，經過警方將他的檔案打開呈現在他面前，裡面記載著從他抵達西班牙所有的生活細節，包括他曾經的嫖娼記錄，他才俯首認罪。

我曾經在兩個獨裁者統治下的社會中生活，開始的時候，的確有牴觸情緒，因為「獨裁者」這個名詞本來就是個貶義詞，心理上永不會給人好感。但是時過境遷，星物轉移，對兩位已成為歷史人物的「獨裁者」，我又產生了幾分同情和懷念。能形成「獨裁者」必定有他的客觀環境使然。何況臺灣的「獨裁者」，對當地的建設和發展，還是有一定的正面成效。

遺憾的是，這位在1975年去世的獨裁者，一直受到小群人的羞辱和破壞，他在臺灣的銅像被人「斬首」，或是被潑紅漆。位在臺

馬德里近郊的烈士陵園，西班牙長槍黨魁及佛朗哥元帥均安葬在大教堂裡。

北市郊的陵寢，至今未能入土為安，反而遭到無情的糟蹋。

西班牙的「獨裁者」在1975年去世後，被安葬在位於離馬德里六十公里的「烈士陵園」（Valle de los Caidos）。這座於1940年代建造的150公尺高的大十字架，聳立在花崗岩的山巔，數十裡外仍可清晰看到其宏偉的氣勢。十字架下面是莊嚴肅穆的大教堂。

我在馬德里求學時，該教堂主持神父在大學教我們「古文字學」，這位慈祥的神父，是「獨裁者」的告誡神父。在學期結束前，他給我們全班同學安排了大巴，前往大教堂參觀，並在那裡參加了期末考試，真是一舉兩得。

我們在參觀的時候，看到教堂裡祭台前，安葬了西班牙法西斯長槍黨的創黨人何塞·安東尼奧（Jose Antonio）。但是我們這些求知欲極豐富的學生的注意力，卻是集中在這座二十世紀西班牙的偉大藝術建築。

為了紀念這位西班牙現代歷史中的政治人物何塞・安東尼奧，在他殉難之後，政府決定將馬德里市中心最重要的繁華大街（Gran Via）中間一段改為何塞・安東尼奧大道（Avenida de Jose Antonio）。「獨裁者」去世後，馬德里政府將該繁華商業大街恢復了原來的名稱。

十字架的大教堂，因為設了「獨裁者」陵寢而一度被迫關閉，甚至有「獨裁者」遺體被移除的傳言，但是大十字架是列為國家級的文化保護區，所以任何的變動都需要中央政府的決策來處理。經過幾度爭論，「獨裁者」的陵寢終於得到保護，主要是西班牙政壇人士對逝者的寬容和諒解。

臺灣的「獨裁者」就沒有那麼幸運了。我不理解的是，對「獨裁者」施加種種的侮辱舉措人士，基本上都是親日派。他們忘記了，日本軍方對於敵人逝者，同樣給予最高尊重。如抗戰時期，在戰場上因不敵而一死報國的中國軍隊將領，日軍如發現，必定會脫帽行軍禮致敬，並給予安葬，表達對逝者的敬重。

臺灣侮辱「獨裁者」的人士，既然那麼推崇日本人，那麼在對待已逝的政治人物行為上，比照西班牙人的態度，表達寬容和諒解，共同開創以和為貴的和諧社會，是對後代重要啟發的責任感，也是中國人大同世界境界的最高發揚。

（2019年6月6日完稿於歐洲旅途）

兩個獨裁者的命運（下）

臺灣和西班牙兩位已作古的「獨裁者」，有極為相似的命運。臺灣的「獨裁者」長期追隨孫中山從事國民革命，然後打軍閥，剿共黨，經過了對日抗戰及二次大戰，不僅成為全國的「最高領袖」，同時榮登世界四強之一的國際政治人物。

西班牙的法西斯政黨名字甚長（Falange Espanola de las Juntas de Ofensiva Nacional Sindicalista），簡稱為Fe de las Jons，是一個極右派的政黨，成立於1934年。中文簡稱為「西班牙長槍黨」。

該政黨是由三位強勢人士組成，最為著稱的是創黨人何塞．安東尼奧．普里莫．德．里維拉（Jose Antonio Primo de Rivera）。因為名字太長，西班牙簡稱他為何塞．安東尼奧。1936年西班牙內戰爆發，何塞．安東尼奧不幸被共和軍俘虜，11月20日慘遭殺害。

「獨裁者」在何塞．安東尼奧遇害後，率領軍隊戰勝了共和軍，並統一了全國的各黨派，成為西班牙至高無上的「國家領袖」和「最高元帥」。

上世紀六十年代，我在馬德里求學的時候，正是「獨裁者」統治西班牙鼎盛時期，而且和臺灣有著密切的軍事同盟關係，雙方認識到，都曾有和共產黨作戰的經歷而產生的反共理念。臺灣的「獨裁者」在大陸和共產黨的戰爭失敗後，退居臺灣，並將離大陸福建不遠的金門視為反共堡壘。

西班牙的內戰中，最富盛名的戰役發生在離馬德里六十公里的古城托雷多（Toledo），當地有一座西元三世紀古羅馬帝國的城堡。1936年內戰時，該城堡被共和軍包圍，守城的是若瑟．莫斯卡多．依圖阿爾特（Col. Jose Moscando Ituarte）上校，他十六歲的兒子路易士（Luis）被共和軍擒獲作為人質，要他向父親喊話投降。

依圖阿爾特上校，斬釘截鐵地命令他兒子將靈魂交給天主，然後高聲呼喊「耶穌我主萬歲」，隨即從容就義。該城堡最終得到解放，共和軍被擊退。

我在1963年去參觀該城堡時，發現在一座內牆上鑲嵌著一塊銅牌，仔細一看，是臺灣贈送給托雷多城堡的紀念牌，上面刻著金門和托雷多結成軍事同盟關係的詞句。時隔半個世紀，我和妻子在歐洲旅遊，到了馬德里後，本來產生去托雷多舊地重遊的念頭，當然其中最大的驅動力，是想去看看這塊銅牌是否依然無恙。但隨即打消了這個念頭，因為歲月已經轉移了數十年，臺灣和西班牙的外交關係早已不存在，所謂軍事同盟當然也已煙消雲散，不如利用這時間，去博物館欣賞西班牙的著名藝術。

實際上兩位「獨裁者」對於自己統治的國土，有他們的特殊貢獻。臺灣的幾十年慘澹經營，取得了舉世觸目的經濟發展，這裡面有著「獨裁者」從大陸帶去的一大批精英的貢獻。當然臺灣的成就和西班牙相比仍相差甚遠。

西班牙在「獨裁者」的統治下，人民雖度著安定的生活，但是在意識形態上，還必需要和政府保持一致。我有一位同學的弟弟，因為思想激進，參加了西班牙共產黨的活動，不時向政府示威抗議，最後遭到通緝，經過了一段的逃亡流浪，最後潛赴法國。一直到「獨裁者」去世後，才得以返回故鄉。

我在求學時代，幾乎每週六必定在馬德里著名的波拉多博物館附近一家希宏咖啡館（Cafe Gijon），和當地作家和藝術界朋友聚會交談。那是馬德里頗富歷史盛名的文化咖啡館，每年還舉辦文學獎的頒發。我們的聚會中，有一位傑出女作家陶樂雷絲·梅迪奧·愛絲特拉達（Dolores Medio Estrada），她的小說是以勞工階級生活為主題。為了寫煤礦工人的艱辛生活，她曾下到煤礦和礦工們一起工作達一年之久，親身體驗煤礦工人的生活作息，成為她寫作的第一手資料，並獲得西班牙的重要文學獎。

由於她的言論極端，遭到當地政府的注意，也因為思想過於活躍而曾被囚禁，但這些都不能對她產生任何的改變。我們相識久了，漸漸地感到，作為一個外國學生，我是否會因為和她及其他藝術界人士的定期聚會而遭到懷疑？就在此時，她突然病倒，我去探視她時，只能在門外聽她嘶啞地叫著：「我無法下床開門，很抱歉。」

我黯然地離開她住所，從那之後，沒有再見到她，最後得到的消息是她離開了人間。在那個時代，像她一樣有思想有頭腦的人何止千萬，他們都是為了國家的未來而呼喊。

1977年西班牙政府解散了西班牙長槍黨，開始實行民主制度。經歷了四十多年的奮鬥開拓，今天的西班牙已不同尋常。它成為擁有最長高速公路的歐洲國家，也擁有旅遊王國的尊稱，每年到西班牙旅遊客人人數超過其本國人口總數。

記得在1960年時代，西班牙唯一的汽車工業是義大利菲亞特汽車公司淘汰的菲亞特500型（Fiat 500）汽車生產線，在西班牙生產，改名為塞亞特500（Seat 500），但西班牙人仍視為寶貝。如今在馬德里見到的是來自全球各地的名牌汽車馳騁在街頭巷尾。

今天走進馬德里，六十年代街頭「看更人」的蹤影已不復再見，它給人的印象是繁榮而充滿活力，西班牙人的友善獲得了來自全球各地遊人的一致讚賞。西班牙人的傳統家庭觀念，幫助政府解決了失業的困擾。假如要再深入瞭解，那麼對已故的「獨裁者」，在他那個時代打下的社會道德基礎，應當給予肯定，事實上經過了四十年的慘澹經營，西班牙人逐漸對曾經有過反感，甚至抱怨，懷恨的「獨裁者」，產生了懷念和寬容。因為西班牙是天主教國家，有了宗教的信仰，培養出珍貴的包容情操。

臺灣就不同了，雖然有不同的宗教信仰在民間流傳，但對一些政客，那種跡近黑道報復的心理始終不斷地衝擊著他們，最後成為根深蒂固的心魔。就這樣造成完全否定「獨裁者」所奠下的基礎，給外人的感覺是有欠厚道，甚至滑稽。

臺灣曾經的四小龍聲譽，早已成為歷史，今天的臺灣處於不同的風雨飄搖中，歸根結底是臺灣在所謂的「民主」口號下，仍處在不同的「獨裁」政治中。從白色獨裁到今天的綠色獨裁，幾乎完全發展成對人民福祉的麻木和無知。

這個帶有綠色的「獨裁者」，是否知道臺灣和西班牙曾經有過的軍事同盟的友好關係？如今西班牙「獨裁者」的後時代，正向著繁榮昌盛的未來前行。那麼臺灣呢？能緊跟這個曾經的反共同盟邁向繁榮的步調嗎？

現狀是令人擔憂的，因為當前的獨裁，缺乏寬容和理解，只是一味地製造族群間的仇恨和挑撥離間。這是真正的「民主」嗎？

（2019年6月7日完稿於歐洲旅途）

大姐的韭菜炒蛋

韭菜炒蛋。

韭菜炒蛋是我這一生飲食中最喜愛的菜餚，它簡單卻可口下飯，而且百吃不厭。因為這碟小菜在我生命中，有著刻骨銘心終生難忘的記憶。

那是上世紀六十年代初，生活在台北，大姐家是我唯一經常去的地方，因為我喜歡她做的韭菜炒蛋。在那個艱難的時代，能夠吃上這盤今天看來極其普通的菜，就是上好的佳餚了。大姐炒的韭菜蛋味道特香，漸漸地就成了我的嗜愛。

在我離開台灣之前，去探望大姐，她那時因為癌症的擴散，半邊臉上受到鈷六十放射影響而呈嚴重黑色。得知我即將赴歐求學，她為我高興，並堅持要給我做一頓午餐，吃力地給我做了一碟韭菜炒蛋。坐在餐桌旁邊和我聊天，邊不時夾起韭菜炒蛋放在我飯碗中，深怕我吃不飽似地。

望著她病弱的身軀，還要為我下廚，我強忍著眼淚，實在難以下嚥，但又不願令大姐失望，最終將一碟韭菜炒蛋吃到見了盤底。大姐看在眼裡，臉龐上露出滿足的笑容。那笑容裡包含著大姐對我如慈母般的關心。

到了馬德里，我被安排在一個教會組織的中國留學生宿舍中，那裡寄宿著十多位來自港澳留學生，從台灣來的只是我一個。如果有家書等信件，宿舍負責人就會分別放置在各人的書桌上。那時候要收到一封家書，真的是會喜出望外。和家人一封書信來往，平均需要一個月的時間。當時郵政流行的是航空郵簡，正面中間是發信人和收信人的地址，寫完後，裡外三折封好即可投郵，的確是簡便而經濟。作為窮學生，每次寄發家信必然要左思右想，雖然寄一封郵簡，仍然要縮減求學中的其他雜費。

從離開台灣後，我期盼能經常收到家書，因為那是孤身在外的唯一安慰，也是得悉家中平安的信息來源。但每天的盼望中又帶著信中可能給我帶來大姐不祥信息的擔憂和恐懼，所以每次在拆父母親的家書時，心理上都會先戰戰兢兢顫抖一番，等到閱讀完後，知道大姐還在和生命搏鬥，我會欣然地舒一口氣，也期望大姐病體康復的奇蹟出現。

六個月後，是一個春天，我從學生食堂回到宿舍。西班牙人習慣晚上十一點晚餐，學生食堂也不例外，晚餐結束後就已經是半夜了。幾乎每天晚餐後回到宿舍，我必需要做功課直到東方發白。那天晚上也不例外。回到宿舍後，看到書桌上放著父親的來信。和往常一樣，我忐忑地拆開郵簡，這次父親的來信，終於帶來大姐辭世的噩耗。由於時近午夜，有些同學已經入睡，我無法放聲大哭，只能伏在桌案上抽泣，然後將自己關在衛生間裡，讓淚水如湧泉般地流淌。

那一晚我沒有做功課，在黑漆漆的臥室裡，躺在床上，被淚水模糊的眼神中，一幕幕大姐生前的容貌，在我面前不斷重複出現。

父母是在媒妁之言的安排下成婚的，那時母親才十五歲，所以在十六歲就生下了大姐，是我們兄弟姐妹中的老大。大姐和我之間的年齡相差十四歲，這是因為在我之前有五個哥哥，當時醫藥不發達，都是在幼年時夭折。而我出生後，又患上嚴重的哮喘，母親和大姐都擔憂我的健康，無形中就對我給予更多的呵護。

大姐一生滴酒不沾，原來這後面有著一段母親給我們道出大姐拒酒的祕密。那時候生活在家鄉，大姐去外祖父母家探視。家鄉有自製糯米酒的傳統，俗稱「羅酒」，外祖父家也不例外，而且老人家晚上喜愛喝一盅燉熱的羅酒。

一天晚上，外祖父要這個外孫女去酒窖裡給他掏一壺酒，但是過了許久仍不見其蹤影，於是外祖父自己前往酒窖，發現這個可愛的外孫女竟然躺在酒罈旁邊的地上睡著了。事後得知，原來大姐在為外祖父掏酒的時候，因為酒的甜香使其情不自禁地嘗了一口。果然味道極具誘力，於是多喝了幾口，最後醉倒在酒罈邊。外祖父沒有責備她，只是詼諧地將這個頑皮的外孫女調侃了一番。大姐也從此和酒絕了緣。

大姐有暈車的宿疾，記得抗戰勝利後舉家從上海遷往南京，那是全家在經歷了戰爭的苦難後，雖然短暫卻也是舉家最快樂的團聚日子。父親從重慶隨政府還都回來。我們這些孩子們，每次去玄武湖划船採蓮，大姐坐在車裡，必然為了暈車嘔吐而要帶著紙袋子以防萬一。

大姐一直身體虛弱，這和抗戰時期在上海生活的艱難有關。那時候，父親去了重慶，留下母親獨立支撐著一家老小的生活。上有年邁的外祖母，下有大姐，二姐，及四姐等四個孩子。日寇佔領上海後，掠奪了中國人的口糧。我們生活在法租界裡也無法避免飢餓的威脅。

經常為了一小袋「八寶飯」，大姐就必得陪著母親半夜到弄堂口的「公平米店」排隊，等待清晨東方發白時，米店開啟門板上的小口，從裡面扔出小票，誰能搶到那張小票，就可以分到那包大都是沙子，稗子等雜物的「八寶飯」。於是晚上全家圍著飯桌，將八寶飯裡的碎米揀出來，第二天熬成一鍋米湯，為的是吞嚥乾澀沒有油水的玉米餅。

就是這樣如同飼養動物的低劣食物，大姐仍捨不得喝，想方設法寧可自己挨餓，卻要先把弟妹餵飽。

大姐秉性聰慧，但在抗戰極端困難的時期，她以讀書會引起昏眩為藉口，中途輟學，實際上是為了成全弟妹們的教育。

大姐去世時，還只是不惑之年，在她短暫的生命裡，苦難超越了享受，淚水經常掩蓋著笑容。但是她始終堅韌地用樂觀抵禦時常降臨在她頭上的不幸。我從未見到她在病重的時候作過呻吟，而是鼓足勇氣盡心地照顧著她心愛的孩子。

彈指之間，大姐已離世逾半個世紀，然而她的笑容，她的仁慈，她的寬容，和她的堅韌和勇氣，尤其是和大姐的最後相聚，那一碟韭菜炒蛋，深深植根於我心的深處。

我和妻子正在歐洲旅途中，由於年事已高，就選擇有廚房的酒店客房，方便做些清淡飲食。前一天去當地華人開設的超市採購，見到新鮮碧綠的韭菜，於是買回來炒雞蛋，再次勾起我對大姐的懷念。

大姐和韭菜炒蛋，在我生命中，包含著無盡的懷念和記憶，是激勵，也是動力，伴隨著我繼續在人生旅途中前行。

（2019年5月29日完稿於義大利旅途）

義大利沒有坐墊的馬桶

早在中學時期，讀過徐志摩的〈翡冷翠的一夜〉詩篇，一直被他將義大利文藝復興文化古城（Firenze）翻譯成詩情畫意的中文名字所吸引。之後在義大利生活了很多年，就曾多次去該古城參觀遊覽，深感徐志摩的翻譯與該城市的文藝氣氛相匹配。

後來看到臺灣和大陸分別譯成「佛羅倫斯」或是「佛羅倫薩」，就不免有雞皮疙瘩的感覺。事實上這些中文譯名，因為翻譯人士不諳義大利語，就直接從英文的Florence名字翻譯過來了。於是一座富有文化藝術盛名的城市名稱，被中國人翻譯得不倫不類。

然而這座在文學，藝術和歷史上有著輝煌成就的古城，也影響

1 2

1 義大利美中不足的地方，即是讓人詬病的衛生設備。圖為義大利當地，沒有馬桶蓋和坐墊的馬桶。

2 義大利有了坐墊卻仍沒有馬桶蓋的馬桶。

著義大利語言的發展，成為義大利的標準語言。因為具備了文化氣息的語言，當地人的文明有禮，待人接物，以及談吐的文化修養，都會給到過該城市的人留下極其深刻印象。

唯一美中不足的是，當地的衛生設備，始終是受人詬病。

1960年時代，我生活在義大利，就一直為義大利沒有坐墊的馬桶而納悶。不明白為什麼好好的抽水馬桶，既沒有坐墊，馬桶蓋也不見蹤影。在此之前，我在馬德里求學，到公共場所諸如咖啡館，電影院，博物館，男廁所裡也是只設立一個個沒有坐墊的馬桶。甚至國際機場和火車場，都是一樣的壓根就找不到一個配有坐墊的馬桶。

由於習慣了坐在馬桶上解便，坐墊給如廁的人心理上自然就產生清潔衛生的感覺，而坐在沒有坐墊的馬桶上，總覺得好像缺了什麼似的，冷冰冰的陶瓷邊，比坐墊小了一大圈，坐在上面，會立即產生提心吊膽的情緒，擔憂一不小心，屁股就會滑落下去。也因此原本已到肛門口的大便又縮了進去。

我曾從當地人那裡得到不同的解釋，有的說，坐墊不如陶瓷邊乾淨，而且易於傳染細菌。有的說，因為義大利小偷多，公共廁所的馬桶坐墊，往往成為被竊盜的目標。總而言之，公共廁所的抽水馬桶不配備坐墊已經是一種常態。外來的旅客也只能隨遇而安，反正大家都會有一個共同的反應，那就是既要如廁，也就只有「將就點」了。

實際上公共廁所始終是和生活水準及文化修養有很大的關聯，在北美洲及歐洲如德國及北歐國家個，公共衛生早已是日常生活中必須配備，它不追求奢華，而是經濟適用。亞洲地區，日本及韓國的衛生程度是得到凡去過的旅客一致讚揚。就連被人稱為極權而貧窮的北韓，我也被當地公共衛生設備的乾淨而吃驚。

我曾到過印度，尼泊爾，斯里蘭卡，印度洋的模里西斯非洲等國家，要使用公共衛生設施，就要有心理上的準備。所以在去到這些國家旅行之前，我就已經做好功課。每天早餐後去參觀旅遊之前，先將腸道清理乾淨，然後在上午的旅程中，儘量避免喝水，強忍著內急，直到用餐的餐館再行方便。下午則一直熬到結束旅程回酒店後再放鬆心情。

早在上世紀七十年代以來，我曾去過大陸近百次，到過二十多個省，對如廁有過深刻難忘的經歷。記得1983年山東泰山建造全國第一條登山纜車，我收到邀請，從加拿大率領溫哥華電視拍攝組去作實地拍攝紀錄片。晚上當地機構安排電視組在泰安酒店入住，為了表達對我一家的盛情，我和妻子及兩個孩子則被安排在泰山山巔的酒店過夜，理由是第二天清晨能觀賞日出。

然而我們進入到客房後，發現床上的被褥似乎都曾浸泡在水中過，而且氣溫下降，床褥給我們的感覺是濕冷難受。於是一家人只能坐在床上，望著窗外的星空，還不時會感受到雲朵飄到身邊，真的有飄飄欲仙的感覺。

那一晚最難忘的是去酒店的廁所如廁，其他髒亂的條件不說，當我看到大便池裡堆積有一尺厚的糞便時，真的有窒息的感覺。後來妻子從廁所回來，只看到她的兩個鼻孔上插著兩條卷成圓筒形的紙巾。看到她那神情，我不禁哈哈大笑。原來她是受不了那熏天的臭氣，在紙巾上噴了香水，塞在鼻子裡。

比這更為恐怖的情景，仍然是發生在山東，這次是著名的蓬萊城。我也是受到邀請前往參觀。從小讀書就對蓬萊仙境海市蜃樓有過幻想，而當我抵達後，在碼頭邊要如廁時，那屎尿橫流，還帶有蛆蟲爬行的地面，簡直無法下腳，再急的小便瞬間也被嚇回去了。

實際上中國人傳統上對廁所的感覺，就是最髒的地方，尤其是農村裡，那不僅僅是髒，城市裡的人見到後無不感到恐懼。在近四十年來，大陸實行改革開放後，政府感到社會的發展，廁所的改進也因此提上了日程。

經過這十多年的努力改善，大陸的廁所經歷了「革命」的歷程，現在已經有了極大的變化，上公共廁所，不至於再發生「恐懼」的心態。唯一仍需改善的是，在一些火車站或公共場所，廁所是清一色的「蹲廁」，對上了年紀的旅客是一大折磨。如果能給如廁人士有蹲廁和坐廁的選擇則更為人性化了。

這次到翡冷翠旅行，在世界聞名的藝術博物館中，體會到義大利的公共廁所，坐廁居然還是沒有坐墊及馬桶蓋，不由為義大利的歷史悠久文化感歎。義大利人素有羅馬帝國的傳統自大觀念，總以為自己高人一等。

然而沒有坐墊的馬桶，是否能讓高傲的義大利人感到臉紅？居然義大利積極參加中國倡議的一帶一路大業，那麼義大利是否應將公共廁所的改良包括在內呢！

翡冷翠的清燉牛肚

凡是到義大利旅遊的外國客人，在被問到願意吃什麼義大利烹調時，幾乎都會異口同聲地回答披薩（Pizza），或義大利肉醬麵（Spaghetti）。這兩樣食品的確是家喻戶曉的美食，而且義大利人對於把自己食品推向世界各地可說不遺餘力。

義大利人的食品幾乎佔據了全球市場，如橄欖油、莫迪納（Modena）的甜醋，還有濃咖啡，包括卡布奇諾（Cappucchino）牛奶泡沫濃咖啡等，不僅出現在義大利的餐廳，而且成為全世界千家萬戶生活中不可或缺的飲食，是為典型的國際性飲食文化。

事實上義大利的麵食諸如披薩及麵條，甚至西方人喜愛的義大利燴飯，相傳起源於中國，並歸功於元朝來華的義大利偉大旅行家馬可波羅的著作。雖然這個傳說存有爭議，但義大利的披薩和山東的烙餅確有異曲同工的製作方法，而米蘭的燴飯烹煮，也如同中國農村泡飯的複製。然而即便馬可波羅將中國的麵條和燴飯介紹到義大利，但是歐洲人的飲食習慣，不可能全盤接受中國的口味，所以最後演變成義大利的披薩及義大利肉醬麵，也是很自然的結果。

義大利人的菜餚，除了千變萬化的細麵條、寬麵條、各式各樣千奇百怪形狀的麵食外，每個地區都有獨特的菜餚，如威尼斯的油炸軟殼螃蟹，中部地區波羅亞的清湯牛肉等等，都是引人垂涎的好菜。

而我最鍾情的是義大利文化古城翡冷翠的清燉牛肚。熟悉這道菜的食客，到了翡冷翠，勢必會到裝潢美輪美奐的餐廳去品嚐。但是在餐廳裡付了高價，卻不一定能讓客人獲得味蕾的享受。顧名思義它不屬於上層社會的菜餚，於是要吃到真正入味的清燉牛肚，就得找那些不起眼甚至難以被稱為餐館的小鋪子。

每次去翡冷翠，我總會參觀但丁故居。它位在主保大教堂不遠處的一條小街，故居前有一個小廣場，旁邊有一條幾乎只能被稱為弄巷的狹窄小街，名字叫聖瑪格麗塔街。出了但丁故居大門左轉的斜對面，即有一家小鋪子，很難引起遊客的注意。從它的入口處到賣食品的小窗戶，總長應在六公尺左右。

知道義大利清燉牛肚的食客，只要走到這裡，必定會被隨風傳到鼻子裡的那股清香所吸引，不由自主地停下來享受那鮮嫩柔軟入口即化的牛肚。那裡沒有鋪著白布的餐桌，也沒有晶晶透亮發光的刀叉，更不要夢想有穿著制服的服務員給客人提供服務。

內部狹窄的空間，設有一個極其簡單的「吧台」，客人可以入內要自己喜歡的飲料，門首兩邊依牆放置著幾張沒有靠背的塑膠凳子，還配有兩張簡易的小木桌，這就是全部的「擺飾」了。

食客可以到小視窗那裡，向櫃檯後擠在那難以轉身的服務人員，告訴他需要多少重量的牛肚。經驗告訴他會立即用一隻大叉子，從身旁一隻熱氣騰騰的不銹鋼鍋裡，叉起一塊基本上和客人要的牛肚重量差不多的牛肚，放在檯面上淺平底盤裡，一隻手拿叉子將牛肚壓著，另一隻手握著一把長刀，先將攤開的牛肚一條條地橫切開，然後再豎著切開。切好後放在磅秤上一秤。接著取出一個厚麵包，先橫切一分為二，再將切好的牛肚一部分放在麵包的中央，在牛肚上撒上少許自製的番茄醬，將麵包合而為一，用一張餐巾紙包好，然後將其餘的牛肚盛在

在翡冷翠但丁故居旁的小餐館，店家應筆者要求從鍋裡挑出一大塊燉好的牛肚，背景可見其規模小巧可愛。

一隻小塑膠盒子裡，加入湯料，再撒些香菜末，遞給客人。客人還可以另外購買一杯紅酒。

這時候如果運氣好，就可以坐在靠牆的塑膠凳上享受這美味的地方「佳餚」。不然就要看自己如何能夠一手抓著牛肚麵包和一隻盛有湯料的牛肚，另一手握著塑膠酒杯，站在那裡，免得讓牛肚湯汁滴到身上。

我和妻子既然來到斯地，就絕對不會放棄一飽口福的機會，我們好運地搶到了兩張塑膠凳子，就顧不得那狼狽的神情了。先把酒杯和盛有牛肚的塑膠盒放在地上，立即狼吞虎嚥地將牛肚塞進嘴裡，啃著沾滿了牛肚湯汁的麵包，滿足了食欲後，將紅酒一咕嚕地喝完，自喻為「酒醉飯飽」，即進入小鋪子和那小夥子打招呼。因為裡面太擠，他出來站在小街上和我聊起製作清湯牛肚的過程，牛肚不鹹而湯汁鮮美的祕密就在於在烹製時千萬先別放鹽，等牛肚煮到可以上桌時再放適當的鹽起味。最後我們用義大利的擁抱道別，繼續我們的參觀行程。

義大利翡冷翠的清燉牛肚的確令人回味無窮，無獨有偶，西班牙也有一道味道鮮美的牛肚，只是烹煮內容不同。它是馬德里的地方特色菜，湯汁是以番茄汁為主，其中還加了牛筋、本地香腸、土豆或是洋蔥，而且稍帶辣味。由於它是西班牙首都的菜餚，所以大中型的本地餐館都有供應。

我每次到西班牙，必定會去享受地道的牛肚，而且還會夢想，如能夠來一碗白飯，將牛肚番茄湯汁澆在飯上，那真的是神仙般的享受。

其實在歐洲，善於烹製內臟作為食物的國家比比皆是。歐洲人喜歡吃動物內臟，主要是在二次世界大戰時，普遍嚴重缺乏食物，在那困難的時代，漸漸養成了吃動物內臟的傳統。豈知幾十年下來，這些戰爭時代充饑的食物，如今不僅是大眾的喜愛食物，而且也成為在大餐廳登堂入室的佳餚了。

由於中國人素來有什麼都吃的傳統習慣，動物的內臟也是餐桌上不可或缺的食材。我對動物內臟除了牛肚之外，年輕時也頗喜愛母親親手烹製的花生豬肚。那煮得入味的白色湯汁，喝進肚裡清香而順暢。而煮得爛爛的花生和豬肚配上麻油和醬油，真是佐飯的上好菜餚。惜母親已經去世逾四十年，這道佳餚也僅成為生活中的一點記憶了。

中國人吃內臟幾乎遍佈全國，但令我難以忘記的是，2003年。我正在北京工作，應四川成都的邀請，和其他各國駐華的代表們，前往參觀訪問，目的是想通過我們，將成都的文化美食等介紹到世界各地。但晚上安排的晚餐，令我們開了眼界。

四川人吃辣世界聞名，那晚，當地機構特地給與會的國際人士，安排了一次品嘗具有特色的的紅油火鍋。開始我們也沒有任何概念，等主人將火鍋蓋掀開後，我們不禁被那一鍋浸泡在鮮紅濃湯中的食物驚呆了。經主人的介紹，裡面有牛肚、豬肺、大腸……。和我同桌的幾位來自阿拉伯國家代表，與我面面相覷，互相聳聳肩還做了個鬼臉。最後我們每人自費要了一份蛋炒飯，解決了當晚的尷尬場面。

經過全世界的周遊，無可否認中國人在吃的藝術上，絕對首屈一指。所以也出現一句流行的戲語稱，只要是天上飛的，地上爬的，水裡游的，中國人都會通吃。比如豬腳，世上只有德國人能和中國人一較高低。中國人的豬腳，隨著地域的差異味道也是截然不同，如五香豬腳、紅燒豬腳，放在一起堪稱五花八門。

德國豬腳雖然出名，卻是味道一般，他們主要是用來和啤酒相配。德國人食量大，一個人就可以包辦一隻豬腳。

去年我夫婦和美國一位退休的醫生夫婦結伴同遊歐洲，到了德國柏林下榻於美國人經營的威斯丁大酒店，那天晚上正好有豬腳提供，價格只要十二個歐元（約新台幣427元）。我一時興起，給每人要了一份，最後幾乎沒有人能夠完成任務。我朋友夫婦為了節省，將剩下的豬腳留作次晨早點給解決掉；到了下午，就在我們前往萊比錫的途中，鬧肚子了，當然冷豬腳的過夜油膩肯定是罪魁禍首。所以在旅遊時，必須注意到健康第一。

翡冷翠的世界旅客，美國人應該是占了多數。但是在那裡，只要看到對牛排大快朵頤的，肯定是美國人。因為翡冷翠另一道名菜就是牛排，而且當地人吃肉非常有本事，所以餐館裡提供的牛排基本上是一公斤。服務員上菜時，那塊巨型的牛排足以讓人驚訝。我在1986年，曾攜妻子和兩個孩子在歐州暢遊，到了翡冷翠，在一條名叫瓷器街（Via Porcelana）上，找到當地專吃牛排的小餐館，只有六張餐桌，其牛排卻是鮮嫩無比。如今年事以高，食量大不如前，看到牛排也只能興歎而已。

然而可以說全世界最不會吃東西的人，應該是美國佬了。他們除了會啃大牛排，就是吃漢堡包，一旦看到諸如牛肚，動物內臟等食物，準讓他們膽戰心驚。

在我心目中，地球上會吃的民族，非東方的中國和西方的義大利莫屬。然而在全球食物的市場佔有率，中國人較義大利人還是棋差一招。義大利的紅醋賣到全世界，而中國有千年歷史的山西醋卻還祇能在中國人自己圈子裡轉。

（2019年6月15日完稿於德國Warnemunde海濱酒店）

誰是真正的單車王國？

乍看這張照片，讀者肯定會認為是北京或是中國任何一個城市在1970年時代的單車停車場。其實這張照片是筆者在荷蘭烏特勒支（Utrecht）火車站旁邊下榻的酒店房間裡，居高臨下拍攝的單車停車場。

由於荷蘭運河縱橫，它被稱為是荷蘭的威尼斯。但不同的是，威尼斯的水運河兩端狹窄，根本無法通行機動車輛。荷蘭則不同，

筆者從荷蘭酒店居高臨下拍攝火車站旁的單車停車場。

它的運河雖多，而且整個國家大部分處於海平面以下，有些地區甚至低過六公尺，卻因為其特殊的水利工程，荷蘭全國形成的交通網絡，給人民帶來了無限的方便。荷蘭素有水利建設居全球首屈一指的地位，它利用風車將水引導到海裡去的技術，早已成為全球處理水利的導師。

也因此單車的使用在荷蘭早已成為主要交通工具之一。從週一到週五，每逢上下班期間，單車穿梭在大街小巷已是習以為常。

由於荷蘭人深知他們生活在水的威脅下，所以對如何防止水的危害高度警惕，經年累月不斷推進，也對如何保護好這塊美麗的家園，逐漸形成了荷蘭全國強烈的防範意識和措施。

運河中有船隻擔當水上的交通使命，城市與城市間也有高速公路和鐵路網的交通配置。但在城市裡或是近距離的城鄉連結處，單車就成為必備的交通工具。

首都海牙街邊的單車停車場。

在荷蘭搭乘火車，除了車廂內的舒適外，舉目外眺，沿途都是一塊塊整齊而綠油油的牧場，遠處的樹林裡散布著不同色彩的小房子，隱隱約約地如同畫卷中的景色，給人的感覺是寧靜而安詳。

乘坐公共汽車，沿著公路旁，蜿蜒曲折的棕色雙行自行車道，綿延不絕，而且每條通道上可容納兩人並肩騎車，雙向往返非常寬敞安全。騎車人悠閒卻快速地踩著單車，行駛在平坦的車道上，給人的感覺是，荷蘭人總是那麼悠閒而快樂。單車道幾乎已經形成一個全國的網路。

過去在丹麥和瑞典等北歐國家以及德國，也曾見到過當地人騎單車的場景，但不如荷蘭那麼多。歐洲很多國家的火車及公共汽車，都可以攜帶單車上車，而且專門設有停車的空間。尤其是火車，在設有停放單車的車廂外面，還畫有單車的圖案，方便攜帶單車登車人士的識別。在歐洲火車站月臺上都有電梯的設置，除了方便年長者或是殘疾人的輪椅上下外，攜帶單車的人也可以使用。政府的周到考慮，讓出行的人不會有任何不便。

1978年我第一次到北京，進入眼簾而難忘的是北京單車行列令人驚奇。後來到了上海及其他主要城市，也被單車的陣營所震撼。單車在大陸，讓外國人士充滿好奇而讚歎不絕。那時候中國剛結束文化大革命，人民生活並不富裕，物資也極其缺乏。單車的擁有是「財富」的象徵。而有海外親人的居民，都想方設法請海外親人在回國時，代為購買單車；當然海外的親人就將單車作為禮物贈送。小小的一台單車，居然成為左鄰右舍欣羨的工具。

據後來的記錄顯示，北京一地單車的數量在兩百萬上下。我曾下榻過建國門外大街上的國際大飯店，每天清晨居高臨下，見到大街兩邊的單車通行道上，成千上萬的單車密密麻麻但很有序地朝著同一方向踩行，的確是一景觀。值得注意的是在近距離觀察時，發現踩行單車上班或上學的男男女女，個個臉頰紅潤而神采奕奕，反映出一副健康的精神。那時候中國擁有「單車王國」的桂冠是當之無愧的。

漸漸地，僅僅擁有結構簡單的單車已經不能滿足物質的欲望，從最簡單的單車，逐步趨向於帶有各種如十速特殊功能的追求。因為可以從一輛普通單車和帶有特殊功能的單車間分辨出車主的社會階層，從而引起社會上追求奢侈的競爭。

可是曾幾何時，單車已不能代表財富的多寡而在中國大地悄然消失，代之而起的是四輪汽車。最早出現在街頭的是德國大眾汽車公司在上海合資生產的「桑塔納」。能擁有一輛既耗油看上去又笨重的「桑塔納」是當地人夢寐以求的獲得。

後來外國汽車公司積極湧入中國市場，汽車工業蓬勃發展，瑞典的富豪，美國的福特、卡特萊特、林肯，義大利的菲亞特，日本的豐田……蜂擁而至，中國從一個單車社會，瞬間變成汽車大國。

為了適應汽車數量的迅速增長，政府在基礎建設工作上不遺餘力，不久中國的高速公路里數成為世界第一，汽車工業名列前茅，汽油消耗節節攀升，還需要依賴進口彌補嚴重不足。隨之而來的是汽車尾氣造成的空氣污染，威脅著神州大地十四億人口的生命健康。

人民追求買車的欲望並沒有因為環境的惡劣而有任何覺醒，相反的，年輕一代，更是向超奢華的汽車邁進，於是法拉利、藍寶堅尼等超級跑車，進入了富豪、土豪以及官二代的陣營中，它代表了社會絕對的富裕階層。

因為社會發展的偏離現實，過分的營養，健身的缺乏，以及科技發展的超迅速，已經亮起青少年的健康紅燈。比方說，糖尿病的患者年齡朝向年輕化的趨勢以及患者人數的逐年增加，都是令人擔憂的國民健康危機。

看到荷蘭的單車盛行，電動車有序地發展，再加上荷蘭人對水利引起的強烈危機感，從而建立了環境保護的積極意識。在荷蘭除了因為陰雨的天氣外，幾乎都是燦爛的藍天白雲。而且荷蘭人飲食簡單，當地出產的高品質乳酪，賦予人民優良素質的體態。他們的紅潤臉頰，不由聯想起中國過去騎單車出行而培養出來的健康臉色。

在荷蘭很難看到啤酒肚和巨型身材，不論男女，他們高大而俊俏的身材令人讚歎羡慕。令人對中國還在發育階段的青少年的體型感到焦慮。他們的心目中，騎單車無法滿足他們從父母及社會那裡吸取的物質虛榮。

在荷蘭所看到的單車幾乎是清一色最簡單的結構，沒有任何車速的裝置。荷蘭人沒有因此而感到羞澀，因為在他們的意識裡，那只是一台交通工具而已，而沒有貧富區別的存在，和中國人腦海中單車及汽車之間所代表的社會地位，形成了強烈的對比。

為了「出人頭地」，為了面子上的光榮，中國人在這方面總會不惜工本，甚至不擇手段，為的只是要達到他們的虛榮目的。

看來過去屬於中國的「單車王國」光榮稱號，應該轉贈給荷蘭，它擁有這稱號應該是更加恰當的。因為他們樸實而不張揚的環保意識，得到了國際的認可，也得到世人的敬重。中國人去荷蘭旅遊，在注意名牌或是當地山珍海味的同時，應該多留意當地為單車提供的設施，以及騎單車出行時的愉快神情，還有他們默默發展的環保意識。

「單車王國」的尊稱，不一定要回到中國的懷抱，需要期待的是，也許有一天，中國人會重新恢復對單車曾經的喜愛，而且將它看成是環保的交通工具，從而帶給人們健康的身體和愉快樸素的心態！

（2019年6月22日完稿於北歐郵輪航程）

荷蘭乳酪好比華人豆腐

這次和妻子到歐洲歡度金婚假日，在99天的行程中，特地安排了在荷蘭旅遊十多天，其中六月十二日前往荷蘭古城卡沃達（Gouda）遊覽兩天。到卡沃達的旅遊主要內容是瞭解當地每週四在市中心廣場上舉辦的乳酪交易活動。

小城市只有數家三星級酒店，而且都離市中心較遠。距離廣場五分鐘的地方，有一家名為Anna ann de Motte包早餐的民宿，凡是下榻過的客人，幾乎都一致讚賞女主人的細心安排。

抵達時，笑容可掬的女主人安妮塔已經在那裡等候我們。那是一棟有近四百年的老屋，但內部經過裝修煥然一新，而且設備都十分現代化。安妮塔打開冰箱，只見新鮮的卡沃達乳酪、火腿、半打雞蛋、水果等一應俱全，而且還給我們準備了一瓶白葡萄酒，放在冰箱裡冰鎮。廚房檯面除了需要的用具外，最令我高興的是，她還有一台義大利濃咖啡機，以及一盒豐富內容的咖啡錠，真的是設想周到。介紹完，她將鑰匙交給我們說：「希望你們對這個房子能感到滿意。」

次日，我們早餐後即前往廣場，那裡已是人聲喧嘩，熱鬧非凡。廣場中間是1448年建造的荷蘭傳統造型市政大廈。周圍擺滿了各種當地商品，有銀器首飾、荷蘭木鞋子、陶瓷擺設工藝品等等，但最吸引遊人的就是幾家專賣乳酪的攤位。除了當地人購買即刻食用的乳酪外，還有專門為來自世界各地的旅客，競相購買用臘密封的半公斤重乳酪，這樣他們回到其國家，經海關時不會有遭到攔阻的可能性。

為了發展旅遊，政府自1987年啟動了廣場上的乳酪交易，每年從4月4日到8月29日每週四上午十點到十二點半舉行。這是荷蘭自1395年保留至今的傳統乳酪交易中心的延續，交易的方式是以擊掌討價還價，一旦成交即將價格寫在小簿子上。這裡面包含著商業信用的美德。

在各攤位圍繞的中心地帶，有兩排各順序排列著幾個一公尺六長，六十公分寬的木板架子，架子上分兩排擺放著五個一堆用臘密封的乳酪，每個乳酪重十公斤。這就是乳酪交易的產品。我們在廣場上，見到賣方身著白色的長工作服，買方則穿著藍色的夾克和長褲，脖子上繫了一條紅圍巾，頭戴帽子。兩人腳上都是穿著傳統的木鞋。

當買方看中了某一家的乳酪，他會先拿起一個乳酪，放在鼻子前嗅幾下，然後開始和賣方主人交易。我站在那裡，注意買賣雙方每進行一次討價或是還價，都要相互擊掌，而且頻率相當頻繁。交

1 2

1 當地傳統以擊掌交易的方式。圖中左二為筆者。
2 乳酪交易會上，筆者（中）與當地為乳酪做公關的女士合影。

易成功的乳酪，即由買主雇用穿著傳統服裝的工人，將乳酪裝上馬車拉走。

在交易期間還有當地的小學生，三五成群手捧著木盆，裡面盛著切丁的乳酪，見著路人即將木盆送上，請對方取乳酪食用，並異口同聲地對參觀者說：「歡迎來到卡沃達！」

在廣場上有一棟小樓，是1668年由當地設計師建造的乳酪秤量所，荷蘭文為（De Goudse Waag），現在已經成為當地旅遊中心及小賣部，樓上則改建為乳酪博物館，供遊人參觀。我和妻子被旅遊中心入口左邊的一座大磅秤所吸引。那座龐然大物上面可以站立好幾個人，和大陸的傳統磅秤，幾乎有異曲同工之處。磅秤一邊放著大小重量不同的秤砣，來平衡另一邊放置的乳酪，由此即可計算出乳酪的淨重量。

卡沃達乳酪現在已經是行銷於全球，深得消費者的喜愛，主要是它的味道帶有濃郁的奶香。凡到過荷蘭的人，都會注意到當地有兩樣特色，就是水多、牛多。從火車上遠眺，就是一片沒有盡頭的綠油油草地，不時看到成群黑白相間乳牛，或是在那裡細嚼綠草，或站在一起「修身養性」。草原每隔一段，即有一條細水長流的溝渠，可滋養草原，也給乳牛提供了飲水。所以雖然世界各地有不同的乳酪生產，但是荷蘭的乳酪應給稱得上是舉世無雙的天然產品。

我之所以說荷蘭乳酪為天然產品，是因為美國也有「卡沃達乳酪」，方塊形的薄薄十片一包裝。主要是方便美國人夾在漢堡包裡吃。但是美國的「卡沃達乳酪」是典型的「假冒偽劣」產品。既沒有荷蘭乳酪的醇香，也沒有任何的營養價值。但是美國人的財大氣粗，不僅公然在本國推廣「假冒偽劣」食品，美國普羅大眾也從不要求貨真價實，只要經濟實惠就能接受。這種沒有奶香的乳酪，還隨著漢堡包大搖大擺地行銷到全球各地。

在卡沃達品嚐乳酪時，不由聯想起1960年在義大利吃乳酪的趣事。由於工作的關係，我在當地結識了不少文化藝術界的人士。其中一位是原籍匈牙利的藝術家，曾為羅馬火車站入口門首上創作浮雕設計。一天晚上我應邀去他住所晚餐，共有十多位客人，僅我一個是中國人。

喝了一陣酒後，即在一張長條木餐桌面對面入座準備就餐。主人安排我坐在他和匈牙利駐義大利大使對面，方便交流。那晚的餐飲非常難忘。第一道是匈牙利的香腸濃湯（Gulashi），一碗湯下肚，基本上已經飽了。但賓主交談甚歡，等待著主人的女友從廚房裡給我們驚喜。

不久她端著一個方木盤，中間放置著一大塊看上去是乳酪的食物。當她將木盤放在我和匈牙利大使桌子中間後，我仔細端詳，果然那是義大利出名的臭乳酪（Gorgonzola），因為奶酪中布滿了呈藍色的發酵黴菌，所以在英語國家稱之為藍色乳酪（Blue Cheese）。望著那塊巨型的乳酪不禁暗自嘀咕，難道這就是今晚的主菜？

義大利人流行用這種乳酪款待客人，被看成是隆重的禮貌。這種乳酪價格高昂，而且營養價值高。乳酪裡的藍色黴菌是其中的精品，而且有人說，假如這乳酪中帶有奶蛆則更是上品。

由於我和匈牙利大使談得興高采烈，沒有留神主人切了一塊乳酪放在我餐盤裡。不一刻，大家都興高采烈地品嚐著塗了臭乳酪的餅乾時，我突然從眼角發現有東西在餐盤中的乳酪裡蠕動。低頭仔細一看，果然在我餐盤裡的臭乳酪中，有兩條細白的奶蛆在小孔中不停地轉動。因為從未嘗試過活吞奶蛆，那一刻的確有些不知所措的感覺。望著匈牙利大使及其他客人都吃得津津有味，我只得將臭乳酪連帶活蛆塗在捏成小塊的餅乾上，然後用紅葡萄酒吞了下去。

經過內心的糾纏，我終於完成任務，將餐盤裡的乳酪吃得一乾二淨，當然紅酒也沒有少喝。可能是心理因素，我一直覺得胃裡有東西在蠕動。晚餐後喝完咖啡，已近午夜。我藉口第二天還有重要工作，先行離開了藝術家的住所。

回家途中，我到附近一家尚在營業的咖啡吧，要了一杯白蘭地一飲而盡，來排除心理作祟，頓間感到胃裡很平靜了。

雖然這個經驗已經過去五十多年，但在荷蘭每天享受帶著乳香的乳酪時，總會不由地回憶起那段趣事。只是那位深交的匈牙利藝術家早已駕鶴西去，他那開朗的笑容仍清晰地留在我的印象中。

其實中國的少數民族地區也盛行乳酪食物。我曾到過西藏，新疆及內蒙古等地區旅行，對當地的酥油茶和奶茶非常喜愛，但是當地的乳酪製作卻非常原始，味道也平平，有改進的必要。雖然乳酪是經過發酵製作，但保鮮及衛生，荷蘭的技術有參考的價值。

在荷蘭所見所聞中，最令我觸動的是看到荷蘭人的健康並附有朝氣，當然這和他們的飲食不無關係，其中鮮美的乳酪扮演了重要角色。乳酪在荷蘭人飲食中的重要，就好像豆腐在中國人餐飲中的地位幾乎是相等的。所以我就將豆腐戲稱為「素乳酪」。

荷蘭的乳酪和中國的豆腐，都已經成為世界各國人所喜愛的食品，應該說，這兩個國家為人類製造富有蛋白質食品的貢獻是功不可沒的。

（2019年6月21日完稿於北歐郵輪航程）

妓女也有自己的博物館！

1986年，溫哥華舉辦世界博覽會，一座原本清靜樸素的城市，突然被世界各地蜂擁而至的遊客攪得不勝紛亂，我和妻子於是帶了兩個還未成年的孩子到歐洲旅行了兩個月，其中包括了荷蘭的阿姆斯特丹。這座歐洲的港口是世界著名的鑽石集散地，也是聞名全球藝術家倫布朗（Rambrandt）和梵高（Van Gogh）作品的精華所在。當然更令遊客爽心悅目的是它那些縱橫交錯的運河，與義大利的威尼斯都似鬼斧神工般美妙絕倫。

一天晚上，我們一家人從臨近火車站漫步欣賞海港城市的夜景，只見運河旁人山人海，旅客們捧著照相機朝著同一個方向拍攝。我佇足向那一排房舍望去，二樓如同百貨公司的櫥窗，一排只能容納一人的小格子裡，都坐著一個模特兒模樣的女人。再仔細一看，每格櫥窗裡的女性都穿著暴露，隔著玻璃窗，向街邊駐足的路人作出不同的猥褻姿態。

原來我們無意間走入當地著名的「紅燈區」。因為和兩個未成年的孩子同行，我和妻子立即帶著孩子離開那個無法用言語解釋的地方。

時隔三十多年，我和妻子到歐洲旅遊，其中安排到阿姆斯特丹重溫荷蘭藝術家倫布朗及梵高的不朽作品。在旅遊資訊中瞭解到阿姆斯特丹的「紅燈區」在2000年立法使妓女的性服務，如同其他正當職業一樣能遵守法規，成為合法經營行業。到了2007年政府對該職業進一步規範，打擊一切對妓女有威脅的非法組織，令妓女得到充分的發言權，並受到社會的尊重。

既然有了權利，也就必需要善盡社會義務，包括要對那個為展

1 阿姆斯特丹紅燈區的「妓女博物館」取名為「紅燈區的祕密」。

2 一座呼籲全球尊重性服務提供者的雕像就豎立在紅燈區內。

示自己胴體的櫥窗支付租金，而且要向稅務機構繳納所得稅。於此同時，法律規定社會上對於這些出賣靈肉的性服務者，應該給予諸多保護，如不允許對櫥窗裡的女性拍照，以及光顧青樓風流客的行為等等，都有法律的嚴格約束。

紅燈區的櫥窗格子與以前沒有兩樣，門首的紅燈及黃燈也一如既往默默地陪伴著這些性服務者。

在資料中我發現，有一座名為「紅燈區的祕密」的妓女博物館，這個自有人類以來即已存在的最原始、對女性最不尊重的行業，竟然在荷蘭擁有自己的博物館，引起了我極大的好奇。

妓女博物館是當地政府立案的公開展覽場所，而且是旅遊景點之一，旅客參觀高峰期的入場券價格要十五歐元，而從上午十一點到下午一點所謂的淡期入場券只要十個歐元。只為了探秘，所以我選擇了中午的參觀時間段。

藝術博物館給參觀者提供的是心靈的美感，然而這所妓女博物館，在東方人的眼裡，不如稱為妓女辛酸史的展出。一進入那低矮的展覽室裡，立即有一種無法形容的壓抑感湧上心頭。

但它給予參觀者的是這個自古以來即已存在的古老職業的必然性。

阿姆斯特丹是個海港，自十六世紀以來，紅燈區即已應運而生。當然在歷史的演變中，從事這份職業的女性也有過起伏跌宕的命運。

也許很少人知道，在聖經的創世紀中，就曾記載著阿伯拉罕的孫子猶大付錢召妓的劣跡，諷刺的是，他玩弄的妓女竟然是自己的兒媳婦瑪爾塔。

在參觀時見到三位青春期的外國少女，在購買紀念品商店裡戴上有性感意義的兔子耳朵，以妓女博物館為背景合照留念，反映出西方社會對妓女持更為開放的態度。

從博物館裡展出的妓女提供性服務的一些陳設，包括一間展室擺設著進行暴力性行為的各種器材等資料，可見性服務的行業中充滿了對妓女生命的威脅及心酸血淚。

參觀者在進入博物館時，可以選擇不同語言的語音解譯器，在每間展室的牆上都設置了紅色的數碼，參觀者需要聽解釋詞，就只要將語音解譯器牆上的數碼感應一下，即可聽到對該展覽室的解說。這樣就需要四十五分鐘的參觀時間，才能詳盡地瞭解整個博物館的內容。但我在該博物館中參觀時，因為有一種說不出的窒息感，於是只用了二十分鐘就離開了那座對誰都會產生好奇的妓女博物館。

在回到酒店途中，一方面為荷蘭政府對從事性服務的女性提供法律保護的措施感到敬佩，另一方面也為從事性服務的女性因有法律保護而能在社會中解決自己的生存感到慶幸。但我的思維也一瞬間回到六十年前的臺北。

1950年跟隨父親逃難到臺灣，蟄居在臺北的大雜院裡，是一段非常難以忘懷的經歷。位在萬華區桂林路132號的大雜院，是屬於財政部物資局自日本人手裡接收的財產。我從沒有去深入瞭解過那棟日本式的大雜院，從它的規模以及建築的木質材料去分析，應該是屬於日據時代的重要部門。

離我家住所不遠處就是當時臺北聞名的風化區「寶斗里」，當地人稱之為「紅燈區」。說得不好聽也就是萬華區的私娼寮。

我那時正在初中求學，剛搬到那裡不知道與私娼為鄰，時間一久，有意無意間在心靈上產生了無法形容的自卑感。

因少年時代好奇心的驅使，我曾在傍晚時偷偷地去到「寶斗里」一探究竟。只見到一排矮小的民屋，門旁裝有一盞燈，有的是綠色，有的是紅色。門首有徐娘半老的女人，儘管塗著濃濃的粉脂和唇膏，並不能掩飾她們在歲月中流失的青春。

當然那時候我對那些倚門賣笑女人的職業一知半解，只知道那是一種極其下賤的行業。

我家的隔鄰是一位周姓醫生的診所，每天下課後都會經過，必定會見到三五個女人站在診所進口處嘰嘰喳喳喋喋不休。後來無意間從大人的閒言閒語中瞭解到，這些女人就是寶斗里的私娼。

那時候還沒有「避孕套」的供應，為了防止接嫖客時感染性病，私娼們每天下午到周醫生診所打針。寶斗里的旁邊，還有一棟二層樓的日式房子，是當地較具規模的酒家。因我家被分配到臨街的房間，所以每到夜幕低垂時，那棟二樓的酒家裡帶有濃重日本調的音樂，往往隨著風向飄到我們的住所。因為抗戰時期在上海遭受過日本人侵略殺戮的慘痛經歷，所以對酒家飄過來的日本音樂非常反感。

日子一久，隨著年齡的增長，我對住家旁邊的紅燈區及酒家有了進一步的瞭解，也因此對這些出賣靈肉的女人產生幾分同情。時隔近五十年，當我再度到臺北探親訪友時，特地到少年時期生活過的地方去轉了一下，原來住的房子已經拆除掉，對面的酒家也已不復存在，私娼寮地區改建為夜市。那些曾經倚門賣笑的私娼如今何去何從已不得而知，但確定無疑的是，她們或因為人老珠黃而從了良，也或許已經離開人世。但這些都應當被認為是幸運的結局了。

因為妓女這一行業，幾乎在每個人的心目中是最不能見陽光的勾當，也是和社會上吸毒等行為相結合的病態。阿姆斯特丹的紅燈區，也使我聯想起發生在加拿大溫哥華社區附近的一件駭人聽聞的碎屍案。一個養豬廠主人，先後將四十九個妓女在玩弄後予以殺害，再將屍體碾碎成肉末用來餵豬。這49個妓女的失蹤案件令警方頭疼萬分。

2007年終於在他準備殺害第五十個妓女，用來湊成五十個總數時，這個幸運的妓女設法逃脫了厄運，幫助警方破了案，兇犯如今仍然在獄中服刑。由於加拿大早已廢除了死刑，政府還要用納稅人的錢來支付這個獄中兇犯的費用。

時至今日，妓女這行業繼續在世界各地蔓延。它不因為政治體系的不同而有所不同，在我周遊世界各地時，都會看到不幸女性為了生活而不惜出賣靈肉的悲哀；我曾在古巴的五星酒店門首看到這些人。上世紀九十年代北京王府井原來的「臺灣飯店」門口，每到夜燈初上時，即有流鶯的出沒。馬德里在1980年時，最繁華的商業區馬路上，也有在光天化日下公開向過路人招攬生意的身影。

這些現象，後來舊地重遊時已經銷聲匿跡，不復存在。

在阿姆斯特丹瞭解到妓女的命運最終受到保護，我不禁突發奇想，是否能將這個人類最原始但也是最悲慘的行業作為資料，撰寫成博士論文，呼籲全球如聯合國機構的政治人物，攜手共同討論為爭取妓女性服務行業的合法化，似乎這要比他們整天為戰爭叫囂來得更切合實際。

（2019年7月1日完稿於郵輪航程中）

貝爾法斯特的啟示

郵輪在貝爾法斯特港口停泊後，我和妻子循著慣例，在當地旅遊服務部門索取了一份市區地圖，要了計程車直奔城區中心。在那裡按圖索驥尋找我們要探尋的觀光地點。有時候因為突然摸不清方向，就求助於路人。

愛爾蘭人性情開朗，而且非常友善。途中我向一位中年男士詢問前往天主教主保堂方向時，他熱心地帶著我們前行，並和我簡單地交談，我順便問道：

「現在貝爾法斯特是否平靜了許多？」

他面露笑容簡單地回答道：「可以說，現在城市比較文明許多了。」

他接著說：「其實所有的問題都是因為一些政客的自私，他們利用手中的權力和金錢為所欲為，造成許多的不幸。」

貝爾法斯特過去有非常發達的造船業，哈爾藍沃爾夫造船廠（Harland & Wolff Shipyard），在上世紀初為加拿大建造的豪華郵輪「鐵塔尼號」（Titanic），在加拿大東部處女航行時，撞到冰山而沉沒的海難轟動了全球。時隔一百年，貝爾法斯特為了紀念這個歷史的悲劇，特地設立了一個展覽室，給來自世界各地的旅客，提供了這艘巨輪的建造工程以及海難的全過程。

我和妻子對這艘巨輪的海難歷史，有較深入的瞭解，所以這次貝爾法斯特之行，特地選擇了前往1975年時發生的另一樁流血悲劇的歷史地點，憑弔一些因此而獻出生命的不幸無辜者。

發生在七十年代的流血悲劇，是北愛爾蘭的黑暗事件。用今天的眼光去審視，無非就是發生在天主教和基督教之間矛盾的政治事

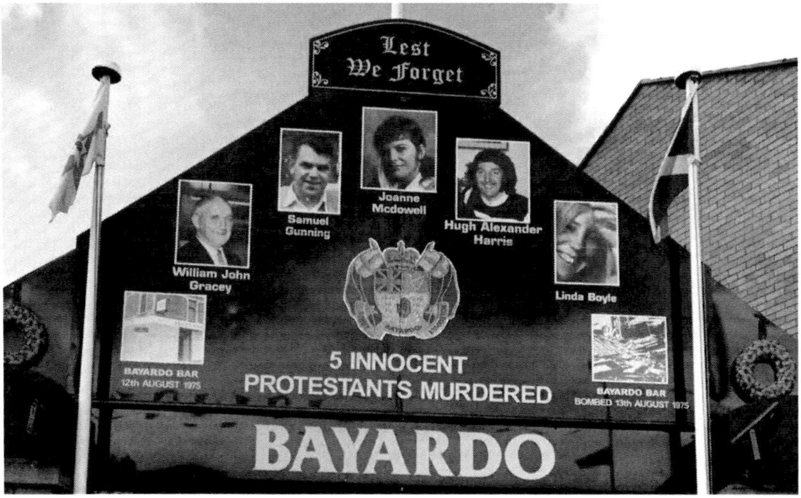

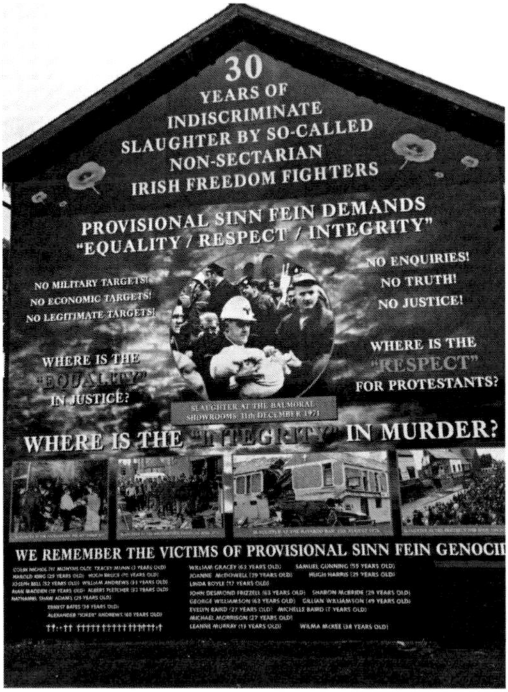

1 大牌坊為紀念1975年8月13日因bayardo bar爆炸案而無辜犧牲的五位市民。

2 為三十年來在愛爾蘭共和軍策劃下，發生的流血犧牲而設立的紀念碑。

件。他代表著和平與戰爭的衝突，更是文明與野蠻的搏鬥。對於來自萬里之外的旅客來說，我們只能用遺憾的心態去感受這個非常複雜的歷史事故，因為我們無法完全理解事件的來龍去脈，也因此不能對誰是恐怖分子，誰是真理的維護者作出任何的判斷並遽下結論。

看到豎立在街角紀念碑上那些犧牲者的名字，我們只能在心中為他們的靈魂祝禱，對那道長長的已呈現出斑駁蒼老痕跡，但仍留著許多因爭取自由而反戰的標語和畫像的隔離牆，不禁想像著它當時是如何承載著互不交往的「歷史」沉重任務！

和我交談的路人，看上去五十開外，應該是在那段沉重歷史鬥爭中成長的一代，就如同許多在戰爭中存活下來的人一樣，他們有追求和平環境和安定生活的欲望。所以才會發出「今天貝爾法斯特城市比較文明多了」的感歎。

在那街角的紀念碑周圍，除了反戰的文章之外，還有著對一些政治人物要為這個悲劇背負責任提出的控訴。北愛爾蘭和英國的糾結，不是我們三言兩語所能梳理清晰，但那位路人提到所謂「政客往往利用他們手中的權力和金錢，造成許多的不幸。」啟示了我認識到，文明與野蠻之間的衝突，幾乎都是出自政客的一錘定音。

這令我回憶起在東西德遊覽時的歎息。東西德的統一，給世人留下的印象似乎都是美國人的恩賜，而蘇聯則是造成東西德分裂的罪魁禍首。

實際上是，東西德的人民自身感覺到，既然恢復民族精神團結的時刻來到了，就必需要緊緊掌握。我佇立在東西柏林之前的交匯處，看到的仍然是東德過去在蘇聯「殘暴統治」的展覽，而美國佔領的一邊，還保存著美國人的「偉大」自由象徵。

其實歷史上從未有因為外力的干預而給當地社會人民帶來任何利益，相對的卻是無盡的災難，最後還得依靠自己來解決彼此間的

糾紛和矛盾，

記得在1962年，我前往歐洲途經越南西貢（今胡志明市）。當時南越總統吳廷琰和他時任西貢警察總監的兄弟，因為和美國政治意見的分歧，造成對其生命的威脅時，乘車逃往天主教堂避難。美國總統甘迺迪緊咬不放，從華盛頓下令中央情報局，在距離天主教堂幾十公尺的通道上，將南越總統兄弟當場格殺在車中。

六個月之後，甘迺迪總統在美國達拉斯座車裡，被人遠距離射殺。當時在歐洲咸認為這是他下令槍殺南越吳廷琰總統的因果報應，也是外國政權干預他國內政的典型案例。最終美國也未能逃出被驅離越南的命運，再一次證明了越南的最終統一是依靠自身力量完成的。

越南統一後。我曾數次前往訪問，從南到北，只見上下一致為建立社會主義新時代，一片奮鬥的蓬勃朝氣。雖然仍存在許多需要克服的困難，但在沒有外國政權的干擾下，越南人民正一步步自由自在地走向繁榮。

古巴因為推翻了親美的獨裁者建立社會主義政權，遭到美國逾半個多世紀的經濟制裁，其領導人卡斯特羅生前從不屈服於美國的威懾脅迫，率領人民咬緊牙根致力發展。我曾數次訪問過這個加勒比海的小國，其人民堅決反抗美國壓迫的勇氣令人敬佩。

有一次我搭乘計程車前往機場，途中我問司機，古巴究竟有多少共產黨員，他爽朗地笑著說：

「每一個古巴人都是共產黨員。」他那鏗鏘有力並含有無比自信的語調令我肅然起敬。

其他亞洲政治領袖如南韓的李承晚、菲律賓的馬可仕等等，都是因為先甘願為美國的馬前卒，後又企圖脫身而去，導致最後終老於海外的遺憾。

在中東地區，以色列和巴勒斯坦的衝突，究竟誰是誰非，局外人莫衷一是。我去那裡訪問的時候，必須坦率地說，以色列方面過度地誇張巴勒斯坦人的惹是生非，因為有美國的撐腰，所以極易得到國際社會的認同和支持。然而我的親身經歷是，巴勒斯坦人民尋求自由生存的權利並不為過，卻一而再、再而三地遭受到以色列的無情打擊。

伊拉克曾經是中東地區的石油王國，最終其領袖薩達姆又是因為美國定性為叛徒而被送上斷頭臺。敘利亞至今數以百萬的難民背鄉離井流落到歐美各國，又是誰的德政所導致的呢？黎巴嫩曾有中東小巴黎的別稱，如今也是百孔千瘡，百姓度日如年。

從1985年起，我曾經數度訪問過南北韓。我的印象是，北韓的民族主義情緒勝過南韓。這就是為什麼美國一直企圖誇言要將平壤從地圖上消失掉。時至今日美國仍然被其自身的陰謀所困擾。

我到過北韓一邊的三八線最前線參觀，只要往前一步即跨過那邊界，而且沒有外國軍隊駐守。而在南韓方面，訪客只能到距離三八線兩公里的地方，用望遠鏡遠眺三八線的面貌。如果要到達最前線參觀，必需要經過美國駐軍部門的批准。

早在1945年二次世界大戰後，美國即想方設法，在中國設立三頭馬車政策來支持蔣介石政權，最終國民黨被毛澤東領導的共產黨趕出大陸。退居臺灣後，因為蔣介石在軍隊制度上和美國持相反的意見，美國中央情報局在臺灣也多次謀劃清除蔣介石，鑒於蔣介石有其浙江奉化培養的忠誠侍衛隊的保衛，美國的詭計始終未能得逞。

從冷戰結束以來，許多曾被以美國為主導所分離的國家，已經先後完成了他們的統一。除了仍存在戰爭多發地區外，當前全球似乎只剩下南北韓和大陸與臺灣的統一問題有待解決。

自朝鮮戰爭後南北韓的統一大業已開始露出曙光。北韓的首都平壤，不僅沒有讓美國之前叫囂著要將其從地圖上消失的夢囈成為事實外，北韓正在積極推動經濟改革，而且曾經被美國人視為暴君的北韓領導人，也成功地和美國總統並肩散步商談和平，甚至還有被邀請赴白宮做客的可能。

貝爾法斯特之行，以及過去曾經踏過的德國、越南、古巴和南北韓等地，令我深為那些國家人民經歷重大改變所獲得的自由和平而慶幸。

（2019年7月4日完稿於北大西洋航行旅程）

羅馬咖啡街的芳鄰

「What you are now, we once were

What we are now, you shell be」

中文翻譯大意是：

「你們現在的神情，是我們的『曾經』。

我們當前的模樣，就是你們的『未來』」

羅馬有一條聞名全球的咖啡大街維托里奧．威尼托街（Via Vittorio Veneto），是為紀念第一次世界大戰1918年的維托里奧．威尼托的勝利戰役而命名。義大利著名電影導演費里尼（Federico Fellini）在1960年拍攝電影《甜蜜生活》（La Dolce Vita）裡，選用了這條街道作為主要場景，上演後轟動全球，從而吸引了美國好萊塢如賈利古柏、奧黛麗赫本及奧孫威爾斯等著名電影界人士的光臨。當地有許多當時極具代表性的五星級怡東酒店（Excelsior Hotel）、巴黎咖啡館（Cafe de Pari）等，被視為高級享受奢侈糜爛的羅馬生活標籤。

這條街道並不長，估計也只是一公里左右，現在被簡稱為威尼托街。從1880年建造成街道後，一直保有幾座歷史悠久的建築。其中最具規模的是天主教方濟各會士的教堂（Santa Maria della Concezione dei Cappuccini）及瑪格麗特皇宮（Palazzo Margherita）。後者是因為薩沃伊瑪格麗特皇后從1900年到1926年下榻於此而成為歷史建築。美國政府在1946年，以戰勝國的姿態，接收了這棟歷史建築，成為美國駐義大利的大使館，一直使用到現在。

我有幸在上世紀六十年代，獲得在梵蒂岡大公會議新聞室工作的機會，結束之後，繼續服務於新聞界。由於我的報導內容主要是

坐落在義大利羅馬咖啡街上的美國大使館。

歐洲的文化藝術，於是每個週末，必定和其他國家的同行，在「巴黎咖啡館」的行人道旁咖啡座聚會，彼此交換在羅馬演藝圈裡獲得的資訊，當然更重要的目的是在咖啡座或是咖啡街上獵取新聞。

那時候的威尼托街每當夜幕低垂後就開始車水馬龍，熱鬧非凡。汽車喇叭聲，路人的喧嘩，以及林林總總酒吧傳出的靡靡之音，低俗的脫衣舞夜總會，威尼托街就是一個不夜城。喜歡尋花問柳的外國遊客，尤其是日本人，更是街道上拉皮條的目標。

「巴黎咖啡館」正對面的怡東大酒店，是當時羅馬星級酒店的代表，就曾遇到過在炎夏時分因為沒有繫領帶而未被允許進入的尷尬場面。酒店緊鄰是一座堂皇而莊嚴的咖啡館，是當時義大利政客們的聚會場所。他們個個西裝筆挺，道貌岸然，抽著雪茄煙，喝著白蘭地，和巴黎咖啡館的影藝圈人物相映成趣。

然而曾幾何時，物換星移，時代變遷，羅馬咖啡街逐漸走下坡路！「巴黎咖啡館」被義大利的黑手黨，用來路不明的黑錢買了下來，然後用破產手段轉移了黑錢，成為一個沒有燈光的軀殼，臨街的窗門上留下斑駁的鏽跡。只有從那些仍殘留在玻璃窗中，六七十年代國際影星照片中展示的往日笑容裡，還可以尋找到昔日的「曾經」輝煌。

「巴黎咖啡館」門前行人道上往日的玻璃咖啡座已不見蹤影，日落之後整條街道除了定時穿梭的公車外，很少再聽到過去私家車那樣的囂張喧鬧。怡東酒店也已數度易手，先有喜來登的投入，後又有威斯丁的接手迄今，依靠著美國的資金繼續展現它的權勢。

咖啡街上古教堂地下室內的人骨墓穴。

這座酒店離瑪格麗特皇宮不遠，因為有了美國大使館的存在，威斯丁大酒店的客源也就多半來自黃金王國了，為此羅馬益行突出其權威，金錢的象徵！和大使館高築的圍牆，警衛森嚴的入口相得益彰。

在相距僅約一百公尺處，人行道上有幾棵蒼天樹木，後面隱藏著方濟各會士的教堂。由於兩座建築都富有歷史，所以筆者為其取名為「芳鄰」。這座教堂和前一座迥然不同的是，它的大門始終向社會開敞，如同慈父伸展雙臂，隨時準備擁抱他喜愛的兒女。

教堂是1626年經教宗歐爾班八世（Urban VIII）下令建造的，他的兄弟安東尼奧·巴爾貝里尼（Antonio Barbelini）曾經是方濟各的修道士，後升任為樞機主教。1631年，他將原來安葬在該會舊址魯契希大街（Via dei Lucchesi）修道院中成千具遺骸挖掘出來，遷移到現址予以安葬。每晚在就寢前，必定為這些已故的修士靈魂祈禱。

迄今為止，自1500年至1870年之間約四千具亡故的修道士遺體均安葬於此，經過了經年累月的保護修飾，歷代的修道士將這些遺骸，在教堂的地下室，布置裝飾成五個頗具規模的地下墓穴。所有的牆壁、天花板，甚至燈飾以及祭台等都是用這些遺骨作為材料，成為美輪美奐的人骨地下墓穴聖地。教宗兄弟自己的遺骨，也是祭臺上的裝飾一部分，其中有好幾具遺骨因較比完整而仍穿著修道士的袈裟並且胸前掛著帶有十字架的念珠，宛如生前的姿態模樣。

自1960年迄今，我曾多次前往瞻仰這些無名修道士遺骨所裝飾成的墓穴。走進這座墓穴，給人的感覺是沒有死亡的威脅和恐懼，內心僅有的是對這些修道士的敬仰和尊重，從而產生謙卑的心靈和對人生的態度。

在本文開端所書寫的兩句警示語句，就是來自這座人骨墓穴。用三種不同語言描寫著方濟各會修道士所給予的警示教誨。這幾句話並不深奧，賦予每一個參觀者的，也就是對人生的啟發。我之所以每次到羅馬，必定不厭其煩地帶著卑微心態前往瞻仰，目的無他，就是一再提醒自己在茫茫人生中，所有的地位、金錢、物質、權勢等等，只不過是人生道路上的「曾經」。

羅馬人骨墓穴在天主教中為首創，波蘭的修道士瓦克拉爾·托馬塞克（Vaclar Tomasek）前往羅馬朝聖時發現這座神聖的人骨墓穴有感而發，回到波蘭後，連同教會司事施密特（J. Schimdt）及挖墓穴人藍吉爾（J. Lamger），從1776年到1794年的十八年期間，共遷移了三千具遺骸到聖・巴托若美爾（St. Bartholomew Church）教堂裡，建造了一座人骨墓穴。這座教堂波蘭文又稱為庫多瓦・自特若滋（Kudowa Zdroz），距離城市澤爾納（Czermne）約一公里處。人骨墓穴中也刻著羅馬人骨墓穴中相同的警世名言。

另外他們還挖掘了近兩萬一千具遺骸遷移到該教堂，形成一個具有兩萬四千具人骨的墓穴。無獨有偶，捷克博諾（Brno）地區的聖方濟各會修道院地下室也有一座人骨墓穴，但規模沒有前兩者的雄偉。該會修道士始終堅持著守貧的教規，連修道士去世後單獨使用一具棺木都被視為奢侈。

世代以來，一個修道士在去世被安葬若干年後，他的遺骨必需要取出，棺木則繼續給後來去世的修道士使用，如此循環不已。由於當地氣候的特殊情況，被取出的遺骸，穿著袈裟，胸前還掛著十字架念珠。經過自然風化而成為木乃伊，排列在地下墓穴供人瞻仰。

除了這三座人骨墓穴如今在歐洲是屬於頗具規模供人參觀的歷史聖地，在葡萄牙的艾沃拉（Evora）也有一座人骨墓穴，葡萄牙文稱之為（Caple dos Ossos）。地中海的島國馬爾他首都瓦雷塔（Valetta）尼比亞小教堂（Nibbia Chapel）也是一座人骨墓穴。由於前者人骨墓穴中的遺骸大多數為附近醫院病故的屍體，而後者的人骨，歷史學者認為是1565年馬爾他被圍戰爭中殉難的官兵，1941年第二次世界大戰時又遭到轟炸損毀嚴重，如今僅剩下殘垣斷壁。

不管怎樣，聖方濟各會的修士們，給後人留下的不僅僅是數以千計人骨製作成藝術價值令人肅然起敬的墓穴祭台，更重要的是他們要傳達的是人生的最終意義。

走在敗相凸顯的羅馬咖啡街威尼托大道上的兩座芳鄰建築前時，不免會有令人發生感觸，但又隨即去追尋難以理解或是忘懷的「曾經」。因為凡人都不會輕易放棄追求「當前」，享樂「暫時」的欲望，認為「永恆」或是「未來」，只是生活中的一種虛擬。

中國人有「什麼都帶不走」的傳統思維，佛教裡也給信徒傳授「四大皆空」的信念。雖然都不如羅馬咖啡街上古教堂裡的警語那麼直截了當，其結果都是產生一時的警惕或是告誡，只是無法觸及甚至是難以捉摸的「未來」。因為尋求暫時的「美感」，或是狂妄無情的追逐，會給「曾經」帶來短暫的歡樂，甚至可逃避那無法形容的「未來」所給予的「醜陋」或是「枯燥」！

「你們現在的神情，是我們的『曾經』

我們當前的模樣，就是你們的『未來』」

羅馬咖啡街上古教堂裡刻下的兩句警示，看似簡單，卻含著深邃的無人能抗拒的人生哲理。這個哲理不需要辯解，也無法批駁，因為他是真理，是現實，更是所有人都無法逃脫的統一歸宿！

（2019年7月14日完稿於西西里島旅程）

西西里島的炸橘子

乍一看這道菜，很多人都以為這是一盤新鮮橘子，實際上這是義大利西西里島名震全國，甚至遠傳萬里到北美洲的炸飯團，尤其是在該島的首府巴勒莫（Palermo），更是家喻戶曉的一道名菜。

與其說是名菜，還不如稱它為街邊小吃更為恰當，因為歷史上它就是來自於社會底層，應該追溯到西元十世紀前後。

義大利人用小橘子「Arancino」來稱呼這道菜，就是從它的外觀而命名的。按照拉丁語的結構，這個名詞的最後一個字母為「o」，是屬於陽性，它的複數在義大利文是將最後一個字母改為「i」成為「Arancini」。小橘子的陽性稱呼基本上都在羅馬等城市應用。

但在西西里島的巴勒莫等本地區域，卻都是以陰性來稱呼這道菜。義大利文的名詞最後一個字母就要改為「a」，所以小橘子應該是「Arancina」那麼其複數就要將最後一個字母「a」變成「e」，成為「Arancine」。假如在西西里島人面前用陽性來稱呼這道菜，他們肯定會譏笑你對義大利文化的無知。

之所以將炸飯團稱為炸橘子，是因為其外表貌似橘子。這道菜的製作非常簡單，將煮熟的飯裡面包上不同的餡兒，外面再裹上一層麵包粉，放進油裡炸到金黃色即可以上桌了。最富盛名的飯團裡的餡兒主要是用番茄醬燉肉末，再加點乳酪即可；但也有用義大利絲瓜加乳酪，或是家庭主婦運用她喜愛的菜肴剁成餡兒後使用。

由於炸好的飯團模樣如同橘子，所以用「炸橘子」的名字來稱呼炸飯團就這樣一直流傳了下來。另外還有一種炸飯團，叫「炸埃特納橘子」，是因為在製作時，將飯團拉長，上面呈現尖頂，像西西里島上的埃特納火山形狀而名之。

這個人見人愛的西西里島食品，相傳是西元十世紀阿拉伯人統治西西里島時開始的，但對於這道帶有非常濃厚的鄉土味食品，存在著許多令人喜悅的傳說故事。不論如何，炸飯團的起源來自民間底層社會是毋庸置疑的。迄今為止，西西里島人仍然以街邊小吃來形容炸飯團而引以為豪。

實際上要吃到最地道而能滿足味蕾的炸飯團，還是要到街邊小攤上，或是出售傳統點心的咖啡吧才能找到。由於旅遊事業的發展，很多正式的餐館也供應炸飯團，目的只是迎合遊客的好奇。因為外來遊客根本分辨不出，餐廳提供的炸飯團比攤販上的要小很多，而且價格昂貴，也體會不出如攤販供應的原汁原味。

筆者在西西里島五天的行程中，除了在中心區有百年歷史的馬西莫歌劇院（Teatro Massimo）對面小街上的咖啡吧找到地道的

1 2

1 西西里島的正宗炸飯團，上面是比照艾特那火山形狀名為炸艾特那飯團，下面的是傳統的炸橘子飯團。

2 巴勒莫賣炸飯團的店主手托著剛出爐的新鮮炸飯團。

炸飯團外，更為滿意的還是下榻酒店對面一家剛開張不久的小吃店QCina所供應的炸飯團。這家小吃店面積不大，位於市中心的主要街道上，具體地址是205/207, Via M. Stabile.店東叫Toni很年輕，他是以「巴勒莫街邊食物」作為銷售的宣傳口號。筆者在參觀他經營的小吃店時，他說，為了堅持供應新鮮食品，滿足客人的要求，每天只提供一定數量的炸飯團及其他少數幾種當地的菜肴。在第一次嘗到他出售的炸飯團後，不由得成了「欲罷不能」的意願，三天內一共吃了四次，仍然是意猶未盡。

在漫長的歷史潮流中，西西里島曾經歷過十六個不同民族的統治，西班牙就有佔領西西里島六百年的記錄。但從伊斯蘭傳到西西里島的食物及其他文明，是西西里島流傳千古最明顯的象徵。

早在711年，在北非地區崛起的伊斯蘭，以其強大的軍事力量，加上先進的文明，勢如破竹地入侵西班牙，一直到1492年最後一個伊斯蘭王國滅亡，給西班牙留下許多迄今仍然在應用的傳統，最明顯的是西班牙烹飪中著名的藏紅花米飯，就是伊斯蘭的傑作。西班牙語言中甚至有近一千五百個字彙源自阿拉伯文。

西西里島，經過伊斯蘭文明的洗禮（西元827-1061），和西班牙一樣，除了在烹飪、農業、科學、城市建築等方面的影響之外，炸飯團是伊斯蘭文明流傳至今成為當地人重要的食品。

在西西里島環繞巴勒莫的西北地方，留下了許多伊斯蘭人的食物傳統，如肉桂等香料，製酒，蔗糖，玉米隨處可見，成為現今西西里島人生活中不可或缺的原料。

筆者在巴勒莫停留期間，還在下榻酒店對面，認識一位已八十高齡的菲利波（Filippo），他是本地人，年輕時外出打工，然後回到巴勒莫，在現址開始創業，迄今已經四十四年。他用自己的名字為這家小店命名，經營著琳瑯滿目的當地土產，其中有聞名全球的火腿，還有來自深海的金槍魚子，經過高壓加工，魚子的形狀如同火腿，價格不菲。

當地人的熱情好客，可以從交談中體現，與他經過一番瞭解，竟然如同深交朋友一樣，從他那裡採購了當地特產的橄欖油，來自外島的刺山柑，西西里島的紅酒，以及各種作為烹調用的佐料，滿載而歸。

伊斯蘭在西班牙流傳下來的藏紅花米飯是筆者的喜愛，西西里島的炸飯團同樣成為難忘的小市民食物。義大利米蘭也有一種米飯，義大利文稱為Risotto，譯成中文可以稱為「燴飯」，主要用義大利當地的松露來燴製，也有用蝦仁或者素食來烹煮，但都必須加乳酪及奶油來調配，味道比較油膩，對以米飯為主食的中國人而言，感覺上如同沒有煮熟的夾生飯。假如廚師的手藝不過關，米蘭的燴飯甚至可以淪為類似中國農村裡的開水泡飯。

在品嚐西西里島炸飯團時，不由會聯想起日本的壽司和中國的糍飯。凡是和筆者年齡相仿的上海人，對那熱騰騰糍飯情有獨鍾。筆者在年幼時居住上海，經常吃到弄堂附近出售的糍飯。

還記得小店裡的夥計，抓一把剛蒸熟又黏又糯的糯米，放在桌子上，用擀麵棍碾壓平，在中間放一節油條，並撒上一些榨菜末和碎蝦米。然後將糯米卷起來，就成了簡單卻可口的糍飯。

1979年，筆者在上海工作時，單位的老廚師特地在早餐時提供了久違的糍飯，讓筆者終身難忘那位老廚師的熱情照顧。

其實這些小吃基本上都是來自民間。遠在北美洲墨西哥的玉米餅來自其祖先的遺傳，為平民人家的果腹食品。但是今天在整個北美洲，玉米餅已經是大眾寵愛的食品。

食物和語言一樣，同是民族傳統的根基。而民族文化的根基，應該說是來自於民間。我們從不會看到魚翅鮑魚會稱為家喻戶曉的傳統菜肴；相反的，上海地區一個簡單的糍飯，或是日本的冷壽司，墨西哥的玉米餅，以及西西里島的炸飯團，都受到成千上萬樸素人民的歡迎。

然而在品嘗西西里島炸飯團之後，一方面產生難以忘懷的思念，而另一方面卻為中國的糍飯抱屈。因為日本的壽司，西西里島的炸飯團，以及墨西哥的玉米餅遍佈全球，唯獨見不到中國的糍飯芳蹤，心中難免會有戚戚然！

（2019年7月15日完稿於巴勒莫）

令人噴飯的歐洲中文翻譯

西方人每到中國，除了精通中文的人士外，基本上都掌握四個中文字，即「你好」、「謝謝」，而且幾乎能正確地四聲發音。但他們卻認為，只要能保持這樣的中文水準，在中國就可以暢通無阻了。

長久以來，西方人總以為他們的語言凌駕於一切，而民族的優越感，對其他語言的輕視甚至拒絕，一直盤旋在他們的腦海中。

中文的國際地位雖因成為第二次世界大戰中的戰勝國，而成為五種官方語言之一，但在商業等領域中，一度甚至不如戰敗國的日本語言。

直至中國四十年前開始改革開放後，因經濟的發展才逐漸令西方人感覺到，有必要掌握中文，方便談判交流的進行。中國政府對全球開拓「孔子學院」的進程，令世界上各教育機構積極開設中文班的教學。尤其在發展中國家如亞非國家，學習中文已經形成一種潮流。

北美洲卻因為美國自大狂的心理，對教學中文的文化活動，加上「政治操作」的莫須有罪名，往往導致設有「孔子學院」的大中學校面臨風聲鶴唳的逆境。

歐洲的中文學習仍然處於可有可無的地位，為了發展旅遊，賺取中國人的大把外匯，將旅遊景點的重要文化景區介紹翻譯成中文印書出售，但可能是翻譯該等刊物人士掌握語言的能力有限，幾乎每本書中都存在不應發生的錯誤。

筆者曾在法國巴黎的著名聖母院參觀時，發現對宗教的翻譯有不可諒解的嚴重錯誤，本來計畫直接給教堂主持人寫信，協助其修改錯誤。卻因為一場大火，該教堂成為全球唏噓的斷垣殘壁，也就沒有必要再為那些翻譯錯誤費心了。

至於歐洲工商各界為吸引中國遊客，從機場到商店甚至旅遊景點的路標等設施，中文的標誌也如雨後春筍。但是很多的翻譯一眼便看出，是取自電腦上的谷歌翻譯，從而出現許多令人啼笑皆非的錯愕。

以享譽全球的旅遊勝地羅馬為例，馬路上隨處可見中文的絕妙翻譯，在火車站中心周圍，以及鄰近的國家大道（Via Nazionale），乃至羅馬歌劇院周邊林立的貨幣兌換中心，幾乎都出現同一個錯誤：將「兌換」翻譯成了「更改」，而且字體完全一致。可見所有的貨幣兌換中心的看板，是同一個製作公司的「傑作」。

大約一個月前，我和妻子曾路經羅馬歌劇院不遠處的一家貨幣兌換中心，看到這個可笑的翻譯，於是向其負責人指出這個錯誤。他很客氣地說，已經知道這個不可原諒的錯誤。豈知一個月後我們從其他地區旅行結束後回到羅馬，再途經該兌換中心，「更改」兩字仍然明顯地呈現在廣告欄中。

顯然中文的正確與否，並不是羅馬兌換貨幣中心關心的重點，那只不過是商業招攬的一種擺設。

因為中國遊客在羅馬兌換貨幣，對這樣的錯誤莞爾一笑就過去了。而其他國家的遊客以及義大利本國人民，對中文的錯誤根本沒有基本的意識。

其他如商業大街上出售手套的店鋪外面，設有幾種外國語言的宣傳牌子，中文的翻譯竟然成了「手袋」。超級市場門首設置有數種「入口」的外國語言，中文卻成了「條目」。

其他國家的中文翻譯錯誤，假如用「遍地開花」來形容也一點都不為過。令筆者想起北京籌辦在中國首次舉行奧林匹克運動會

1 2

1 羅馬商業區外幣兌換中心門首的廣告，中文「兌換」誤譯成「更改」了。

2 市中心國家大道上的一家超市門口將「入口」翻譯成「條目」，令人噴飯。

前，當地機構將從機場到市區的高速公路以及各重要區域設置中英文雙語標示。

當時筆者正在北京工作，一天因事前往機場，回程在剛離開機場約五分鐘路程時，發現一個交通標示上英文翻譯的嚴重錯誤。

在好奇心的驅使下，找了一個週末駕車圍繞機場高速公路周邊，果然發現好幾個標示上的錯誤，回到辦公司後即寫信給負責交通管理的副市長。大約過了三數天，我突然接到北京交通部門一通電話，原來我給副市長的信給批示到他們的單位，要求立即補救，希望和我見面商議。

我欣然接待了兩位交警隊的幹部，而且陪他們開車在機場高速公路周圍繞行了近兩個小時，記錄下近六十多個錯誤的翻譯。

因為當時負責交通業務副市長的態度認真，即時修補了北京市籌辦奧林匹克運動會的雙語交通標示，不然在成千上萬來自全球的運動員及觀禮者的心目中，將是一個永遠無法忘懷的尷尬。

之所以對翻譯工作的認真對待，還得追溯到1962年的學生時代。當時筆者正在馬德里求學，住在位於菲律賓大道的宿舍。和生活在將美國的伯父劉師舜時有通信。有一次接到伯父的回信，對筆者的信封上一個錯誤作了詳盡的指點。

原來是在寄給伯父的信封上，將宿舍的街名西班牙文Avenida後面無意間加了一個字母「s」，於是伯父不厭其煩地告誡，筆者是住在一條街上，所以「大道」這個字應該是單數，加了「s」後，語言的結構即成為複數，換言之，筆者是住在幾條街上了。

雖然這和翻譯工作無關，但是伯父生前在翻譯「四書」時的謹慎態度，是所有從事翻譯工作者的楷模。他將1900年英國傳教士詹姆士・萊格（James Legg）翻譯的第一部「四書」英文本逐字推敲，找出其中的翻譯錯誤，並參考已經問世的其他英譯本，最後出版了完整的「四書」英譯本。

從歐洲商店中令人噴飯的中文翻譯錯誤，和中國人在翻譯工作上的認真，可以理解到中國人的謹小慎微態度及西方人的隨意性。從而感到雖然世界上說中文的人占了首位，但是其國際地位，要和英文抗衡仍然是迢遙路遠。

（2019年7月23日完稿於飛溫哥華航程中）

飲水思源
——感恩之旅

坐在郵輪的陽臺上，凝視著白色的浪花，隨著一望無際的深海，時而起伏，時而激蕩，就如同人生的掙扎或是拼搏。漸漸地我的思潮隨著浪花回到了近六十年前的「留學」生涯。

這次到歐洲是我夫婦結婚五十年的一次慶祝行程。我定了99天，而不是一百天，因為人生中沒有十全十美，只有帶著缺陷的奮鬥才更展現出晚年的幸福。

99天的旅程中，幾乎都是我們曾經生活或者留下過足跡的地方，其中馬德里的四天行程是一個非常特殊而且具有我人生紀念意義的行程。

1962年我到西班牙求學。生活在美國留學引以為榮的臺灣環境裡，我選擇前往南歐的窮國家，曾被同學看成是我的「沒出息」。因為我不懂得爭取在美國可以打工賺零用錢的機會。倔強的個性卻令我選擇了去探索古老而浪漫的伊比利亞文化和歷史。

到達馬德里後，面臨的困難幾乎讓我斷了求生存的希望。教會提供的獎學金只能看成是救濟方式的膳宿供應，而尚未臨近的四個月暑期所需，足以讓每個留學生絞盡腦汁。

然而生活在同一宿舍的老留學生，似乎並沒有任何經濟的壓力，每天近午夜時分，他們回來後，宿舍裡一片熱鬧。我在圖書室裡溫習功課，只聞到從臥室裡傳來的烤雞香味和紅酒的誘惑力。我好奇地借機到臥室一探究竟，果然他們都坐在床沿，一手抓著烤雞往嘴裡送，另一隻手則拿著一瓶紅酒往嘴裡灌，還高談闊論，並沒有注意到我的出現。我不禁吞了下口水，躡手躡腳地回到圖書室，繼續我的苦行僧學習。

經過瞭解得知，馬德里正值秋高氣爽的季節，美國好萊塢電影製片廠山繆爾・伯朗斯頓（Samuel Bronston）在近郊拉斯・瑪塔絲（Las Matas）拍攝以八國聯軍入侵北京為主題的電影，片名為「北京五十五天」（這部影片迄今還不時在歐美的電視臺上出現）。由於故事發生地點是北京，所以片中需要很多中國人作為群眾演出，每天演出報酬為十個美元，在六十年代這是個極其誘人的收入，也是在失業率極高的西班牙一個千載難逢的賺錢良機。

消息傳出後，當地及歐洲其他地區的中國留學生都蜂擁而至，甚至臺灣駐歐洲使領館外交官的家屬也蠢蠢欲動，最後雖然驚動了臺北外交部門，進而下令禁止參加這部有喪國格的影片演出，但又有誰能拒絕這個天上掉下來的餡兒餅？

到了耶誕節期間，為了要拍攝八國聯軍攻打北京時，守護紫禁城的清兵被擊斃後，要從城門上摔到護城河裡的鏡頭。在天寒地凍幾近零度氣溫下，製片公司給有勇氣的群眾演員，每跳入一次冷水即增加十個美元的額外報酬，而重賞之下也就必有勇夫。

經過數個月的拍攝，這部羞辱中華民族的影片終於殺青，每個參加演出的中國人，幾乎都獲得兩千美元左右的收入，難怪在同一宿舍的「群眾演員」，每次見到我這個來自臺灣的窮酸學生時，總會不經心的擺出不屑一顧的神態，我也只能逆來順受。

有位好心的同學曾經問過我，是否也願意參加演出。在「高收入」的誘惑力感染下，我的確動搖過學習的信念。但經過深思熟慮，深感不能因為一時的利益，卻違背于斌總主教送我到西班牙深造的一番苦心，最後我終於克服了心靈上被誘惑的魔力。

影片殺青後，在馬德里的一流影院舉行首映。我意外地收到西班牙外交部的邀請出席首映儀式，當我穿著從臺北帶來僅有的一套西服（那套西服還是曾在中央廣播電臺服務時發的制服），踩著紅地毯步入影院時，紅地毯兩旁佇立的是來自歐洲中國留學生，裝扮成清兵，手中執著落伍的被八國聯軍擊敗的武器。當然在觀賞的過程中，我的視線一直是模糊的，而在銀幕上出現「劇終」時，我的手帕已經可以擰出水來了。我一直不解，當時的歐洲留學生是抱著怎麼樣的心態參加演出的？更有甚者，那些晚上他們回到宿舍享受烤雞和紅酒時，內心又是怎麼樣的感覺？

無獨有偶，經過了若干年，我因公再度踏上西班牙，在巴賽隆納的一家中餐館裡，發現為我服務的就是我當年同房的香港留學生。當然這偶然的相遇情景的尷尬可想而知。而突然進入我腦中的是，那時候他們一群學生半夜拍完戲回到宿舍，在臥室中吃烤雞飲紅酒的情景，他就是其中的一員。可誰又能預料，那每天十個美元的優越生活，最終給他的報酬竟然在中餐廳裡當服務生。

當然我沒有告訴他自己在教育界服務，因為可想而知，那次相遇，在他的心中肯定留下難以想像的「自卑」，而我那頓飯留下的印象則是「味同嚼蠟」。

回想起那時候我每個月為香港的〈中外畫報〉寫一篇介紹西班牙傳統文化的短稿，感謝蘇錫文總經理按期給我郵寄十美元的稿費，我也就是依靠這菲薄卻來之不易的稿費，作為我一個月的零花。和當時那些留學生參加拍攝電影每天十美元的收入相比，真有天淵之別，但我卻甘之如飴。

在求學期間，我認識了一位女同學，她的名字是瑪格麗特・孔伊克埃切阿（Margarita Goigoechea）和她的男友卡洛斯。雖然我在臺灣曾跟隨在臺北服務的西班牙修女學習西班牙語達五年之久，到了馬德里後，生活上可以應付，但是在課堂上聽課就感到困難重重。這位同學和她的男友，就為我安排每週一到五晚上同在國家圖書館閱覽室學習，只要我遇到困難，他們即時給我講解。在他們二位的協助下，給我的學習增添難以估計的信心。

西班牙同學瑪格麗特母親的油畫像，現保存在她弟弟家中。

漸漸地，我成為她家庭的座上客。她母親時不時約我去他們家晚餐，在一個舉目無親而且手頭拮据的窮學生眼裡，她精緻的烹調手藝，就是我終身難忘的豐盛佳餚。她簡單的問寒問暖，給了我解除客居他鄉寂寞孤單的溫情。

結束第一個學年，面臨暑期來到前，在閒談中，我只是不經意地向瑪格麗特吐露，對如何度過未來四個月暑期生活感到困惑。當時有很多留學生都計畫去德國漢堡碼頭做搬運工，但我一想到近代史上中國勞工悲慘命運，就立即打消了這一「奢望」。

隔不多久，她和往常一樣，約了我去她家晚餐，餐前她母親領我到廚房去，打開冰箱，只見裡面滿滿的但有序地放置著蔬菜水果乳酪等食物，甚至還備有葡萄白酒。接著又打開上面的凍櫃，也擺滿了一包包的雞，牛肉豬肉及魚蝦等。

她微笑著告訴我，他們一家近日就要到郊外的別墅度假一個月，這段時間我可以搬到他們的家，沒有任何的干擾，安安靜靜地複習功課。冰箱裡放置的食物和酒，就是特地為我安排的。

她的細緻安排已不僅僅是雪中送炭的恩典，卻是慈母般的愛護與關切。而在漫長的四個月暑期中讓我解決了一段時間的燃眉之急。

一年後，于斌總主教到馬德里拜訪佛朗哥元帥，在百忙中我仍然得到機會去酒店聆聽教誨。交談中他問我是否願意到梵蒂岡工作。那時候天主教正在進行梵蒂岡第二次大公會議，原來設有七國語言的新聞辦公室，計畫增加中文和波蘭文，所以于總主教給了我這個機會。

他要我明年八月等他的消息。果然次年八月，收到于斌總主教從羅馬發來的電報，告知他已抵達羅馬，等待我的到達，同時他要我先購買機票飛羅馬，抵達後，再向梵蒂岡報銷。能參與這個百年一遇的天主教會議，本身就是一個極高的榮譽。然而這張機票卻讓我有打退堂鼓的念頭。在國家圖書館出來時，我向瑪格麗特道出內心的困惑和無奈。

第二天下課之後，瑪格麗特與我結伴回去，他父親在客廳等著我，一坐下他即開門見山地對我說，這份工作對我很重要，鼓勵我好好發展，同時將一個信封放在我手中，要我先買機票，等以後有機會再還不遲。

瑪格麗特父親的這一義舉，改變了我後半生的事業和命運。我一生中也不斷設想如何能對這一對善良而慈祥的長者報得三春暉！

隨著歲月的流逝，我對西班牙的重訪計畫也一直因為種種原因無法實現。從和瑪格麗特的往返信件中，得悉兩位長者分別在1975年和1996年先後離世。對他們的感恩圖報也就成為永恆的遺憾。

今年適逢我夫婦結婚五十年，我們選擇了歐洲作為紀念旅程，是因為我們的生命和歐洲有著千絲萬縷的情節。我因得到瑪格麗特父母的恩典而改變生命，我們在歐洲相識，又在日內瓦締結良緣。

儘管99天的行程中重溫古老文化藝術賦予我們生活中的美感，但最重要的卻是我們專程飛到馬德里，在瑪格麗特和弟弟塞沙的陪同下，前往郊區的公墓，含著淚水向這兩位始終活在我心靈中的長者獻上鮮花一束，遂了我等待多年的心願，向他們陳述我生命中能

瑪格麗特（中）及弟弟（右）與筆者（左）一同前往其父母墓園獻花祭掃後合影。六十年後彼此均已是垂垂老矣。

擁有今天，幾乎都是來自他們慷慨和無私的支持。

望著那座樸素的灰色墓石，上面除了簡單地刻著他夫婦的姓名及離世的年月日之外，還有他們的小女兒及長孫的名字。不禁令我肅然起敬。這個沒有任何精雕而樸實無華的墓穴中，安息著他們家中的祖孫三代，正是瑪格麗特父母簡樸一生的展現。

佇立在郵輪艙室的陽臺上，遙望著地平線的天際，那朵朵白雲如同瑪格麗特母親的卷卷白髮，雲際中露出的燦爛陽光，好似她臉龐上始終掛著的慈祥微笑。而深邃的大海就如同他夫婦的寬闊胸襟，緊緊地將我擁抱。

這次的金婚之旅，固然溫故知新地享受了歐洲的傳統，但為瑪格麗特父母呈上遲到的敬禮，是這次旅程中最重要而無價的一段記錄。它代表著六十年上一輩傳遞的異國恩典，也象徵著我們這一代雖已是耄耋和古稀之年卻仍然維繫著的珍貴友情。

（2019年7月6日在地中海郵輪上完稿）

國際郵輪成了大海中的渡輪！

這次搭乘號稱世界第二大郵輪公司，義大利貨輪公司（簡稱MSC）的郵輪La Divina（可譯成「神韻號」）遊覽南地中海，也是我和妻子金婚百日旅遊的最後一個航程。滿以為可以盡情享受南地中海的寧靜和溫馨，卻未料到這艘僅七年的郵輪，居然有許多別出心裁令人驚訝的措施。

我們預訂了有陽臺的客艙，一進入即發現連一張椅子都沒有。我們的三次郵輪旅行，都預訂了該郵輪公司的航程。第一次是自德國出發的北歐航程，客艙裡有一張單人沙發，咖啡桌小得連放水果盤都顯得擁擠；第二艘郵輪是航行在英倫三島間，雖然郵輪本身已有逾十年的船齡，但客艙寬敞舒適，有雙人座的沙發。

而這次的航程，客艙的空間較之其他郵輪，大約小逾三平方

義大利貨輪公司MSC的郵輪「神韻號」。

公尺，應該是無法安置沙發的主要原因。據我在航程中的瞭解，這艘郵輪不僅僅是旅客的艙房狹小，連船上的員工宿舍空間也大為縮水。目的無它，應該就是為了增加客艙數量來提高收益。

更為奇妙的是，在義大利西西里島首府巴勒莫起航後，我無意間發現，在抵達每一個海港時，都會有旅客上岸，也有旅客登船，引起了我的好奇，為什麼這艘郵輪允許旅客在中途港口可以隨時上下岸？

經過了深入瞭解，原來該郵輪公司，從四月份開始，到十一月旅遊季節結束期間，將我們搭乘的La Divina號，連同其他兩艘郵輪，在這條航線上實現每個港口可以上下旅客的新措施。後來得知，類似的安排已經行之有年。但該公司在北美洲的辦事處，從來沒有向當地旅客透露過這樣的行程。

這條南地中海的航程是從羅馬的古城（Civitavecchia）開始，先航行至西西里島巴勒莫（Palermo），及沙甸亞島（Sardegna）首府卡亞利（Cagliali），接著是西班牙的馬約卡島（Palma de Mallorca），和西班牙東海岸的海港瓦倫西亞（Valencia），然後是法國馬賽（Marseille）和義大利的熱那亞（Genoa），續航後返回羅馬古城（Civitavecchia），全程為八天七晚，是一條極受歡迎的航程。

年初我們在北美洲向該公司預定這一航程時，他們始終沒有告知旅客可以自由選擇登船及下船的旅程，僅推銷巴勒莫往返的路線，所以我們在抵達羅馬後，還必須訂好從羅馬飛巴勒莫的往返機票。根據所有國際郵輪航程的規定，如果旅客因臨時有情況需要提前登岸，必須先和郵輪公司提出理由並作出妥善安排，其中包括旅客的簽證等手續。這條航程之所以可以隨意選擇港口登船及下船，是因為義大利、西班牙及法國均為歐盟國家，不存在簽證的問題。

在這次的航程中，郵輪在卡亞利港口靠岸後，即有旅客上岸，同時也有旅客登船，形成卡亞利為往返航程的起終點。如此類推，就在整個航程中，每個港口都成為旅客往返的起終點。這樣的安排固然方便了西班牙、義大利和法國旅客，但對我們這些從遠方來的旅客，就造成許多的不便和顧慮。

搭乘國際郵輪旅行，海上安全始終是所有郵輪公司的重中之重，所以每艘郵輪在起航前，所有旅客必須參加緊急安全訓練的演習，在旅客的登船卡上，依照不同的客艙層次，都印有緊急情況時集合的具體位置標號。

每個港口成為起終點，郵輪上就必須增加在每一個港口啟航前舉行安全緊急訓練演習，由於中途航程上船旅客不多，必須在指定地點的演習，變成全部集中在劇場內進行。講解完畢後，工作人員將旅客領到卡上指定萬一發生緊急情況時的具體位置。可笑的是，幾乎所有旅客都是首次登船，對郵輪的佈局根本沒有印象，於是一大堆肩上掛著救生衣的旅客，和之前已經接受了訓練的客人混雜在一起，其情景的混亂可以想像，一旦郵輪在航程中真有任何情況發生，其後果是不堪設想的！

更令已經上船旅客懊惱的是，每到一港口後在啟航前，因為必定要舉行安全訓練，這時候，郵輪上所有服務一律停頓，電梯也不能使用，直等到訓練結束後才恢復運行。無形中我們一路上不堪其擾。

多年來，任何郵輪每次抵達港口後，大多數旅客都上岸觀光，留下的旅客在船上用餐時，就可以享受寧靜的環境。按照慣例，郵輪一般都是設計好清晨抵達港口，所有旅客依序上岸，這時候每層客艙的服務人員就要緊張地在有限的時間內將所有客艙清理安排好，準備接待中午時分上船的新一批客人。

即使客艙服務人員辛勞地趕工，一艘可搭載數千旅客的郵輪，根本無法讓所有旅客準時進入客艙，一般都會被通知需要等待兩到三小時不等方能進入客艙，此時可先到自助餐廳用餐，餐廳的擁擠就可想而知了。

MSC郵輪公司因為實施了航程中任何港口都可以離岸及登輪的特殊安排，直接打亂了郵輪中的許多活動。每一港口登船的旅客，也被安排先到自助餐廳用餐，就直接將已經在郵輪上旅客的安寧享受給剝奪掉了。

這條航程的旅客主要來自義大利、西班牙，法國人次之。在國際旅遊事業中，由於少數中國旅客的反常行為導致國際上怨言頗多。如中國人喜歡大聲喧嘩，餐飲時浪費食物情況極其嚴重等等。事實上大多數中國旅客的素養甚高，而且學識豐富，品行端正。

大多數義大利人、西班牙人，在大庭廣眾前深受歡迎。遺憾的是有一部分旅客有爭先恐後的習慣，於是在這艘郵輪上，就必須容忍他們在餐廳中的喧嘩，而進出電梯時的擁擠推撞也是常態。一艘國際性的豪華郵輪，無形中被來自遠方的客人誤以為是南地中海的地區渡輪！

據瞭解，MSC的「神韻號」將和其他幾艘姊妹郵輪在結束地中海旅遊季節後駛向加勒比海，開始當地的旅遊季節航行。在旅途中我曾私下和郵輪上的工作人員交換過意見，假如美國旅客支付了高額的費用，訂了有陽臺的豪華客艙，卻沒有椅子的提供，試問郵輪公司如何應對這樣的問題？如果義大利和西班牙旅客的高聲喧嘩，或是浪費食物，肯定會令當地遊客側目。可是和我接觸的員工，除了聳聳肩表示無奈之外，對我提出的問題，沒有作出任何的具體答覆。

義大利除了MSC郵輪公司之外，還有另一家為COSTA（中文翻譯為「歌詩達」，實際上正確字意應該譯為「海岸線」）都喜歡標新立異，別出心裁。其中一艘郵輪數年前曾經發生船長為了取悅女友，竟然令龐大的郵輪加速前行，導致郵輪撞向岩石傾覆，造成大量旅客傷亡悲劇。

無獨有偶，筆者和妻子在一次搭乘該公司的郵輪旅行時，居然在航行中將五層上的商店部門，用鋁板隔離進行裝修。後來瞭解，該郵輪抵達香港後，直接駛往上海接待中國的旅客，我恍然大悟，原來是該公司的緊急加速裝修，是為了吸引從上海登船的中國旅客消費而作出的怪招，即犧牲前一次航程中旅客的權益，來達到其從中國旅客身上賺取利益的目的。

MSC的郵輪不久前，曾在威尼斯無意間撞向一艘停靠在碼頭的小遊輪，導致船上乘客受傷。據報導鑒於威尼斯港口狹窄，當地政府一直反對MSC郵輪入港停泊，但始終無法阻止，一直到不幸事件發生才開始考慮改變。

早在1970年，筆者曾搭乘義大利的米開蘭基羅號，從西班牙巴賽隆納港前往紐約，共九天的航程。在抵達紐約後，該輪船公司職員在碼頭向抵達的旅客徵詢意見。筆者坦率地告訴他，在整個航程中，提供的牛排薄得如同透明紙，而餐飲中的紅酒可以被稱為紅醋。不久這家航運公司宣告倒閉。義大利人經營業務貪小利誤大局的心態由此可見。

有了這些過去的經驗，加上這次親眼目睹了MSC地中海航行中每個港口都可以上岸及登船的經歷，特地通過此文，提醒國內的旅客，當今國際郵輪的激烈競爭，互相削價吸引客人，因此直接影響其郵輪提供的服務品質。昔日的所謂「豪華郵輪」也僅是一個美麗的名詞而已，甚至客艙裡衛生間往日的肥皂及紙巾已全部取消，餐廳裡的烹調品質的下降更是飽受批評。

然而郵輪的發展仍然是方興未艾，而且越造越巨大，MSC近幾年建造的巨輪都在十五萬到十七萬噸上下，能否保持其「豪華」的稱號，就要看其國際市場部門的人員是否具備經營的遠見了。

至少在目前，我只能建議同胞們，在預訂前往南地中海前，必須尋找有經驗的旅行社，詳細瞭解郵輪航行時是否有每一港口都有上岸及登船的安排，同時更需查看客艙內部設施的平面圖及家具佈局等情況。千萬不要浪費了你的金錢去洽訂沒有椅子的陽臺豪華間，更不必浪費時間去乘坐大海中的渡輪。

（2019年7月20日完稿於神韻號郵輪）

為什麼宋美齡選擇加拿大為蔣介石流亡？

最近拜讀臺灣「優傳媒新聞網」刊登的一篇大作：「郝伯村踢爆：蔣介石曾拒流亡加拿大」，闡述了國共內戰最後階段時，蔣夫人和蔣經國曾經建議蔣介石流亡到加拿大。但是沒有說明為什麼宋美齡會選擇加拿大為流亡的國家。

根據筆者近年對中加兩國之間外交關係的研究，其中有一段幾乎無人知曉或是已被遺忘的蔣夫人在1943年曾經訪問加拿大的一段歷史。於是對宋美齡選擇加拿大作為蔣介石流亡國家的緣由作了大膽的假設。

宋美齡訪問加拿大雖然前後只有四天，卻為當時正在烽火連天奮力抗日戰爭的艱苦環境中，給陪都重慶注入了鼓舞人心的興奮劑。

那時候加拿大和位在重慶的中華民國國民政府，剛建立外交關係不久。加拿大還不具備獨立國的地位，仍是在英國管轄下的一個屬地國。重慶方面經過慎重選擇，派遣任職於外交部的劉師舜為首任公使，劉師舜於1942年2月抵達渥太華後，立即著手進行購置公使館房產等事宜。

劉師舜是江西宜豐縣天寶鄉人，1900年出生於湖南，12歲在南昌報考北京清華學堂留美預備班順利錄取，在1912年到1920年的八年學習期間，十六個學期中均獲得全班第一的不敗記錄。畢業後即啟程赴美留學，從1920到1925年，先後獲得美國約翰·霍普斯金大學學士，哈佛大學碩士學位，並以學習國際公法的優異成績，在哥倫比亞大學獲得博士學位。

畢業後遂即啟程返國，先在母校任教，後即進入外交部在條約委員會及歐美司任職。期間曾整理列強與清朝簽訂的辱國領事裁判權不平等條約，由政府逐個予以廢除。其中包括他在1944年升格為全權大使後，與加拿大首相簽訂廢除了中加之間的領事裁判權不平等條約。

劉師舜在擔任駐加拿大首任使節期間，向全國朝野宣揚中國艱苦對日抗戰的英勇事跡，獲得加拿大的積極支持。甚至在軍事方面，加拿大曾向重慶方面支援十萬枝半自動機槍及其他武器。就加拿大對待華人不平等的歧視條款，也多次向首相商議要求改善對待華人的歧視態度，為加拿大日後最終廢除歧視華人法律奠下基礎。

劉師舜在任職期間，最重要而國民黨始終未重視的一項工作，是全力策劃了加拿大政府邀請宋美齡訪問加拿大的歷史任務。宋美齡自1942年11月18日抵達美國後，到1943年7月4日返國，作為蔣介石的私人代表到美國遊說各界給予支持。宋美齡也利用這段時間在美國接受治療頑疾。

當時國民政府駐紐約總領事是于焌吉，他和劉師舜同年，都是在1900年出生，也在美國哥倫比亞大學獲得博士學位。于焌吉是河北文安人。宋美齡在美國的訪問，引起劉師舜的注意，認為有必要邀請宋美齡訪問加拿大，促進兩國的外交友好關係。

經過劉師舜和加拿大總理金·麥堅齊（Mackenzie King）協商後，加拿大政府向宋美齡發出了邀請，並通過國家鐵路公司，特地安排了一列專車駛往紐約，劉師舜搭乘該列車到達紐約，親自迎接宋美齡到訪加拿大。此時英國駐加拿大總督奧斯龍公爵（Earl of Athlone）因有皇族的血脈，認為身在重慶的蔣介石頭銜為委員長，不能被稱為是國家元首，因此宋美齡也就不具備第一夫人的身分了，所以他不準備到車站迎接蔣夫人。經過劉師舜公使和加拿大首相的多方協調，最終奧斯龍公爵和夫人，親自率領首相金·麥堅齊偕同全體閣員和參眾兩院議長，在渥太華火車站迎接蔣夫人。

蔣夫人抵達渥太華，英國總督奧斯龍伯爵和加拿大首相金·麥堅齊在車站迎接。

從6月14日抵達加拿大首都到17日離開，前後只有不到三整天的時間，宋美齡在旋風式的訪問行程中，除了參加劉師舜大使的歡迎酒會外，英國總督及加拿大首相均設宴歡迎，並到國會向參眾兩院全體議員發表演說，闡述中華民國在艱難環境中堅持抵抗日本的侵略，並呼籲西方各國攜手共同抵禦法西斯的暴行。加拿大民間發起捐款支持中國的神聖抗戰，其中有紅十字會及中小學學童在歡迎宋美齡的酒會中，遞交捐獻支票，場面十分動人。

在短短的三天訪問中，宋美齡和加拿大首相金·麥堅齊建立了跨越太平洋的深厚友情。宋美齡回到紐約及回國後，和金·麥堅齊首相一直通過信件和電報保持聯繫。其涉及的內容措辭有如多年深交的朋友，更似親切的家書。從加拿大首相的信件中即可看出，他對宋美齡的健康情況至為關心，甚至建議蔣夫人到加拿大空氣清新的冰川勝地班芙（Banff）療養，他還可以提供醫學界的協助。

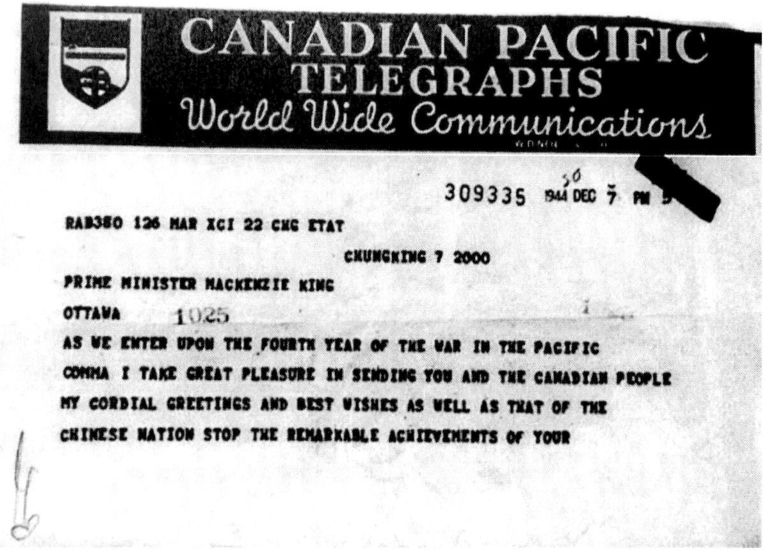

CANADIAN PACIFIC
TELEGRAPHS
World Wide Communications

30
309335 1944 DEC 7 PM [redacted]

RAB380 126 MAR XCI 22 CNG ETAT

CHUNGKING 7 2000

PRIME MINISTER MACKENZIE KING

OTTAWA 1025

AS WE ENTER UPON THE FOURTH YEAR OF THE WAR IN THE PACIFIC
COMMA I TAKE GREAT PLEASURE IN SENDING YOU AND THE CANADIAN PEOPLE
MY CORDIAL GREETINGS AND BEST WISHES AS WELL AS THAT OF THE
CHINESE NATION STOP THE REMARKABLE ACHIEVEMENTS OF YOUR

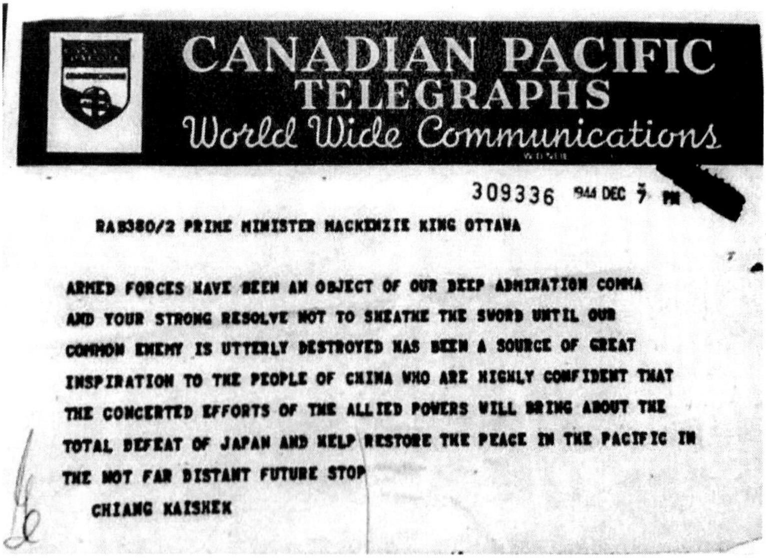

CANADIAN PACIFIC
TELEGRAPHS
World Wide Communications

309336 1944 DEC 7 PM [redacted]

RAB380/2 PRIME MINISTER MACKENZIE KING OTTAWA

ARMED FORCES HAVE BEEN AN OBJECT OF OUR DEEP ADMIRATION COMMA
AND YOUR STRONG RESOLVE NOT TO SHEATHE THE SWORD UNTIL OUR
COMMON ENEMY IS UTTERLY DESTROYED HAS BEEN A SOURCE OF GREAT
INSPIRATION TO THE PEOPLE OF CHINA WHO ARE HIGHLY CONFIDENT THAT
THE CONCERTED EFFORTS OF THE ALLIED POWERS WILL BRING ABOUT THE
TOTAL DEFEAT OF JAPAN AND HELP RESTORE THE PEACE IN THE PACIFIC IN
THE NOT FAR DISTANT FUTURE STOP

CHIANG KAISHEK

1 1 蔣介石給加拿大首相的電報。
2 2 蔣介石給加拿大首相的電報續文。

筆者在眾多的電報和信件中，發現還有蔣介石和加拿大首相之間的電報往返，其中一封還討論到國際局勢，並且用富有信心的語氣預測，最後勝利一定在不久的將來到臨。當然所有的英語應該都是宋美齡代為翻譯的。

筆者曾在歷史記載中，看到不少有關宋美齡訪問美國的描述，但對她那次歷史性的加拿大訪問，一般都只有兩三句話一帶而過。反映出中華民國的對外政策，始終是將美國作為依賴，而將加拿大放在二等國家的地位。劉師舜從1942年到1946年任職期間，始終將加拿大看成重要合作夥伴，將兩國的外交關係推向高點。自他離任後，加拿大的對華外交就江河日下，一瀉千里。到1951年，因為加拿大跟隨英國在聯合國投票譴責中國，同時加入美國投軍朝鮮戰爭，中國下令斷交。在1948年到1970年，加拿大始終沒有在臺北設立使館，所有所謂的外交往來都是經過臺北在渥太華的中國大使館代為協調。這種不正常的外交關係，令人費解。

宋美齡訪問加拿大的這段歷史，在筆者的劉師舜傳記中有更詳實的記錄，因為它記載了中華民國最困難的時候，有個願意甘苦與共的國家，攜手合作，反映出那時候中華民國有一批傑出的外交官，如劉師舜、于焌吉等處在外交第一線，排除萬難，極力為國家爭取國際地位。

走筆至此，分析著「郝伯村的爆料……」一文，可以清晰地看出，之所以宋美齡會建議蔣介石到加拿大流亡，是因為她在加拿大訪問時，和加拿大首相建立友好關係不無關聯。其實蔣介石的選擇是對的，一個曾經馳騁沙場，呼風喚雨的領袖人物，一旦流亡海外，平生的戎馬生涯及曾經的四強領袖之一風光都會付之東流。

如今，雖然臺灣的政局變化多端，蔣介石也成為爭議的人物。臺灣人早已忘掉他為臺灣樹立的安定基礎，更不會將臺灣人走向富裕的風光，歸功於這位曾經叱吒風雲的政壇人物。然而他的付出在眾多人的心目中，仍然無法令人忘卻對他的懷念，更不應否定他曾經的貢獻。

（2019年8月28日完稿於溫哥華）

香港騷亂引起的思考和隱憂！

由於一直和妻子在歐洲暢遊，基本上連電視都難得開啟，直到回家後，才得知香港因為「反修例」鬧得烏煙瘴氣，社會治安幾乎到了失控的情勢；商店被逼休業，外國遊客裹足不前。甚至出現有組織的群體到處傷人，引起居民的恐慌不安。

自香港回歸後，遊行示威似乎成了社會上的常態，令人不解的是在英國殖民統治時代，香港市民若要想舉行這些活動就是天方夜譚。而現在香港市民有了這些自由，可能早忘記殖民時代低人一等的社會地位，進而有對大陸高人一等的自我膨脹！

早在97之前，毫無疑問因為對北京的不信任，香港很多人對回歸而產生不安的情緒油然而生，認為與其一旦回歸，香港人所有的一切都將被「共產」，不如在英國的殖民下苟延殘喘。

在這樣的邏輯驅使下，由於加拿大是大英國協成員，稍有私產的香港高等華人就不惜放棄及犧牲一切而移民到加拿大。在那十年的時間裡，西海岸的不列顛．哥倫比亞省幾乎每個月有近十億加元來自香港新移民投資的資金，為此加拿大政府笑得合不攏嘴。但也因此造成溫哥華房地產急遽上漲，引起當地居民的不滿，甚至族群的矛盾，仍阻止不了香港新移民搶購的意願。

曾幾何時，在香港回歸後，新移民感到當初移民的盲從與衝動，又產生難以遮掩的失落感。因為共產黨並沒有在香港「共產」，反而自己盲目的移民導致財產嚴重損失。於是在矛盾心情的驅使下，又興起如何回流香港的打算。這就要一方面必須不惜降價處理溫哥華的房地產，將現金調回香港。同時要面對從加拿大調取現金回流已經無法購回香港房地產的尷尬。

根據多年的觀察分析，香港社會普遍存在非常複雜而又矛盾的懼共、親共和輕共的多重心理狀態。所謂懼共即一直對共產黨存有戒心和懼怕感，總以為共產黨早晚會把香港據為己有。親共的目的非常簡單而直截了當。因為要面對國際，背靠大陸，共產黨的錢好賺，這個機會絕對不能丟失。而輕共的態度只能在猶抱琵琶半遮面的現實中不經意地顯現。

多年來將大陸人稱呼為「表叔」，就是一個奚落自己同胞的明顯例子。香港回歸後，大批遊客從大陸四面八方湧向香港，購物成為旅遊事業中「重中之重」的推廣。然而在香港人的眼中，這些只不過是既土又狂的「暴發戶」而已。七十年代日本遊客的類似行為，卻卑躬屈膝地認為日本人懂禮貌、有修養。

在這樣的複雜心態下，面對突發的「反修例」所引起的抗議、騷亂甚至武力衝突，竟一股腦地歸罪於北京的「暴政」所引起，香港政府也就成為北京的「附庸」了。殊不知這樣的心態，遭一部分唯恐天下不亂的極端份子利用。其中當然不乏外力的干預和支持，造成一發不可收拾的局面。

這使得筆者回憶起香港回歸時一些點點滴滴。香港在雷電交加的夜晚，舉行了交接儀式，與此同時，北京也在工人體育館舉辦了隆重的慶祝活動，筆者有幸應邀出席，整個體育館座無虛席。那天晚上，香港傾盆大雨，英國王室查理斯王子代表英國政府出席了降旗交接儀式。

交接儀式前，數以千計來自全球的媒體，都抱著同一個心情等待著驚心動魄的局面出現。因為那是英國殖民地獨立後必然現象的重現。然而傳遞給全球的卻是和平有序的場面，第二天全球的媒體即打道回府了。

交接儀式後，電視上出現查理斯王子和他的隨從神情漠然，孤單單地上了遊艇駛出維多利亞港，以及中華人民共和國國旗冉冉升起的時候，我的視線模糊了，心緒卻很振奮。經歷了一百多年的殖民屈辱，香港終於回到祖國的懷抱。

但在看到查理斯王子落寞的神情那一刻，我腦海中一直不斷盤旋著得不出答案的疑問。英國是世界上殖民歷史最多最長的帝國，香港落入他們手中，每年向英國王室進貢近三千萬英鎊的獻禮，都是生活在香港的中國人民血汗錢。如今突然失去這塊肥肉，難道英國政府真的會善罷甘休？而英國政府的殖民政策中，在當地製造矛盾，挑撥離間的手段，也會從此消失？

筆者第一次到香港是1950年，那是隨著父親逃離大陸，在羅湖邊界經蛇人的安排偷渡到香港，寄居在叔父家，就是一個難民。三個月後，得到臺灣的批准去了臺北。1962年，為了從香港搭乘法國「寮國號」客輪前往馬賽，轉到西班牙求學，從淡水的英國領事館獲得48小時過境簽證。這兩次的香港之行幾乎沒有留下任何的印象。

1968年，以持有中華民國護照的遊客身分到達香港，停留的時間和前次一樣，仍然是48小時。在離境的那天上午，發現還沒有備足回義大利後贈送給義大利好友的小禮物，於是前往香港的移民機構，期望能獲得簽證延長24小時。

接待的是一位英國官員，態度和藹可親，笑容滿面。交談後即帶筆者到一位中國官員辦公室，他們雙方耳語了幾句英國官員就離開了。那位中國籍的官員翻了翻筆者的護照，面無表情地一口拒絕了延長簽證的要求。

就那短短的幾分鐘，第六感讓筆者體會並證實英國政府殖民政策中「以華制華」的高明手腕。英國官員的笑容代表著和藹可親，中國官員的嚴肅卻反映出對自己同胞的無情，十足地表達了中國人和中國人之間鐵面無私敵對情緒。

在香港購禮物的心情也由此消失，也在那一刻眼前凸顯童年時代的上海生活。那時候上海被分割成英、法、德等國的租界。英租界外灘公園門首的「華人與狗，不准進入」牌子，以及法租界霞飛路（今天的淮海路）上的法國公園（現在已正名為淮海公園），讓中華民族的孩子在自己的國土上，只有佇立在這些公園外面，僅僅擁有用好奇的眼光向鐵圍欄裡遙望的「權力」。直至1978年，當筆者在上海第一次走進那久違的外灘公園和法國公園時。已經沒有了孩子對公園的天真童心，只有無限的傷感湧上心頭。

從周遊世界的經歷中，舉凡在英國殖民地停留時，幾乎可以嗅出香港英國殖民官員的氣息，如西班牙南邊的直布羅陀，西班牙人只能在「以西制西」的政策下，接受英國培植下的西班牙人的管治，其中的矛盾和香港在「以華制華」環境裡不相伯仲。

到南大西洋阿根廷的瑪爾維納群島上遊覽時，已經看不到拉丁民族的風貌和傳統，空氣裡飄揚的氣息是典型的倫敦翻版。島嶼的名稱已經被改為福克蘭群島。為了鞏固佔領，英國政府在群島上竭盡全力提供高水準的福利來籠絡人心。包括在學青年不分男女，只要有意到島外大學求學，除了提供全部學雜費，還在生活上給予補助。其他對當地居民的醫療衛生等福利更不在話下了。

而在印度、斯里蘭卡、緬甸、尼泊爾等國家，甚至臨近非洲的印度洋島國模里西斯旅行的時候，雖然這些國家已獨立很久，仍能讓人在有意無意間，感受到英國過去殖民時代留下的餘蔭。值得欣慰的是這些國家在脫離英國殖民統治後不久，就開始採取許多措施來去除英國的影響痕跡。

英國人在印度殖民時，重要港口孟買被翻譯成為Bombay，現在已經恢復了印度的原名Mumbai。

斯里蘭卡（Sri Lankan）在英國殖民時代稱之為錫蘭（Ceylon），錫蘭的紅茶還曾紅極一時。緬甸曾經在英語上稱為「Burma」，現在恢復了它的舊有名稱「Myanmar」。其首都仰光曾經被英國人翻譯成「Rangoon」，如今已恢復其舊有名稱「Yangon」。

這次香港連續的騷亂，就不由令人將它和印度及巴基斯坦之間英國人留下喀什米爾無窮盡的流血衝突醜陋聯想在一起，並擔心香港是否會從此變本加厲演變成無止境的社會衝突？

其實在香港回歸開始，美國在香港的總領事館，即已經開始部署接手英國製造矛盾的局面。掌控著當地對政府和北京中央政府有異見人士的接觸，美國對這次騷擾的插手已經是公開暴露出來。中國外交部也公開聲稱，此次的騷亂是美國的「作品」。

之所以香港會出人意料因為「反修例」而演變成一場接連一場的警民衝突甚至流血，北京也不能將責任完全推卸到香港政府身上。香港已經回歸祖國二十年，但在香港九龍凡是和英國有關的街道名稱，如皇后大道，以英國政治人物命名的街名均原封未動，凡是去過香港的海外華人或是外國人士，都仍然是有置身於英國殖民時代的感覺。

再則英國人左邊開車的習慣，二十年以來一直沒有改變成右邊開車。港粵間的交通也因為兩種不同的駕駛方向造成烏煙瘴氣的怪現象。

大陸解放後，上海的殖民街道名稱都迅速改名。如法租界的霞飛路，現在改成淮海路，法國醫院，現在也該組稱為上海第二人民醫院等。廣州往昔被英國人稱為「Canton」，而且和廣東省的譯名混而為一，如今已經恢復成拼音「Guangzhou」。

香港回歸了二十年，卻依然沿用英國殖民時代從廣東方言直接翻譯為「Hong Kong」的名稱至今未予變更。筆者注意到曾經有一段時間，中國官方的文檔中，使用過拼音的「Xianggang」，但不久後又銷聲匿跡，令人費解。而香港特區政府在一些官方的場合中用英語發言，在中文為唯一官方語言的政治體系中，即使是實行「一國兩制」，也不能隨意用外語作為官方語言使用。

去年十一月，筆者和妻子在亞洲旅行期間，特地安排了一天去參觀10月23日剛啟用的港珠澳大橋。這座大橋總長55公里，是世界上公認的最長跨海大橋。我們乘坐公共交通往返，不僅方便而且出奇的便宜。往返車資才二十元人民幣。假如這個工程放在歐美國家，交通費用肯定不菲。我們坐在長途汽車裡，望著這座如同大海上的巨龍，心情澎拜不已，北京方面對港澳市民的設想周全而具體，真的是為他們高興。

然而當下的騷亂，直接影響到老百姓的幸福生活而令人牽腸掛肚。筆者曾與香港的友人交談，幾乎都一致認為，一些唯恐天下不亂的極端分子，充分利用了社會的矛盾，在外力的支持下，他們挑起爭端，製造恐怖場景，將成為如同電視上經常看到的國際其他地區的紛爭令香港人無所適從，加上外力的媒體宣傳，國際間由來已久的反中情緒日漸高漲，給北京製造了難以控制的局面，目的只是要中國屈服於壓力之下俯首稱臣。

這樣的錯誤估計，雖然給極端份子製造騷亂的一時之快，他們充分把握著進可攻退可守的有力據點。一旦失敗，他們早已有人在外接應一走了之。並不能改變一直以來糾纏著許多香港人「恐共」、「親共」和「輕共」的矛盾心理。假如香港社會不趕緊覺醒，儘早讓社會恢復往昔的正常，留給大多數無辜而善良百姓的將只是無窮的後患！

（2019年8月1日完稿於溫哥華）

警惕歐洲廉價航空的貓膩

今年6月24日，在加拿大溫哥華機場發生了一樁廉價航空提早起飛的荒唐事，導致一對華裔夫婦錯過飛往多倫多的航班，而要另行購買更貴的機票回家。

他們是從網上的旅行社Flight Hub購買的機票，出了這樁烏龍事件後，廉價航空Sunwing和旅行社對起飛時間的更改與否互相推諉責任，企圖逃避乘客的索賠。經過加拿大國家電視臺的介入後，該廉價航空公司才向乘客支付了賠償。

無獨有偶，今年六月間，筆者與妻子在歐洲旅行時也遇到類似的情況，而且廉價航空公司的態度蠻橫，迄今仍未得到相應的答覆。

筆者與妻子在去年耶誕節左右，即開始著手籌備99天的五十年金婚之旅，整個的行程需要細緻的安排，尤其是歐洲當地的航空旅程，因為廉價航空多如牛毛，所以基本上都小心翼翼地預定主要如德國漢莎、荷蘭皇家航空、瑞士國際航空等享有盛譽的航空公司機票。

其中有一段從德國慕尼黑到奧地利維也納的短航程，早在今年四月從維也納國家航空公司駐加拿大蒙特利爾的辦事處預訂了航班，同時預付訂好較前座位的費用。

由於年事以高，多年來我們的國際旅程，基本上都是乘坐商務艙，而在歐洲因為一則所有的地區飛行航程較短，有時候根本來不及享受商務艙的待遇就已經到達，再則歐洲的商務艙座位和經濟艙沒有兩樣，唯一不同的地方，就是將經濟艙三個座位的中間一個座位上面，放置了臨時桌面，形成三人座變為兩人座。為此我們在歐洲內陸搭乘航班時就選擇了經濟艙位。

我們在五月八日，興致勃勃地到達維也納國際機場三號航站樓，前往奧地利國家航空公司櫃檯辦理登記手續。當服務人員看到我們的訂位資料後，要我們前往一號航站樓的Eurowings（筆者將其譯名為「歐翼」航空公司）櫃檯辦理登機手續。由於在幾乎半個世紀的世界旅行經驗中，從未聽聞「歐翼」這個名字，心中不禁起了疑惑，但因為是奧地利航空公司的指示，我們也無計可施。

原來在加拿大預訂從維也納飛往羅馬的航班是奧地利航空公司OS8093，起飛時間是晚上6點20分。但是到了「歐翼」櫃檯後，航班改成為EW5884，而且還向我們收取50歐元，作為托運行李的費用。雖然我們告訴他，我們是星空聯盟（Star Alliance）的金卡會員，托運行李是免費的。他只輕描淡寫地說道這是「歐翼」航空，不承認星空聯盟。我們無奈地只得問他能否使用航空公司的會員休息室候機，他立即肯定地說，過了安檢就可以去會員休息室了。

我們按照他的指點，到了Eurowings休息室，卻被拒絕進入，星空聯盟會員不能使用他們的休息室。因為奧地利國家航空公司的隨意改變，導致我們從正規的航空公司降格到廉價航空，而且要額外支付托運行李費，還只能坐在公共區域等待登機。

到我們準備登機時，非同小可的事情發生了，登機口的女士告知，我們要搭乘的航班已經在二十分鐘前起飛了。

我們只能趕緊到奧地利航空公司的櫃檯瞭解情況，先前指點我們去「歐翼」航空辦理手續的同一位女士告知，他們也不知道發生了什麼，在我們之前就已經有另一對加拿大旅客遭遇到相同的困惑。

因為我們沒有登機，為了安全，原先托運的行李必需要卸下，於是我們到失物招領的部門，將行李取回，再到機場詢問處瞭解下一航班的資訊。由於時間已經八點，唯一飛羅馬的航班只剩下西班牙的廉價航空Vueling（筆者暫譯名為「飛羚」）。

又是一家廉價航空！但如果不搭乘，就需要在維也納尋找酒店過夜，而原先在羅馬預定的酒店也要作廢。帶著急躁和憤怒交雜情緒，我們找到在機場一家看上去是中東人開設的的旅行社（Akin Travel），訂到了當晚十點起飛最後一個航班的機票。原來只需60歐元的機票，該旅行社居然索要400歐元，而且開設的發票上只含糊地註明支付的行程內容，卻沒有航班的詳細說明，顯然含有逃稅的動機。

帶著疲憊而懊惱的心情，我們抵達羅馬時已經是半夜，這短短的幾個小時，成為我們金婚之旅中唯一一次難忘的噩夢！

這次在歐洲遇到廉價航空的烏龍，實際上有幾點值得國內有意外出旅遊購買機票時的參考。

首先奧地利航空公司在加拿大的網頁上出售機票，在其航班時間後面加了括弧，裡面標明「歐翼」航班號為「代碼共享」。這樣的表明本無可厚非。所有主要航空公司都有類似的安排。但是主要航空公司基本上都同屬於星空聯盟，如筆者這次的歐洲行，往返國際機票即預定加拿大航空公司和德國漢莎航空的機位。

從加拿大出發到法國里昂，加拿大航空公司班機直飛，而從羅馬返程因沒有加拿大航空公司的航程，所以就使用德國漢莎從羅馬經慕尼克直飛溫哥華的航班。

值得注意的是奧地利的代碼共享「歐翼」屬於廉價航空，不具備星空聯盟會員資格。一開始就不應該在加拿大網頁上公開出售這樣的代碼共用機票。

由於「歐翼」航空不是星空聯盟成員，即使如筆者等乘客為星空聯盟金卡會員，卻無法得到這家廉價航空的認可，導致要支付托運行李的費用。而且因為換乘廉價航空班機，所持的登機卡無法進入機場的星空聯盟會員休息室，會員的權力由此被剝削。

最令人無法接受的是，「歐翼」航空在登機卡上，將起飛的時間印成為登機時間，從而造成提早起飛令筆者和妻子錯過班機的困擾。

在發生對待旅客這樣不負責任的粗枝大葉安排後，我們立即著手查詢「歐翼」航空公司的歷史背景，果不其然，這家當前隸屬於德國漢莎的廉價子公司，從1993年創立以來，經過數度的改組合併，有著劣跡斑斑的記錄。2015年每四次的航班中，就有一架航班平均延誤5.8小時，而有些航班居然延誤有20個小時。該公司航班的不準時引起了旅客的不滿，還曾有過從古巴瓦拉德洛飛往德國科隆航班六十個小時破紀錄的延誤。

有近百年歷史的奧地利國家航空公司（創立於1923年），自1957年創辦以來，曾經在歐洲名列前茅，但由於經營不善，與其他航空公司合併，以及財務的空虛，使其聲譽一落千丈，最後經過歐盟組織的調查及批准，奧地利航空公司最終歸屬於德國的漢莎航空公司旗下。但這並不表明其今後的經營能一帆風順。也許它最後的命運有可能和「歐翼」相結合。所以國內的旅客，在去歐洲之前，如果要預訂奧地利航空公司的機位，必須三思而後行，以免墮入筆者曾經遭遇到的尷尬。

在歐洲旅程途中，筆者給「歐翼」航空發了三封抗議郵件後音信全無，於是在結束全部歐洲旅程後，筆者向蒙特利爾的奧地利航空公司提出抗議，他們卻厚顏地強辯責任不在他們一方。

為此，筆者撰寫這篇報導，目的就是要提醒國內的旅客，在計畫外出旅行時，就預定機票一事必須小心謹慎。當前全球各地航空公司的經營存在不少盈虧問題，廉價航空業如雨後春筍，主要航空公司和廉價航空雖然有合作關係，但隱含著各自利益的驅使，由此在國際旅遊中往往罔顧乘客的利益。

尤其是旅客在選擇航空公司時，必需要仔細瞭解「代碼共享」

的資訊，要深入弄清楚這家「代碼共享」的航空公司，是否具備與其合作的主要航空公司對乘客所提供的福利和優待，尤其是持有航空公司會員資格的乘客，如星空聯盟（Star Alliance）、一個世界（Oneworld）等會員，更應要詢問清楚，不然結果就會遇到類似筆者曾經的遭遇，既要支付額外行李托運費，還有被拒絕使用休息室的權力等。

走筆至此，又看到另一則令人哭笑不得的新聞，即六月二十八號，溫哥華一位李姓旅客，和他的未婚妻計畫前往外地探視父母，原來訂好的航班居然被取消，為了節省臨時購買機票的高昂票價，他們只得取消行程，犧牲了探視父母的機會。

出門旅行原本是興趣盎然調節身心的愉快活動，卻因為當今太多的廉價航空充斥市場，使用既不完善又不負責任地經營手段，導致諸多旅客不僅浪費時間，還要承擔經濟和心理上的雙重損失及負擔。

除非如本文中提到的乘客，因為有媒體的介入，才得到廉價航空的賠償，不然，廉價航空有一套心理攻防策略，假如發生乘客的投訴，他們採取的是不聞不問，或者是拖延的方式來對付。日子一久了要麼忘得一乾二淨，要麼就懶得再去抗爭了。

然而這樣的航空市場其國際地位不可能在近期消失。他們仗著財大氣粗的優勢，個別旅客無論用什麼手段都難以抗衡，乘客唯有自己多加防禦，細心分析，才不至於墮入廉價航空的貓膩。

（2019年8月5日完稿於溫哥華）

德航頻繁延誤造成的噩夢

無獨有偶，五月八日在維也納機場經歷了奧地利航空公司的子公司「歐翼」的擺烏龍後，六月十四日從荷蘭阿姆斯特丹機場，經法蘭克福到柏林的德國漢莎的航班，再度給我們一個難忘的噩夢。

令人難以理解的是，這三家航空公司其實就是以德航漢莎為母公司的三位一體，彼此有著千絲萬縷的業務關係。更令旅客難以置信的是，三家航空公司有一個共通性，那就是，對發生在旅客身上的問題，幾乎都是用敷衍塞責的方式來應對。使得沒有經驗的旅客無所適從而陷於憂慮無助的境界。

更令人毛骨悚然的是，德航屬下的另一子公司「德翼」（Germanwings）在2015年3月24日，發生從西班牙巴賽隆納飛德國杜塞多佛（Dusseldorf）震驚全球的空難。而那次的空難，居然是機上副駕駛安德瑞阿斯．魯比茲（Andreas Lubitz）在駕駛編號為GWI9525號航班飛行途中，蓄意遂行其自殺行為將整機撞山，導致機上144名乘客和6名服務人員全部成為他的陪葬品。

這位機師製造了慘絕人寰的空難後，德航立即採取緊急措施，在飛行航程中，正副機長必須同時在艙內執行任務，或是一位機師

德航漢莎屬下的「德翼」航空2015年機師造成撞山事故悲劇的機型。

加一位被授權的機艙服務人員，機艙內不允許只有一位機師或是副機師單獨飛行的情況出現。但是這個驚心動魄的空難，成為前往德國旅遊參觀的外國旅客一道無法跨越的心結。

上述的悲劇或是推卸責任行為，出現在日爾曼民族的行業中，使人難以想像，然而它們卻接連不斷地出現導致旅客的心驚肉跳。

德航在歐洲的延誤情況，給旅客的感覺是匪夷所思，但歐洲人似乎對這樣的不正常現象無動於衷而且是處之泰然。筆者和妻子在歐洲旅程中，搭乘德航自阿姆斯特丹經法蘭克福到柏林，然後回程的往返航班，竟然沒有一班準時，半小時或是一小時的延誤成了家常便飯。

也因此出現了丟失行李的層層煩惱。我們是在六月十四日搭乘德航LH989航班前往法蘭克福，然後轉LH186航班飛往柏林。從阿姆斯特丹起飛時間是上午11：15，預計抵達法蘭克福應該是12：20。然後轉搭13：45飛往柏林航班，兩者之間的轉機時間非常充分。

但是在阿姆斯特丹起飛時間延誤了45分鐘，抵達法蘭克福已經是下午一點十五分，離飛往柏林航班起飛時間只剩下半小時，而且兩個登機口之間有一段很長的距離，假如是在香港，當地航空公司肯定會安排擺渡車接客人轉機。

然而與筆者同時要轉機的客人達十多位之多，而德航也沒有地勤人員提供任何協助，轉機的乘客只能在上氣不接下氣的奔跑中，登上飛往柏林的航班。飛機起飛後，筆者心裡開始起伏不定，我們兩件托運行李肯定無法按時轉運。

果不其然，抵達柏林後，十多位轉機的旅客都遇到同樣的麻煩，那就是行李的丟失。當輪到筆者和「失物招領」部門工作人員協商後，她交給筆者一張失物登記表，因為油墨的不足，打印出來後，幾乎要費盡力氣才能辨別清楚失物單上所有記載。她還告知當晚十一點左右，行李會送到我們下榻的酒店。於是我們搭乘火車前往北部港口沃倫姆德（Warnemunde），心裡卻一直忐忑不安。

到了十一點，酒店大堂接待處告知，德航沒有任何的資訊。於是再度打電話到柏林機場「失物招領」部門。接電話的女士直截了當地告知，因為我們的酒店距離機場有兩百公里，不在他們當天投送的範圍內。並且告知最快要到十六日下午才能投送。

筆者感覺到事態的嚴重性，因為16日我們即在該港口登郵輪，開始我們的北歐行程。所以通過電話告訴這位女士，我們在中午即登郵輪，根本不可能收到我們的行李。而且我們連換洗衣服及洗漱用品都沒有，按照法規，航空公司有責任提供應急的補助，她卻用冷冰冰的口吻說道，這是國內航班，沒有任何的協助。

次日起床後，我們預先計畫好的當地參觀日程也因為需要到市區去採購應急用品而予以取消。期間還數次與柏林機場的「失物招領」部門聯繫，得到的答覆居然是模凌兩可，一天之內得到三種不同的答覆，我也因此感到再糾纏下去根本於事無補，至於兩件行李的下落已經無從得知，唯一的解決方案就只有等16日登郵輪後再安排了。

按常規，旅客在辦妥登郵輪手續後，第一件事就是先到自助餐廳飽享一頓豐盛的午餐，但為了爭取時間重新取得兩件行李，筆者就先直接到客戶服務部門，將丟失行李的來龍去脈向船方說明，他們即全部做了記錄，而且將筆者提供的航空公司有關文件及行李托運單據等複印。他用安慰筆者的口吻說，郵輪啟航後要在公海上行駛，17日不靠岸，所以估計航空公司在18日可以將行李運到瑞典首都斯德哥爾摩機場，即可直接送到碼頭。

果然在18日下午四點鐘啟航前，筆者得到通知，兩件行李總算安然送到我們的艙房。令人哭笑不得的是，為了金婚旅程，我們花了逾一千美元購買的兩隻旅行箱，除了外面的口袋拉鍊被絞斷外，整個外型也面目全非。因為從6月14日到18日前後五天一直在各機場被折騰。所幸該行李箱公司有保險，我們結束旅程回到溫哥華，該公司將行李箱修理如新。

因為郵輪上盛裝晚宴要穿著正式服裝，而行李的沒有按時抵達，導致我們無法出席17日晚上的宴會，其實有很多旅客也不穿盛裝，但作為中國人，在以西方旅客為主的郵輪中，衣冠不整就有可能被其他旅客用以偏概全的目光來注視，所以最後我夫婦兩只能在十二樓的自助餐廳簡單地度過那個尷尬的夜晚。

筆者寫這篇短文，目的是給有意到歐洲旅行的國人提個醒。當前的國際航空公司延誤情況非常嚴重，其原因無非還是為了商業利益的驅使。稍有經驗的旅客都會感到，航空公司的短途航程，幾乎和公車的行駛密度相差無幾。

比如從甲地飛乙地的航班抵達後，只草率地將機艙內清理一下後，即飛回甲地，如此循環不已。飛機的檢修工作的精細標準也因此受到影響，一般旅客根本不清楚其中的利害關係。因為頻繁的往返飛行，造成延誤的情況應運而生。因此行李的被延誤轉送，也就成為航空公司公司唯利是圖的犧牲品。

假如有人是為了參加郵輪旅程，萬一遇到上述類似情況，切記不要緊張，到航空公司先將丟失行李注意事項填寫清楚，上到郵輪後，即可到旅客服務部門提出協助向航空公司取回行李的手續。當然外出旅遊，沒有人願意遭遇任何的不便。

經歷了這次的噩夢，雖然我夫婦參加航空公司「星空聯盟」的會員已有二十年的歷史，但這次接二連三的遭遇，竟然是來自同一家航空公司，所以度假完畢回來後，考慮取消「星空聯盟」的會員資格，轉而參加「一個世界」（One world）或是「天空成員」（Sky Team）。

順便一提的是，這次的歐洲之行，發現荷蘭的皇家航空（KLM）服務不一般。它沒有跟隨美國航空界發起的所有機艙服務一律付費的惡習。我們搭乘幾次歐洲的短途航程，有的僅僅為一小時的飛行，但是每次即使是經濟艙，不僅提供飲料，而且還給每位客人發放一盒三明治。雖然是兩片麵包夾蛋黃，但是精緻的紙盒已經給客人增加了好感，紙盒上還圖文並茂地說明，製作這個小三明治的雞蛋和麵粉都是非基因的原材料，為的是考慮到乘客的健康。

尤其令乘客驚喜的是，即使在一小時的航程中，經濟艙的乘客可以要求紅白葡萄酒的免費提供，而且喝完後還可以繼續要求提供。和德航僅僅一杯凍水的服務真是天淵之別。

荷蘭皇家航空的機艙服務人員對待所有乘客都一律笑臉相迎，態度和善可親，深得旅客好評。也令客人在旅途中舒心。最重要的是他們的航班，幾乎都是准點起飛。

國人前往歐洲，不妨試乘荷蘭皇家航空公司的航班，也許會得到旅途中意想不到的滿足。需要說明的是，我不具該公司的推銷員身分！

（2019年9月7日完稿於溫哥華）

西班牙油條的懷念

在西班牙東部的馬約卡島（Palma de Mallorca）旅行時，距離1601年建成的主保大教堂Santa Maria de Mallorca旁邊的主要商業大道上，許多商店基本上都出售世界的名牌，對我來說從無任何的興趣。因為不論走到世界哪一個角落，都會看到同樣的商標，千篇一律毫無新意。

突然發現，在那些燈光燦爛、擺滿耀眼產品的商家當中，夾著一間小雜貨鋪，幾乎每一寸空間都擺放著酒類食品，而且門首上還有著讓遊客出租自行車的廣告。

門口的一塊小招牌上印著1818年字樣，引起我的好奇。在歐洲，年代是文化的代名詞，意味著歷史和傳統。特別是看板上印有西班牙傳統的油條圖片，讓我和妻子興奮不已，原來這家小雜貨鋪還兼賣油條（西班牙文為Churro）。經過詢問，店裡的小姑娘說，一份五條，價錢是1.9歐元。

我和妻子相視了一會，覺得這個價格很有吸引力，如在馬德里同樣的產品要一歐元一條。而且這家小鋪子是當場製作的新鮮產品。我們等了約五分鐘，小姑娘從廚房裡將捲在紙包裡熱騰騰的油條遞到我手裡。

於是我們在旁邊一家咖啡店要了熱飲，迫不及待地品嘗起久違的油條，味道果然新鮮香脆可口，滿足了貪婪的食慾。

談起西班牙油條，不由立即會想起六十年代在馬德里求學時和油條的結緣。那是第一次和西班牙同學到文學院底層咖啡館，經介紹跟著同學先把油條放進熱騰騰的巧克力裡蘸幾下，然後放進嘴裡，那酥香甜美的味道刺激著我的味蕾久久不去，從而令我對西班牙油條別有鍾情。

有天清晨從宿舍出來偶然經過一條小街，從一間小屋裡傳出來陣陣油炸香味，我好奇地隔著玻璃向裡面望去只見一個粗壯男子站在一個小凳上，他面前是一個直徑逾一公尺的大油鍋，看上去足有四十公分深，卻盛滿了熱油。那個男子手裡提著一隻大竹筒，另一隻手似乎是在竹筒上使勁擠壓。同時將竹筒順著油鍋一圈圈地轉，朝著油鍋的竹筒頭冒出白色的麵漿，不一會油鍋裡一大圈的麵漿形成了金黃色的油炸圈。

他迅速地用一隻和油鍋直徑差不多的竹耙將油鍋裡的油炸圈撈起，放在油鍋旁的一個平臺上，然後用刀順序將油炸圈切成一條條地，放在小盤子裡。經過和他隨意交談，得知他每天天沒亮就開始為炸油條而忙碌。這些油條隨後送往附近的各咖啡館出售，他竟然還是個唱獨角戲的「油條批發商」！

也不知從什麼時候開始，這種原始的炸油條作坊逐漸在西班牙的社會中消失。我非常懷念這個曾經有過一面之緣的炸油條「批發商」，不知道為什麼西班牙對這個曾經風光的油條製作沒有留下任何痕跡，似乎也沒有成為文化遺產。

取而代之的是油條製作電動機器，當然在繁忙的現代社會，一切都是在先進科技驅使下，要快速而容易操作，至於「原汁原味」就不是年輕一代考慮的重心了。前幾年我偶然在墨西哥見到久違的西班牙油條，滿以為可以解饞，卻不料剛咬第一口，就覺得滿不是那記憶中的味道。

今年五月我和妻子在馬德里停留了幾天，晚間曾經到馬德里的太陽門廣場附近去尋找半個世紀前的一些記憶，看到一家仍在出售油條的食鋪，每根油條要價一個歐元，原本是小販們為普羅大眾提供的底層食物，竟然成為旅遊發展的遊客食品了。我再次經驗到「原汁原味」的差異。

西班牙油條從何而來的說法不一。有的人認為是阿拉伯人傳到西班牙的，但這個論調沒有實際根據而一直未讓人接納。另一種說法是西班牙的牧羊人，在山區荒漠地帶牧羊時，無法攜帶新鮮的甜點，而他們每天牧羊的時間很長，於是想出在露天製作油炸食物的思路，久而久之成為家喻戶曉的食物了。

但更為有歷史依據被大眾接受的傳說，是西班牙油條和中國油條的淵緣，而媒介是來自葡萄牙。原來在中國明代時期，葡萄牙開始向中國通商傳教，他們將中國的油條製作方法帶到了葡萄牙，但製作出與中國油條稍有不同的葡萄牙式油條，不久就跨過邊界而傳入西班牙。未曾料到的是西班牙使出看家本領，將葡萄牙從中國帶到的油條，發展成青出於藍的日常不可或缺的食品，進而成為旅遊事業的經濟產物。

實際上西班牙的油條大致可分為兩類，一類是到處可見的典型細小傳統油條，一般在出售時要在油條上撒上糖粉。而另一種在西班牙南部安達盧西亞區流行的粗壯型油條，西班牙文稱為Porra.也有用Calientes來稱呼的。這和中國的油條形狀極其相似。

隨著西班牙拉丁美洲的殖民統治，油條也成為遍地開花的民間食物，但都根據當地的喜愛而有所不同。如古巴的油條中間夾芭樂，巴西油條裡夾有甜奶（葡萄牙文稱之為Doce de leite），哥倫比亞及委內瑞拉等國有油條夾煉奶的製作。烏拉圭則用融化的乳酪夾在其中，形成拉丁美洲各國的油條美食。

遠在東南亞的菲律賓曾經被西班牙殖民，油條也隨之而來，至今仍然是菲律賓人喜愛的食物。因為地處亞熱帶，所以當地人喜歡將油條在飲料中點蘸後食用。

在美國及墨西哥，西班牙油條也是街坊小攤上出售的零食，但是因為製作方法帶有太多美國人的偏愛，如油條上撒有肉桂粉等作料，西班牙的原味早已散失殆盡。

很多人到了西班牙，見到當地的油條如醉如癡，但是又有誰能知道其中還有和中國的不解之緣！

中國油條應該是始於宋代，距今也有八百年的歷史。據「宋史」記載，由於岳飛被秦檜和王氏誣陷而遭殺害後，臨安附近的風波亭有兩個小販，鑒於對秦檜夫婦的不義，用麵粉捏成兩個人的形狀放到油鍋裡烹炸洩憤。後世將油條稱為「油炸檜」，廣東人也有用「油炸鬼」來稱呼油條的。

萬萬沒有想到的是，這個中國因為政治仇恨而形成的民間食物，居然被葡萄牙人跨洋過海，帶到歐洲，經過傳承而到了西班牙，又通過殖民統治，成為南美洲的大眾食品，同時又回歸到東南亞。迄今世界各地只知道西班牙的油條發展到地球各個角落，可又有誰瞭解，油條的真正始祖是源自中國？

中國人吃油條方法很多，最普遍的是早餐的燒餅夾油條，上海人的糯米飯夾油條的粢飯，甚至還有人將油條切成丁，加些綠蔥，在滴上一些香油，就是一碗清爽的油條湯了。

然而在歐洲也好，在拉丁美洲也罷，又有誰能體會中國人吃燒餅夾油條的那種樂趣？西班牙的油條也是以早餐為主，也許是繼承了中國人的習慣，但是他們的吃法很簡單，就是一杯熱巧克力，將油條點蘸吃。西班牙人喜愛在午睡後吃點心，其中油條又唱主角戲了，但都是以甜品出場。葡萄牙雖然將中國的油條引到歐洲，卻沒有成為葡萄牙人的主食，僅僅在嘉年華會或是任何節慶的日子裡，才有專門出售油條的小販出現。

這個經歷了近八百年的中國民間食物，生命力仍然是堅強茁壯，中國大陸、港澳台，甚至海外華人聚集場所，它的身影無處不在；差不多有四百多年歷史的西班牙油條，也早已在地球上名揚四海。它們的背景相異，但身兼的任務卻是殊途同歸。或許這也是中外文化交流中一道亮麗的風景線吧。

（2019年8月4日完稿於溫哥華）

河上遊艇裡遮陽防曬的奇景！

從臺灣中學時代，我就喜歡每逢暑假，或者到中和鄉的淡水河畔，或是在螢橋一家私人經營的游泳池，在烈日下泡上幾個小時。一個暑假肯定將皮膚曬成古銅色。因為我小時患有嚴重氣喘病，醫生們都告訴母親，我這一生就是在床上度過了。

不服氣的我，用不聲張的方式作自我鍛鍊，求學期間在上課前堅持清晨跑步，放學步行回家，暑假就用游泳來增強抵抗力。果不其然，醫生給我宣布的「絕望」，在自我努力下轉變成一生的「希望」。所以我對游泳曬太陽數十年如一日，始終抱著「意猶未盡」的心態，不論是在東南亞、南美洲，或是墨西哥海灘，那就是我旅程中的「必修課」。

自搬遷到加拿大後，游泳成為傷腦筋而亟待解決的難題，因為緯度高、氣溫低、雨水多，只能在政府為人民設計的地區健身房。可是加拿大用太多味道濃濁的氯給泳池消毒，我對游泳的興致開始有所減退。

1974年，因為工作關係，我和妻子帶著孩子搬遷到加拿大西海岸的溫哥華島上省政府所在地維多利亞市。夏天來臨，我們舉家到橡樹灣海灘去曬太陽。只見海水清澈見底，沒有風浪。

但令我摸不著頭腦的是，海灘上坐滿了當地人，有看書的，有喝啤酒的，卻不見一個人下水戲耍，不禁暗中思忖，怎麼加拿大人這麼傻？辜負了這片清澈的海水。於是我鼓起勇氣跳進海裡。

這一跳不打緊，卻感到海水的刺骨，還不到一分鐘，冷得我幾乎腳抽筋！趕緊回到海灘上，用毛巾緊緊地裹著身子，還不時抽搐。原來傻人竟然是自己。

後來瞭解到，加拿大的海水年平均溫度只有華氏45度，如果有人墜海半小時之內就會完全喪失體溫而出現生命危險。且不論這種傳說準確與否，我的游泳習慣只有每年到墨西哥、加勒比海才能實現。而且每次曬得黝黑，不僅增加抵抗力，也是對身體自然維生素D需要的補充。

這些年來，歐美國家不斷推崇甚至強調平權，一些流行的天體海灘，經常會看到一絲不掛的女子。筆者在西班牙一座小島的海灘，就曾經面對面和一位完全裸露的女士相遇，乍一看覺得有點奇特古怪而侷促不安，但在對方若無其事地打招呼後，也覺得自己有點落伍了。

在墨西哥或是東南亞的海灘，經常會遇到一些古銅色和美白的對照。西方旅客不論男女，幾乎都是差點就赤身露體的躺在沙灘上，或是浸泡在泳池中，享受著陽光的照射，將整個身子曬得只剩下露出的牙齒是白色。

而中國女士們，個個都是花枝招展，頭戴遮陽帽，還撐著陽傘，連身裙都是長袖，將雙臂緊緊包裹住，幾乎長至腳背心的長裙，產生了保護雙腿避免陽光照射的功能。

因為沙灘鬆軟，她們的高跟鞋就成了負累，不得不脫下用手提著，赤著腳一步一步艱辛地向前挪動。不時還得停下，讓伴隨的男士，給她們指導擺出各種嫵媚的姿態，一一攝入鏡頭。

亞洲的中國、韓國及日本婦女有一個共性，她們注重美白的調適，認為皮膚越白，越能展現其女性的美。和歐美女士們曬太陽，將皮膚曬黑展現女性的健康美，形成了強烈的對照。同時在她們的心目中，東方女性的美白，似乎是林黛玉病態美的寫照。

我和妻子六月份在荷蘭阿姆斯特丹旅遊的最後一天，該看的都欣賞了，所以下午選擇了一個最無聊但頗能對城市一覽的運河遊覽。遊船的設備很簡單，也沒有任何的飲料提供，就乾巴巴的坐在那裡極目四望，看河邊的水上人家，望兩岸河邊露天餐廳的熱鬧。

突然我的視線被好幾把陽傘遮住，好奇心驅使我注意眼前的奇景，就在遊船的駕駛艙後面，遊客座位的最前兩排，坐著一群亞洲裔遊客，將陽傘打開遮住陽光，這一景象令我和妻子感到愕然。我注視片刻，側耳聽到他們嘰嘰喳喳大聲喧嘩，辨別出是越南語。她們旁若無人將四把陽傘打開著，根本沒有顧及會擋住坐在後面其他旅客欣賞風光的視線，而船艙裡如同是身在菜市場。

歐洲人的素養對這樣缺乏禮貌行為，從不會干預甚至批評，但從他們的表情分析，對這幾位越南遊客在遊船上撐傘防曬的動作是頗不以為然的。

我和妻子坐在那裡只有尷尬的心緒，歐洲近年來因為亞洲人的一些逾越的行為舉動，造成當地人對亞洲旅客側目的態度，一直有增無減。我們憂心遊船上的西方旅客會認為我們是來自和他們同一的族群。因為這樣的誤解已屢見不鮮！

由於這幾位越南裔旅客在遊船上撐傘防曬的舉止，回憶起我在義大利生活時的一些趣事。有些義大利人每到夏天，因為口袋羞澀，就會設想出曬太陽的絕招，目的是為了引起親朋好友及鄰居的妒羨，也滿足自己的虛榮心情。於是先買好食品將冰箱塞滿，然後將自己關在家裡，門窗緊鎖，電話不接，樓層裡的郵箱也不開，讓郵件及報章雜誌堆滿，給人的印象是他外出度假了。

其實這些人每天就在露臺上脫光曬太陽，將身子曬得猶如在海灘經歷了陽光浴。兩到三個星期後，再開門與鄰人及親朋好友聯絡，將談話內容加油加醋渲染一番，眉飛色舞地編織出他們外出度假的精彩敘述。

阿姆斯特丹運河裡的見聞，令我哭笑不得，這些年來，世界各地對中國旅客的離奇行為，除了無奈就是不齒，其實旅客的行為不能一股腦地歸罪於中國人。我在世界各地旅遊時，就經常親歷美國人的大聲喧嘩，歐洲人在郵輪上浪費食物的驚人場面，日本人在郵輪公共餐廳裡蹲在椅子上用餐，以及世界各地男公共廁所裡小便滿地的種種無法解釋的行為。

遇到這樣的場景，除了自認晦氣外，就只能泰然處之。如這次的阿姆斯特丹運河遊船上，遇到了越南人撐傘遮陽，就把它當成是生活中的一個奇遇，也就釋懷了。

（2019年8月11日完稿於溫哥華）

義大利獨特的圓錐頂屋特魯洛

第一次前往義大利東南角的著名港都巴里（Bali）是在1965年，一轉眼已經是半個世紀前的記憶了。那是去參觀第二十九屆巴里國際商展，當時中華民國和義大利還有正式的外交關係，時任駐義大利大使為于焌吉前輩。在他任期內，曾不遺餘力地推銷臺灣的產品，當時義大利的幾個重要商展，如米蘭、博羅亞等城市，于大使必定是親力親為。

阿爾貝洛蓓羅的特魯洛建築群。

巴里商展是1929年創立的，次年即升級為國際展覽。于大使每年都為臺灣的產品展覽付出不少心血。由於在1940至1946年之間當地的內部因素，商展曾經停辦，所以1965年的商展，就成為第二十九屆了。

我是應于大使的邀請，前往參觀並瞭解當時中華民國和義大利的外交關係。在會展中，遇到義大利總理阿爾多·莫羅（Aldo Moro）親臨中華民國展臺參觀，從他和于大使親切交談的過程中，體現出兩位政治人物的親密關係，也反映了于大使對義大利外交工作的深入人心。

在展覽期間，我也瞭解到于大使在義大利各個地方有著非同一般的聯繫交往，每次他與人交流時，他那溫文爾雅的待人接物神態，極易得到對方的接納，從而受到尊重和敬佩。

展覽結束後，在驅車回羅馬的時候，我們途經阿爾貝洛蓓羅（Alberobello）時，在該小鎮稍微停留片刻，一方面司機可略微休息，我們也借此機會欣賞當地傳統獨特的特魯洛（Trullo）建築群。于大使在義大利任職多年，從未在該處停留過，為此他沒有拒絕我的提議。

特魯洛傳統建築群的歷史沒有歐洲其他藝術那麼高貴，也不具

于大使（右四）在巴里商展中國館內與義大利各地僑界人士合影。

于大使（左）與筆者（右）於1965年9月9日在阿爾貝洛貝羅遊覽時合影。

備高雅的藝術價值。它的造型及實用目的，完全是出自於農村的生活所需。從藝術史的角度去觀察，特魯洛有其獨特的魅力。

阿爾貝洛蓓羅是整個區域內特魯洛最集中的小鎮。位於義大利東南角半島地形的普伊亞（Puglia）大地區中。歷史上這個地區是一片廣袤的樹林，裡面有松樹、紫杉和山毛櫸等珍貴樹種，形成至今仍為世人喜愛的易特裡亞山谷（La Valle DItria）。隨著時代的變遷，山谷中的樹林幾乎已完全消失，代之而起的是葡萄園、橄欖樹及橘子林。今天義大利使用的阿爾貝洛蓓羅（Alberobello）名稱即來自原來的（Silva Arboris Belli）直接翻譯是「美麗的橡樹林」。

歐洲大陸的歷史變革，包含著眾多民族的爭鬥，普伊亞大地區，早在西元前八世紀，接受了希臘文化建築等傳統影響，一直流傳到今天。特魯洛名稱最早即起源於希臘文字Cupola，意思是圓錐型屋舍。

義大利本地對小屋舍通稱為Casella，經過語言的發展，小屋舍又被稱為Casedda。但在這個別緻的小鎮上，因為受到希臘名稱的影響，就直接稱為特魯洛（Trullo，單數）而複數應該將最後一個字母改為i（I Trulli）。現在國際旅客或是義大利本國人，只要一提起特魯洛的複數，就知道這是指阿爾貝洛蓓羅無異了。

特魯洛建築的出現，應該是在西元一千年前後即有人的定居，最早是一些靠勞動力生存的農牧民，在當地就地取材，依照希臘被稱為Tholos帶有圓頂覆蓋的墓園造型，用隨處可見的石頭砌造而成原始的住所，通稱為Tholoi。漸漸地當地的方言將這種特殊建築稱之為Truddu。最後演繹成一直使用到現在的「I Trulli」這個地名。

只是當地農牧民作為暫時棲身之地或是儲藏農作物的處所，大都集中在普伊亞（Puglia）大地區南端的莎冷蒂半島區域（Salentine Peninsula），形成當地頗具特色的建築群。

中國人看到特魯洛的造型後，會立即聯想起中國貴州的石板建築。都是就地取材而且適應當地的生活需求。義大利的特魯洛建材是當地出產的石灰岩石頭。為了拆除方便，工匠們在砌牆的時候，從不用水泥或是黏合物，而是先打地基，填上小石塊後，就直接將切好的砌牆石按照原先設計好的藍圖砌壘，裡外兩層，中間空隙的地方，就用碎石填充加固，增加外牆的力量。所以特魯洛的牆壁基本上都相當地厚，產生冬暖夏涼的功效。

經過數百年的發展，到13世紀由於貴族的紛爭，這裡成為權勢的封建領地。十六世紀時代，還只有40座左右頗具造型的特魯洛。到了十八世紀已經發展到3500家。而在1797年還獲得「皇家城市」的榮稱。

由於建築工程過於簡單，而且沒有水泥或黏合物的支撐，特魯洛就無法建造成多層的建築，幾乎是清一色的一層住屋。可以理解的是，這種圓錐型的房舍，重心都在底部，屋頂上層就是一個圓錐型的屋頂，最早期每一個圓錐屋頂下，就只有一間房舍，一家人共用。為了讓孩子晚上睡眠時和大人分開，也只能將就地在床第間用布簾子隔開。屋子裡還有一個多功能的壁爐，冬天取暖，平時就是烹飪的廚灶。在建造牆壁時，會建成凹壁，有放置物品的功用。

山谷中原來的河道早已乾枯，為了應用水，後來的居民在建造特魯洛時，在屋頂上設計了漏水漕，一直通到屋子地下的蓄水池。可見其當地先民具備有生存的智慧。

之所以在建造時不用水泥等黏合物，有一個非常重要的目的，就是建築可以很快被拆除，避免被徵收苛捐雜稅。當時普通平民如有穩定的住所，領地的貴族就會設置各種稅務。平時務農牧的底層平民，在建築時，往往會在圍牆的關鍵部分設置一塊用來支撐的沉重石塊。一旦要拆除時，只要用力將這塊沉重石頭抽出，整棟建築就會應聲而坍塌。

經過了長時間的發展改良，現在的特魯洛每一個圓錐屋頂下，有臥室、廚房、飯廳和起居室的間隔，和一般的住家沒有什麼區別了。

當我和于大使走進阿爾貝洛蓓羅，穿梭在大街時，看到有單獨一間的，也有數間成一建築群的，而且有的已經從一層的建築發展成了兩層樓，如同繁星點綴在天空一樣。給人的感覺是新奇而悅目，成為當地獨具一格的建築風格。于大使在繁重的外交工作，和我一起在阿爾貝洛蓓羅忙裡偷閒地漫步在饒有趣味的古建築群中，還在那裡留下了珍貴的合照。

歲月蹉跎，一轉眼已是五十年前的回憶。在那裡曾經歡笑交談的兩位長者，早已在歷史中消失。義大利總理莫羅是在1978年擔任天主教民主黨黨魁時，3月18日從家中出來上車準備去辦公室時，被一群身著義大利航空公司機艙服務人員制服偽裝的左翼「紅色軍旅」（Brigate Rosse）恐怖分子劫持綁架，在一個多月的折磨時期，恐怖分子要脅義大利政府將莫羅總理作為人質，要求釋放被捕的「紅色軍旅」恐怖分子作為交換。義大利政府拒絕了這項交換，導致莫羅總理在5月9日被謀殺，一時震驚全球。

回過頭來看中華民國傑出的外交官于焌吉，一生忠黨愛國，雖然身處逆境，在國際外交劣勢的環境中，竭力維護國家的外交尊嚴。然而1966年回到臺灣，在沒有任何的跡象前提下，突然被告知上繳外交護照，從此歸隱。1968年于大使在臺北因病去世的消息傳到羅馬後，知道實情的旅居義大利僑民，都知道所謂的「因病去世」，只是對外宣布的借題而已。

從義大利首相莫羅的被綁架謀殺，到于大使在臺北的「因病去世」，體現出一個現實，就是政治的無情和殘酷。

在結束本文前，筆者只感歎，阿爾貝洛貝羅的古建築，從農牧民的棲身之地，發展到今天成為國際社會嚮往的藝術傳統。而當年我在巴里商展會場中握過手寒暄過的義大利總理莫羅先生，留給我的只有他那慈祥的微笑和溫和的交談。而愛護僑民，為公犧牲的于大使，不僅沒有被允許向他長年任職的義大利政府辭行告別，卻是在臺北中山北路一家酒店的房間裡獨孤地撒手人寰！

（2019年8月25日完稿於溫哥華）

我和羅馬地下古墓的結緣

多年來，每次我和妻子到羅馬，必定下榻於火車站附近國家大道上1865年建造的奎琳娜妮大酒店（Hotel Quirinale）。這座酒店雖然結構有些蒼老，卻保留著義大利諸多傳統的布局和皇家的古典裝飾。

羅馬是由七座山丘組成的，早在建立城市之前，一個名叫薩比納（Sabines）的部落佔據其中的一座山頭，供奉奎琳蘿神（Quirino），其佔有的山丘也被稱為奎琳娜（Quirinal）。

西元1573年，教宗格雷戈里十三世（Gregory XIII）下令興建了一座宮殿，稱為奎琳娜妮宮（Palazzo Quirinale），成為接待皇室的重要場所，也是羅馬一個輝煌的歷史地標。義大利帝王制度廢除後，建立共和，這座宮殿就成為一直沿用至今的義大利總統府。

位在國家大道上的奎琳娜妮大酒店，也就是採用了這個歷史名稱而興建的。由於就在羅馬歌劇院的鄰側，許多世界著名的歌劇演唱者，在該劇院登臺時，幾乎都喜歡在這座酒店下榻。上世紀六十年代，美國男高音塔克爾（Richard Tucker 1913-1975）抵達羅馬後，整個團隊就住在這座酒店裡。筆者也在該酒店和他交談了好幾個小時。因為歌劇院舞臺勞工舉行大罷工，他在羅馬停留了兩周，仍然無法順利演出，全團只得移師義大利近北部的維洛拉（Verona）城，也是世界聞名的羅密歐與茱麗葉殉情的地方。在那裡的露天歌劇場，完成了他的演出。

羅馬至今受到全球人士的喜愛，的確是因為整個城市每一寸土地，每一棟古老建築，都蘊含著久遠的歷史和豐碩的藝術保藏。

具有一千八百年歷史地下古墓也因此成為最令人鼓舞研究的

聖卡利斯杜史地下古墓中安葬教宗的「小梵蒂岡」遺跡。

遺跡。根據歷史的記載，羅馬地下古墓約有四十個，最大的一座位在阿比亞古大道（Via Appia Antiga）的聖卡利斯杜史地下古墓（Catacumba di St. Callistus）。安葬於此的天主教信徒就有五十多萬，自三世紀以來，歷史記載了有十六位教宗和不計其數的殉道士也在這座古墓中安息，其中有九位教宗安葬在同一位置，世稱古墓中的「小梵蒂岡」。

從歷史上瞭解，在西元一世紀以來，羅馬人的安葬習俗受到宗教迫害，或者是因為家庭沒有自己的土地，教徒在死後往往只能與異教徒葬在同一個墳場。經過時代的變遷，家庭的墓穴，或是較有基礎的墳場逐漸形成一定的規模，地下古墓也從此出現。

由於古墓的擴張，古墓群就必須分層建築。按常理分析，越是位在最底層的古墓，應該是最古老的。但是羅馬的地下古墓正好相反，最古老的墓群在最上層，越到下面，古墓的年代就越新。原因是羅馬人在西元一世紀開始埋葬親人時，就在離地面不深處挖掘了墓穴，時間一久，被用作墓穴的土地用盡。由於羅馬的土壤黏性很高，聰明的羅馬人，就想出朝更深處挖掘作為墓穴用。如此不斷發展，逐漸形成了一個龐大如蜘蛛網的地下結構，一層層有序地建築成非常科學安排的地下古墓。

這座最具影響力的地下古墓，是在三世紀經教宗澤菲力魯斯（Zephyrinus）親自下令，並使用殉道傳教士後來被祝聖成為聖人的卡利斯杜史的名字，為這座具有歷史的古墓命名。

由於羅馬在歷史的演變中受到一些野蠻民族入侵後的廝殺破壞，地下古墓也不能倖免。於是在西元五世紀時，教宗下令盡可能地將安葬在這座古墓中的多位教宗及殉道士的遺骸遷移到各個教堂裡加以保護，也因此後來的教宗在去世後幾乎都是安葬在教堂裡。地下古墓的重要性從此走向下坡路，幾乎被遺棄甚至被忘卻。

在眾多的殉道士中，有一位聞名全球的女殉道士聖切齊莉雅（Santa Cecilia）最初是安葬在這座古墓中，在後來的五百年裡，一直受到尊敬她的信徒們的敬仰和崇拜。到西元821年，其遺骸才遷移到羅馬城裡老區特拉斯蒂維雷（Trastevere）專為她建造並用她的名字命名的聖切齊莉雅教堂裡，她被尊奉為音樂聖人。迄今為止，全球學習音樂的學子，都抱著敬仰的態度，尊崇這位音樂女聖人。義大利羅馬著名的聖切齊莉雅音樂學院（Conservatorio di Santa Cecilia）就是以她的聖名而命名的。

走筆至此，讀者也許會問，究竟我是如何和地下古墓結緣的？這要回溯到1965年，我結束了在梵蒂岡第二次大公會議新聞室的工作後，準備前往德國，繼續文學的研究，而且行程均已安排就緒。

時任駐義大利的于焌吉大使得悉後，在一個炎熱的清晨，打來了電話稱有要事相商，囑即刻前往大使館。當時我住在羅馬古區特拉斯蒂維雷，到大使館需要近一小時的路程。抵達使館後，于大使早已經在他的座車裡等候。平時他有專任的義大利籍司機。但我抵達後，他已經坐在司機的座位上，見到後即囑咐我上車。還沒有寒暄，他即啟動引擎，朝義大利外交部的方向駛去。

到了外交部，我們上了五樓，在過道上，于大使囑咐我在那裡稍候，逕自進入樓上的一間辦公室。我獨自一人暗忖此行的目的何在？不久他出來，臉上布滿微笑，只簡單地說：「一切都辦妥了，你就安心留在義大利。」

我緊跟著他下了樓，進入座車，他即直接將車開回大使館。途中，他才詳細道明，原來他要我同往義大利外交部，是特地為我去申請政府的公費獎學金，提供我在羅馬學習。對這突如其來的喜訊，一時不知如何應對于大使的這番關愛。

就這樣，我打消了前往德國進修的計畫，經過慎重的考慮，在羅馬大學選修了宗教考古的科目，專題就是多年來一直嚮往的羅馬地下古墓。而且特地選擇了聖卡利斯杜史和波麗希娜（Catacumba di Prischilla）兩座古墓。

選擇後一個古墓，除了其中豐富的宗教遺跡外，包括有七位教宗和無數的殉道者埋葬於此，是因為這座古墓還帶有一個淒迷的故事。西元一世紀，古羅馬相當於現代的議會執政者格拉波里奧（全名是：Manius Acilius Glabrio）投身於宗教信仰，轉變成基督信徒，被暴君多納蒂安（Donatian）殺害。這座地下古墓，就是在他生前用他妻子的名字波麗希娜而命名的。

在學習的過程中，筆者盡情地享受古墓中的壁畫、雕塑，曾經安葬過教宗的石棺，以及每一個封閉墓穴石碑上先人們留下的祕密符號，從中理解到羅馬古代先人給後代留下的歷史記錄。

地下古墓的墓穴布局是設置在通道的兩邊牆上，從地面到頂端，平均為五到六個墓穴，整齊劃一地排列著。按照古羅馬的習俗，家人將逝者遺體經過香料處理後裹在白布中，即放入牆中的墓穴裡，再用當地的石材製成石板將墓穴封閉。為了日後容易尋找，石板上都會刻上不同的符號，最常見的是魚的符號，代表著宗教的食物。

也許很多人從未意識到，現在全球各地的公墓中，最常見廣為採用的殯葬方式，是在一棟棟的墓室裡，進門後的兩邊牆上整齊地設計了從地面到天花板一排排正方形的穴位，深為六尺，入口處的直徑比棺木的寬度稍微寬一些，可直接將棺木推入，然後用石板封閉。這樣的墓穴造型就是源自於羅馬的地下古墓。既省空間，又節約土地的使用，在義大利全國各地的公共墓園中更是普遍採用，也可以被認為是殯葬儀式的歷史傳承，足見羅馬殯葬藝術的影響力。

我在羅馬結束研究工作後，于大使在1966年準備「返國述職」，也是為了答謝他的提攜，我們在羅馬的一家餐館晚餐，席間突然腦中出現奇特的，試著建議于大使推遲「返國」的建議。他問為什麼。我只是關心地告訴他，他這次回去，有可能無法再回羅馬的擔憂。于大使聽後，只微笑了一下，並簡單地說：「不至於吧！」當然我們在轉換話題後結束了那頓晚餐。

沒有料到的是，我的預感竟然不幸而言中，于大使回去之後不久，臺北即傳來于大使將卸任的消息。外交部於1966年12月20日宣布他離任的消息時，同一天劉達人參事抵達羅馬擔任代辦一職，即表示于大使的卸任已成事實。1967年3月15日，外交部另派公使銜參事吳文輝到羅馬接任代辦。令人不解的是，為什麼沒有另派新大使上任？更為蹊蹺的是外交部在1968年1月11日公布他的免職令，一個多月之後，于大使在2月25日去世。至今仍然令人困惑的是，于大使是在1966年12月20日離任的，而免職令卻一直拖延到1968年1月11日才公布。按照常規，免職令應該是在離任前公布，這樣的顛倒是非，究竟是為什麼，卻沒有人作出任何的解釋。留給後人的只是于大使的離世增加了許多的傳說，而對他的最後歲月則是以「晚景淒涼」來形容。

不管怎樣，在他離開義大利的前夕，我在晚餐時向他表達的憂心，似乎是冥冥中上蒼的啟示。遺憾的是于大使一生忠黨愛國的心境，對政府始終是一如既往地充滿著信心，然而……

時至今日，我每次到羅馬時，除了藝術歷史宗教的投入，唯一的懷念就是于大使的關愛，成全了我在宗教考古研究中獲得終身的裨益。而于大使20年在義大利忠誠服務所得到的結局，凡是認識他或者與他曾經共事的，無不感到歎息。

（2019年8月31日完稿於溫哥華）

從2019美國教育機構賄賂醜聞說起

不久前美國電視臺一直反覆播放著名女星費麗希蒂・霍夫曼（Felicity Huffman）被判入獄14天（10月25日開始服刑），罰款三萬美元，義務服務社區勞動250小時，在服刑期滿後，還要遵守被監督一年。

這位享譽影視界，而且獲得不少榮譽的女星被判刑，罪行是因為她曾向名為Key Worldwide Foundation私人民間機構負責人威廉・立克・辛格（William Rick Singer）支付了一萬五千美元，由其安排為這位女星的女兒修改參加大學入學考試的成績。

費麗希蒂・霍夫曼在法庭上承認自己的不當行為，而且相當後悔，並向其丈夫及女兒表示歉意。其實這不是教育機構行賄個案。經過司法部門順藤摸瓜的調查，有五十五人捲入雷同的案件，其中三十三人已經向司法部門認罪。其涉及的賄賂金額數以百萬計，參與的家長背景幾乎涵蓋社會各行各業，包括律師、地產商、金融機構負責人、影視明星、保險公司主管及工商機構領袖不一而足。

他們的目的只是因為子女成績落後而無法進入高等學府，於是想方設法通過中間人的穿針引線，行賄的行業也由此應運而生。辛格的私人基金機構，就成了各大學和這些居心叵測的家長之間的橋樑。通過不正常的邪門歪道，順利進入大學的途徑不外是設法將入學考試成績單，經過改頭換面後而堂皇入室，或是通過大學體育部門的負責人或是教練，設計報名參加體育專案，在偽造的眾多申請名單中，將家長行賄的子女公開宣布為體育成績合格獲得者而進入大學。

為此已經公布的涉及體育賄賂的大學有喬治城大學、西北大學、史丹福大學、加州大學、聖地牙哥大學、南卡羅來那大學、德州大學、耶魯大學及維克森林大學等。其中有用十萬美元交易獲得德州大學網球員資格；用四十萬元高額賄賂以女足隊員資格進入耶魯大學；南卡羅來那大學體育部門負責人及水球教練，分別接受了一百三十萬和二十五萬的巨額賄賂，安排支付費用家長的子女順利入學。史丹福大學的划艇教練，也接受了二十七萬賄賂，打通進入學府的大門。

走筆至此，一位生活在溫哥華近郊素里市（Surrey）來自中國的46歲女士Sui Xiaoning（音譯隋曉寧）在西班牙被警方逮捕在押，等待引渡到美國接受司法審判。這位中國女士，在加拿大擁有近四百萬價值的地產，應當是屬於中產階級。在西班牙被逮捕後，美國麻塞諸塞州檢察官辦公司隨即公布了她的罪行，是「行使電腦詐欺以及誠信服務電信詐欺罪」。

原來隋女士的被逮捕，也是和美國最近的教育賄賂有關。她是這宗集體升學詐騙案中被檢控的55名家長中被列為第52位，成為第35位遭檢控的涉案家長，也是加拿大不列顛·哥倫比亞省第二位涉案的家長。

通過和辛格的聯繫，去年八月雙方同意，由隋女士向辛格支付40萬美元，再由辛格向加州大學洛杉磯分校的男子足球教練喬治·沙爾塞多（Jorge Salcedo）賄賂，滿足其兒子進入加州大學就讀的資格。期間由辛格的同夥人羅娜·楊克（Laura Janke）編造隋女士兒子曾在加拿大頗有聲譽的加拿大足球俱樂部踢球的假文件，

隋女士在去年先將十萬美元匯到辛格的基金會帳號，不到一個月其兒子即順利進入加州大學，並獲得部分體育獎學金的補助。近年二月隋女士將餘下的三十萬美元支付給了辛格。這一起教育賄賂案件，再一次證實部分中國人熱衷「旁門左道」的勾當，而令全體中華民族成員蒙羞！

這一連串駭人聽聞的高等學府賄賂案披露後，向來重商輕義的美國社會，也不由感到震驚，咸認為這是世風日下的不幸。也因此連帶思考，其實美國教育機構之所以會出現這樣的現代活劇，關鍵是教育部門早已將學府變成吸金的提款機。唯一的不同是，各大學用高價吸收外國留學生是明目張膽的公開買賣，而上述的家長們用行賄方式來為自己的子女教育鋪路，實際上是這些家長忽視了司法的權威存在。

現今在美國留學的外國學生，支付的學雜費是本國學生的三倍以上。紐西蘭是向外國學生超收學雜費的始作俑者，緊隨其後的是英國，逐漸地澳大利亞、加拿大及美國也都群起仿效。這個軍事上共同設有五眼聯盟（Five Eyes Alliance）的英語系國家，在教育上大肆斂財也絕不後人。

這五個國家，每年吸收來自世界各國的留學生高達數十萬人，由此各大學的財政收入以億萬元計算，大學的教育也因此成為吸金的提款機。雖然社會上對此有一定的苛責，但是在政府主導，教育機構積極推動的現狀下，這些國家的大學機構行為竟視之為名正言順。

其實政府開一眼閉一眼主導的教育行為還不止於此，在香港回歸前，一些富有的家庭，深恐回歸後共產黨會向香港實行「共產」政策，於是千方百計將子女送往加拿大「留學」，中學生向外留學風氣由此打開。傳統上中國人有將子女送往「名校」的習慣，於是不管其子女的學習成績是否能達到標準，幾乎都會不遺餘力地來實行其願望。於是溫哥華極為有限的「名校」，也就成為香港富人家庭的涉獵對象。

由於名額有限，而且入學要求極其嚴格，但是在「重賞」之下，教育機構的門檻因此改變。如一些私立中學，香港家長的銀彈攻勢很難抵擋。如向校方捐獻化學實驗室，一擲就是二十五萬加元，有的學校甚至接受更巨額的「贊助」！私立中學沒有政府的任何補貼或支助，這些突如其來的「捐獻」，就成為「瓦解」校方行之有年傳統作風的導火索。

記得臺灣在1950年時代，教育部曾經舉行過自費留學政策，表面上看，這樣的留學政策是鼓勵青年學子有更多的學習機遇，實際上，這些政策只是為達官權貴子弟而設。像我們曾經在臺灣為聯考付出巨大代價的這一代，只要提及這些往事，仍然會搖頭歎息。因為所謂的自費留學不是按常規每年舉行，往往等待達官權貴家庭的子女，到達一定年齡時，教育部就會向社會公布，符合條件的青年學生，就可以報考。

當然這些討好部分家庭的留學政策，在一開始時並沒有引起普通學生的注意。時日一久，一些學生也就將目光注意到自費留學的準備，企圖能為此而搭乘自費留學的順風車。當時筆者正在大學求學，在校學生經常就以自費留學作為談話資料，也因此相當一部分學生隨著那些達官權貴的子女漂洋過海。這樣的教育政策是否也可以被認為是教育的腐敗呢？

其實在海峽的另一邊，大學教育始終是廣大青年學子追求的夢想。特別是來自窮鄉僻壤的農村子弟，更是在萬般困難的經濟環境中，奮發自強，努力爭取進入重點大學，也從此改變其一生的命運。

然而，在權勢的壓力下，就有可能其被錄取的資格，瞬間消失。原因是有些權貴子弟，雖然成績平平，考不上大學，但是因為家庭背景的顯赫，不必通過聯考而登堂入室。筆者在1990年期間，在北京就曾目睹一位農村子弟，考上了上海復旦大學，他的家庭好不容易籌措到求學費用，但就在此時，一位國家級領導人物的孫子，沒有考上預期的大學，於是在父母的安排下，堂而皇之地進入了上海復旦大學。

美國股票商莫里・陀濱。

當然這位權貴的孫子之所以能一遂其進入重點大學，是上述農村子弟獲得該大學錄取資格被剝奪的代價。筆者不知道該農村青年學子的最後命運，但可預見的是，也許從此他將被埋沒在稻田裡或是在果樹園中。但又有誰能理直氣壯地站出來，為這位曾經考取大學的農村青年抱不平？

美國女明星霍夫曼的案件之所以被揭發，原本與教育賄賂毫無關係的另一個金融案件連帶牽出來的。事關一位在加州的股票鉅賈莫里・陀濱（Morrie Tobin），因為在股票市場操作不正當交易，被檢察機構抓個正著，他主動向檢察官員交代自己曾參與的教育賄賂案件，作為減輕其股票市場非法交易的罪行。

該教育賄賂案件是陀濱委託耶魯大學曾擔任女足教練魯道爾夫・梅內迪斯（Rudaoph Meredith）設法協助其小女兒進入耶魯大學的女足隊，作為進入該大學求學的管道。代價是通過梅內迪斯向辛格支付四十五萬美元，他則從中賺取可觀的傭酬。梅內迪斯很早就已經認識了辛格。非法進入大學的程序必也就經過其私人基金會順利進行。

在聯邦調查局的協調下，陀濱和梅內迪斯在波斯頓的一家旅社中見面，聯邦調查局事先已經在會面的房間裡安裝妥當祕密錄音的設備，全程詳細地記錄了他們的談話內容，包括賄賂的金額，以及梅內迪斯和辛格的電話交談。

在交談中，辛格自豪地告訴梅內迪斯，2019年他已經為760個學生安插到不同的大學就讀，去年只有96個。言談中不僅表現出其工作的高度成效，也直接保證對方商議事宜的成功率。誠如中國人的傳統說法：「人算不如天算！」他們萬萬沒有預料到，因為陀濱的股票交易觸犯了法律，一個擁有億萬身家的富翁，為了開脫罪責，不惜爆出他為了小女兒的入學問題，作為和司法機構的交換條件，從而使數十個富有家長，不惜甘冒違紀犯法的手段，為自己的子女入學問題以身試法的醜聞大白於天下。

也許這55位家長的教育賄賂醜聞只是冰山一角，如若不是陀濱的股票市場案件，根本不可能告白於大眾，而在美國的教育市場裡，是否還有其他未被發現的案件也無從得知。

從美國到五眼同盟國家，從臺灣到中國，教育界的無法無天，歸根結底都是金錢作祟，更是權勢及金錢互為勾結串通的邪惡之作！

儘管在大多數人的眼中，「教育」是崇高的，也是清廉的。但是在權貴與金錢的驅使下，所謂的教育「崇高」及「清廉」，彰顯的只是蒼白無力的哀歎！

郵輪乘客成了超重行李！

多年來，我和妻子一直選擇聞名的郵輪周遊世界，在旅途中，經常留意到北美洲的郵輪有個特殊現象，就是超重及乘坐輪椅的旅客占了一定的比例，特別是家屬推著輪椅陪伴他們的親人，雖然身患殘疾，仍然有機會和常人一樣，享受旅途的愉快。基本上，幾乎所有的郵輪公司對乘坐輪椅旅客，都提供人性化的服務。服務人員也是抱著助人為善的態度，給殘疾人和平常人同等的服務待遇。

由於郵輪的客艙空間有一定的限制，所以對殘疾人一般都有特殊的安排，如客艙的空間較正常旅客的都要大很多。筆者和妻子就有一次在登船前，得到郵輪公司通知，特地安排了一間較大的客艙作為對我們的優待。

懷著欣喜的心情登上郵輪後，一進入客艙令我們大吃一驚。所謂的特殊優待，其實是給我們提供了專為殘疾人下榻的客艙。首先是客艙裡的主要通道牆兩側，都有金屬扶手的設施。進入到衛生間，抽水馬桶兩端都有殘疾人使用時作為支撐的扶手等設備。淋浴處的牆上也有扶手的裝置。

看到這些情景，我和妻子分析，郵輪公司給我們的優待禮遇，很有可能是他們因超售，於是用剩餘未售出的殘疾人專用客艙，作為給我們的特殊招待。結果是我們懷著尷尬的心情，並且假設自己是乘坐輪椅的旅客，在這間特殊的客艙裡，度過了十來天的航程。

至於超重旅客，在北美洲的郵輪上，早已是司空見慣的現象。美國人的超重人口比例有逐年增多的趨勢。主要是因為飲食的不平衡所導致。當然有一部分是因為身體健康原因而形成。但不管怎樣，郵輪公司在飲食的供應上，表面上也有一定的平衡安排，如甜點的製作，有的就使用化學假糖代替白糖，雖然使用假糖對人體健康多少會有影響，但這也表示他們的周全考慮。

關鍵是超重的旅客在飲食方面應有自己的節制。記得在1990年，筆者和妻子登上「荷蘭美國」公司的郵輪，作阿拉斯加的七天遊。那時候的郵輪，在運作上使出渾身解數來迎合乘客的好感。

登船後，我詳細地瀏覽了當天的活動節目，其中有一個吸引了我的注意。那是郵輪公司在最高層自助餐廳中，為乘客準備了午夜的夜宵。

在好奇心的驅使下，我和妻子上到餐廳，展現在眼前的高級海鮮及巧克力甜點，幾乎無法想像，誰能夠在半夜裡「大快朵頤」？那些海鮮裡有整隻加拿大西海岸太平洋盛產的大螃蟹，阿拉斯加的巨足蟹腿（香港人翻譯為「皇帝蟹」），還有來自大西洋的龍蝦，鮮蠔及青口。整齊地排列在櫃檯上，光看這些海鮮就能令人垂涎欲滴。

我環顧四周，餐廳裡居然是座無虛席，我夫婦從無吃夜宵的習慣，只是抱著觀賞的心情四處瀏覽，見食客們在那裡毫不掩飾地狼吞虎嚥，他們旁若無人的吃相，充分展現了東方人的「特色」。

再看巧克力的各種甜點，光顧者就幾乎是來自北美洲的退休族。我們注意到，食客的臉上都洋溢著滿足的微笑。而最引人注目的是，其中超重乘客占了大多數，而且還有乘坐輪椅來「參與盛會」的。不得不佩服他們對甜點的勇氣。

其實郵輪公司在對待超重乘客及乘坐輪椅的殘疾客人，都想方設法提供方便的服務條件，令這些客人能在旅途中和常人一樣受到尊重和平等的對待。

如郵輪在每抵達一個港口時，都會組織陸上參觀的節目。對這些參觀遊覽的節目，都有設想周到的描述，如有些項目因為地理位置的不便，或是路面的崎嶇不平，有礙輪椅的運轉，或是需要長途跋涉的，因此就建議超重旅客或乘坐輪椅的客人儘量避免參加這些項目。

所有搭載旅客參加陸上旅遊的大巴士上面，兩邊的第一排座位旁的窗邊都貼著為年長者，或是殘疾人預留的告示，一般旅客也都有自覺性，幾乎沒有人會強行占座，甚至在上下車時，都會讓第一排的乘客先上下。這已經形成了一種禮讓年長者，超重者或是殘疾人的慣例，不僅沒有任何的歧視行為，反而展現出社會上對年長者，超重者或是殘疾人的尊重。

這次我夫婦在搭乘「荷蘭美國」郵輪公司的「新阿姆斯特丹」（Nieuw Amsterdan）號郵輪到阿拉斯加七天遊時，無意間看到一個對超重旅客徵收超重的商業描述。的確在處處講求人性化的北美洲，這是個「不可思議」的新發現。

由於長期的周遊世界各地，無形中養成了參閱資料的習慣。這次到阿拉斯加已經是第六次，因為每次來發現冰川的融化程度較前一次加劇，憂慮著這可能是人類災難的預兆，所以對郵輪上提供的陸上旅遊資料，雖然不一定會參加，但總是期盼在閱讀中，是否能找到航行在這個美輪美奐大自然環境中的郵輪公司對它的保護和關心。

這個「不可思議」的新發現，和超重旅客有密切的關係，阿拉斯加有近十萬個冰川，但每年有相當多的冰川因為氣候的溫室效應而消失。所以郵輪公司和當地旅遊部門合作組織直升機從空中俯瞰冰川的旅遊專案。然而價格不菲。

如裘諾（Juneau）港的直升機空中遊覽項目，每位乘客要支付629.95美元。令筆者驚訝的是，在描寫這個旅遊項目的結尾處，公然說明計畫參加這個直升機空中遊覽的客人，如體重為250磅或是超越250磅，必需要多支付170美元。

為了好奇，我逐段逐段地閱讀下去，果然當地還有幾個空中專案收費標準分別為美元489.95、359.95、439.95及479.95，超重的旅客在參加這幾個旅遊項目，都要支付額外費用，但均沒有標明額外支付的費用額。

當筆者繼續閱讀到第二個港口史凱格威（Skagway）的陸上旅遊專案項目時，再度出現一個空中遊覽收費標準為369.95美元，體重為250磅或者超越250磅的旅客，需要加收130美元。

看完這些旅遊項目的描寫，第一個反應就是，這些超重旅客在支付了數以千計的費用，興致勃勃地參加難得的海上旅遊，可能根本從未思考過因為體重的問題，而被視為「異端」！

從那些毫無人情味，直截了當的徵收超重費，給筆者的印象就是，郵輪的旅客因為體重較高，竟然成為參加旅遊項目時被額外徵收費用的藉口。這無異於郵輪公司和港口的旅遊部門，視遊客如行李，就如航空公司限制經濟艙旅客托運行李為20公斤，超重即需支付超重托運費用。

郵輪公司的這一新舉措，無形中將旅客視為行李來對待，是對超重旅客的極端歧視和人權的侵犯！難以置信的是，這樣對待超重旅客的行為，竟然出現在一向標榜自由民主，維護人權的北美洲，而且享譽全球的國際郵輪公司成了罪魁禍首！

其實，直升機載重量有一定的限制，郵輪公司及港口旅遊部門，在描述方面應避免為徵收額外費用而使用直截了當的措辭，很容易傷害體重過高的旅客的自尊心。特別是郵輪公司，陸上的旅遊項目是由當地旅遊機構設計，既然郵輪公司公開說明，對有關陸上旅遊的內容及組織沒有任何的法律責任，那麼為什麼在推銷陸上旅遊的文字資料方面，不能作更為慎重客觀的描述呢？

如使用更為婉轉的詞彙，說明直升機的載重量，為了安全，建議超重的旅客在選擇旅遊項目時，儘量避免這些帶有過重安全係數的旅遊。如一定要參加，則要支付額外的費用。這對超重旅客的心理上，就產生了緩解的作用。

然而以商立國的美國，在金錢交易中，從不考慮他人能否接受而強制推銷。就以當前的美國總統而言，自他上任以來，不知傷害了多少他國政治領袖的自尊心，國際之間的交往成了貿易的流通。政治人物之間的談判，也降格為商業利益的計較！

既然一國領袖都能夠在國際交往中，展現財大氣粗的銅臭味，那麼郵輪公司將超重旅客視為過重行李，強徵額外費用，這些旅客就只能自認晦氣！好在這是發生在美國本土，假如任何一個國家對美國人強收過重費，可以預計的反應是，指責這些國家違反人權，沒有民主自由！

在美國，只要和金錢產生任何牽連，所有的人權，民主自由，尤其是人的尊嚴，都顯得蒼白無力！

阿拉斯加海產未來的厄運！

阿拉斯加出產的海產，都是人類的盤中珍饈。其實，在生態環境中，不同的動物種群都有相互制衡的天然平衡現象。

當人們看到成群的紅鮭魚洄游到它們出生的地方時，都會不約而同為那壯觀的景象歡呼雀躍。然而就在它們洄游的旅途中，首先遇到的是海獅和海豹的攻擊，它們在成千上萬的紅鮭魚群中大肆廝殺，滿足它們的食慾。

經過了海獅或是海豹的廝殺，倖存的魚群在抵達淡水和海水交匯處，準備向瀑布上游飛躍而抵達產卵區去完成它們最後的傳宗接代神聖使命前，又要遭逢更為殘酷的兇險。成群的阿拉斯加當地棕熊，已為攻擊它們佈陣。

它們靜靜地在瀑布底層嚴正以待，只要看到成群紅鮭魚聚集在淺水處準備跳躍時，早已擺好攻勢的棕熊，就會用鋒利的前爪，毫不費力地捕捉到肥美的紅鮭魚果腹。或者在瀑布的頂端，張開大嘴，注視著向上跳躍的紅鮭魚。只要那尾肥嫩的魚朝著它的血盆大口飛躍，那肯定最後的命運是葬身熊腹。有時候運氣好的，在飛躍時沒有對準棕熊的大口，就能幸運地躲過一劫而順利游到淡水區，去完成它的產卵任務。

阿拉斯加的棕熊在紅鮭魚洄游季節，依靠捕食足夠的魚類來補充其身體蛋白的需要，一俟紅鮭魚產卵季節完畢，棕熊就依靠當地的藍莓及草類作為食料，令其體內保存著充分的養料度過漫長的冬眠期。雖然當地狩獵的規定每年只能捕殺一千五百頭棕熊，但生活在阿拉斯加南部的棕熊群，每年所需要捕食紅鮭魚的數量仍然是怵目驚心的。

除了來自陸地及海洋的天敵外，還有空中的俯瞰惡霸，那就是目光銳利，動作飛速的蒼鷹。阿拉斯加的老鷹對捕捉海中的紅鮭魚有著敏銳的嗅覺及視覺的配合，以迅雷不及掩耳的動作，用它的鋒利爪子從水中叼起鮮活的餌食。

所以紅鮭魚在經歷了艱辛的長途旅途後，在洄游途中，面臨無法阻擋來自海陸空的三層攻擊，能夠死裡逃生而倖存的群體，最後到瀑布上面產卵後，在公魚的陪伴下殉情。所以紅鮭魚從出生到結束生命的全部歷盡兇險的過程，幾乎無人知曉。而將其作為美食大餐的人類，在大快朵頤之時，也不會對其產生任何的同情心。

瞭解到紅鮭魚的艱辛命運，加上人類的過度捕食，其產量的下降不言而喻，為了滿足貪婪的飽食慾望，肆無忌憚地大肆捕殺仍然是有增無減。

筆者聯想起在香港九七回歸之前，大批新移民選擇了溫哥華作為他們的新家。當地的石斑魚進入這些新移民的視線，進而成為最受歡迎的盤中餐。由於新移民對其情有獨鍾，近海石斑魚也就面對大難臨頭的厄運。最後要驚動省政府的漁業部門頒發條例，在一段時間裡禁止捕捉石斑魚，因為在華人的超市里，出現了半磅甚至更小還未發育成型的石斑魚，成為素來喜食小魚的中國人的最愛。

事實上，阿拉斯加還盛產多種美味的貝殼類海鮮，如中國人癡迷的象拔蚌（geoduck），科學名詞稱為Panopea abrupta；以及太平洋的大肉蟹（Dangeness Crab），還有日本人喜愛的海膽等。只是它們的盛名被當地享譽的紅鮭魚及巨足蟹所掩蓋。

既然紅鮭魚的命運如此悲慘，巨足蟹的未來也是難料。它們長期生活在數百米的深海中，而且要在零下一度半到零上五度之間的水溫中才得以生存。捕蟹的漁民往往要在風高浪急的夜晚出海，才能有豐收的機率。

自從美國政府新上任總統致力於放寬阿拉斯加西北角廣袤的範

圍內開採礦產及石油的消息爆出後，環保人士對當地動物群未來的生存環境憂心忡忡。因為那些即將開採的地區正是鹿群產幼崽的地區，也是熊類的冬眠區。一旦實施，該等動物的生存環境將嚴重受到影響。

與此同時，人類感受到大氣層的污染，以及野生的海產日漸縮減等威脅與日俱增，於是出現了人工養殖的行業。歐洲的挪威素有粉紅鮭魚行銷全球的聲譽，然而當地的鮭魚大多是人工養殖，油脂濃。因為魚肉含有激素，對人體健康會產生一定的負面影響。由於挪威政府對該類的養殖鮭魚有補貼，所以在國際上有相當的競爭力。而且挪威以外的國家，尤其是亞洲各國的消費市民，缺乏對這種養殖鮭魚的自我保護意識，甚至還產生特殊的鍾愛習慣。

美國的大西洋鮭魚，基本上也是以養殖為主，行銷到北美洲各地，甚至遠銷到海外。情況和挪威的養殖鮭魚大致一樣。近期美國一家漁業公司，和加拿大東海岸的艾德華王子島省簽訂協定，在當地養殖鮭魚。令人費解的是，這家美國漁業公司在加拿大養殖人工鮭魚，只能在加拿大當地出售，或是運銷海外，絕對不允許返銷到美國市場。

眾所周知，美國在市場中出售的所有轉基因的食物都沒有註明，所以美國人民在購買時，並不知道那些食品是轉基因，那些是非轉基因。加拿大政府卻有嚴格規定，對轉基因及非轉基因的食物都必須明文標示。市民們到市場即可一目了然。

至於深海海產如紅鮭魚，理論上都無法作人工養殖，所以在北美洲西海岸的居民基本上都瞭解，煮食這些深海的魚類應該不會有任何的健康顧慮。然而在溫哥華近郊被人發現，居然有一處專門作人工養殖深海比目魚類的工廠。從人們知識上瞭解，比目魚是深海魚，用轉基因來養殖根本不可能，所以這些人工養殖的比目魚究竟是否能食用，還沒有引起諸多的注意。

然而在利益驅使下，加拿大漁業部門發現，許多超級市場及魚產品銷售店鋪，不時會發現假冒偽劣的海產品公開出售。如北方的深海鱈魚，竟然有昧著良心的不法商人，用不能食用、品質低劣但是外貌與鱈魚極其相似的魚肉冒充，罔顧消費者的健康而賺取厚利。

筆者就經歷過搭乘「挪威郵輪公司」的郵輪七天的航程旅遊時，發現設立在頂層的自助餐廳中，每天的午晚餐提供的煎魚，居然是一成不變的羅非魚（Tilapia），旅客共食用了十四次。羅非魚原產自非洲，是極其容易繁殖的魚類，而且價格低廉，有一定的營養成分。但是在利益驅使下，全球已經有一百三十多個國家在人工繁殖羅非魚。中國的規模最大，而且大量出口到美國。

因為羅非魚含有對人體產生副作用的Omega6，以及多食後會出現身體發炎等症狀。尤其是人工養殖的羅非魚，由於飼料的使用不一，甚至有的國家使用動物排泄物作為飼料，導致一些疾病的產生。而令人費解的是，用「豪華」作為吸引旅客的國際郵輪，居然採購如此有害的羅非魚，作為旅客的主食，居心何在？

利用海產牟利的情況不可能杜絕，人工繁殖海產的動向仍然會有增無減。阿拉斯加當前的海產情況雖然前途堪憂，但仍然在可控的範疇之中。漁業部門用數位來顯示未來的走向，已經不是關鍵。重要的是人類在保護瀕危物種時的態度！因為沒有任何人具備改變大自然規律的能力，一旦生態被破壞，遭殃的不僅僅是那些陸上或是海洋中的生物，同歸於盡的也是人類自己！

我心目中的雷根夫人

近來美國總統川普，一再將美國相當一部分吸食芬太尼毒品而死亡的責任推給中國，認為美國癮君子吸食的芬太尼大部分來自中國。中國公安部門緝毒單位對美國的無理誣陷深表不滿，因為中國對芬太尼有嚴格的管理和控制，醫院的使用劑量都需要登記在案。而且美國癮君子吸食芬太尼的總量，遠遠超過中國每年准許極其微小的醫藥用量計。近期美國政府派遣負責毒品管制的官員訪問北京後，這一「嫁禍於人」的污蔑才逐步消除。

其實美國吸毒的社會問題由來以久，和酗酒，槍支濫用同為美國社會的三大毒瘤。早在1982年，時任美國總統雷根夫人，就以第一夫人的身分，開啟了保護青少年遠離毒品的號召。她曾經被一位中學女生問起，如果有人提供毒品時如何應對。雷根夫人直截了當地告訴她，只要說「不」就行了，英文的說辭是「Just Say No」。

後來這個說辭就成了反毒品的一個稱號，流行於美國的各大城市。並且影響雷根總統為遏制毒品氾濫，在1986年10月26日簽署反毒的法律檔，同時撥款10.7億美元，作為處理毒品危機的經費。

雷根夫人還受到邀請出席聯合國大會，向與會各國代表發表演說，呼籲全球制止毒品的氾濫，當然喜歡骨頭裡挑刺的西方媒體，對雷根夫人的禁毒演說仍然有負面的報導，認為她並沒有關注社會的失業及醫療保險等問題。

其實雷根夫人是出自對美國青少年健康的關注，更留意家庭在社會結構中的重要性，早在雷根擔任加州州長期間（1967-1975），雷根夫人即注意到1975年由一位名叫史立佛爾士官（Sargen Shriver）創立的「培養祖父母專案」（Foster Grandparents Program）。這是一個社會公益組織，目的是讓低收入的退休老人，能為一些青少年作面對面的教育輔導，對有問題的社會未成年人及單親母親予以協助，對早產嬰兒及有殘障的孩子給以照顧，同時對受虐及被忽視的孩子給以輔導。當然這些低收入的老人在從事公益活動時，政府支付他們適當的工資以資鼓勵。

雷根夫人是在這個社會公益組織成立兩年後，於1967年首次造訪了加州的一個中心，激起了她的愛心，後來她將出版書籍的稿費全部捐獻給這個公益組織，還舉辦了一個頗具規模的露天活動，特地邀請她在好萊塢的至交歌星演員法蘭克．辛納屈（Frank Sinatra）為與會者高歌一曲「給孩子的愛」（To Love a Child）。

這些社會公益活動以及對青少年吸毒問題的關心，居然後來成為我帶領上海少年宮的孩子們進入白宮獻演的誘因。

從1980年起，我正在開拓中國和美國及加拿大之間的民間文化交流活動。通過加拿大西海岸維多利亞城的麥克佛爾遜劇院總經理戴克強（John Dyck）的推薦，我和加州芭莎蒂娜（Pasadena）的民間團體「使節國際文化基金會」（Ambassador International Cul-tural Foundation）取得聯繫，經過瞭解，這個文化組織隸屬於「全球上帝教會」（Worldwide Church of God），與五十多個國家都有文化交流。

我第一次前往芭莎蒂娜造訪該組織時，見到了教會的負責人赫伯特．阿姆斯壯（Herbert Amstrong）。那時他已八十八歲，但精神硬朗，談吐時思路敏捷清晰，對中國問題特感興趣。為此我將受邀訪問加拿大的中國鐵道部雜技團和中國舞蹈家協會的舞蹈團，延伸到芭莎蒂娜使節國際文化基金會的大劇院（Ambassador Auditorium）公演時，座無虛席，節目受到了觀眾的喜愛。

為此奠下了和該基金會合作開拓與中國的文化交流活動。1984年的春天，我正在家中籌畫下一個演出節目，電話鈴響了，傳來的是基金會副主席艾理斯・拉雷維亞（Ellis La Revia）的親切笑聲。他告訴我稍後華盛頓白宮會給我來電話，要我在家裡等候。

不久，雷根夫人的秘書吉姆・羅斯布希（Jim Rosebush）先生給我打來電話，他告知雷根夫人將陪同雷根總統訪問中國，北京官式訪問後，總統夫婦將訪問上海。就雷根夫人在上海期間的活動徵求我意見。我問他，雷根夫人有甚麼想法。羅斯布希先生告知，有人提議參觀上海音樂學院。

我隨即提出，雷根夫人一直關心美國青少年的福利和健康問題，上海有孫中山夫人宋慶齡創辦的第一所少年宮，現在有四千多所遍佈全中國，這些年來少年宮為中國培養了不少文藝界的人才。從他的語氣中感受到對我的建議有著濃厚的興趣，並說他將向雷根夫人報告，決定後再給我打電話。

未料次日（四月十三日）即收到羅斯布希先生的電話，興奮地告訴我，雷根夫人接受了這個建議，他立即在電話上要了我的護照號及個人資訊，以及抵達上海後的聯繫方式，方便他和美國駐上海總領事館聯絡，並告知我將是雷根夫人訪問上海的隨行人員。

我簡直不敢相信這個資訊的真實性。因為早在前一年的十一月間，為了開拓中美之間的民間文化交流活動，我曾大膽地向戴克強提出，要做好民間文化交流活動，必須得到兩國政府的上峯支持才更有意義。於是戴克強接受了我的建議即致函雷根夫人，請她考慮邀請上海小朋友訪問美國，並到白宮作客。但是一直如石沉大海。

到第二年的二月，我和戴克強請「使節國際文化基金會」副主席拉雷維亞先生致函雷根夫人，及前任總統布希夫人芭芭拉發函，要求第一夫人考慮給上海小朋友發出訪美的邀請。

事情竟然有如此的巧合，在我們發出這些信件時，正是白宮在安排雷根總統對華作國事訪問之際，所以雷根夫人秘書羅斯布希先生才會向「使節國際文化基金會」徵詢參觀上海的意見。

既然白宮對我發出邀請，我立即展開赴滬的準備。並瞭解到，雷根夫人的日程，將在1984年4月30日下午三點十五分抵達上海少年宮，所以我必須提前兩天先行抵達上海，入住少年宮附近的一家酒店「上海賓館」，方便各方的安排。

上海是我的出生地，時隔近半世紀，能在這個城市陪同美國總統夫人的訪問，是我一生從未夢想過的殊榮。然而也是這座童年生活過的城市，經歷過英法兩國殖民的欺凌，居然在我陪同美國第一夫人造訪時，卻遭到上海市人民政府一位蔡姓女士的奚落。

我是按照美國駐上海總領事館外交官的提示，和上海市人民政府聯繫，就隨同雷根夫人訪問少年宮事宜，希望得到他們的支持。也許是我的華人身分，竟然遭到蔡女士的輕視，在交談中，她突然用冷冰冰的語調說：「我們知道你的背景」等語。一聽之下也引起我的不滿，於是據理地說：「對不起，我是和你就雷根夫人訪問少年宮的事作溝通，不是和公安局交易。」我們的交談就在她猛然掛斷電話後中斷。

依照美國駐上海總領事館外交官的指點，我逕自前往少年宮。到達門口，又是我的華人身分引起看門工人的懷疑，先是用不信任的眼光對我上下打量好一會。雖然我重複地告訴他，我是從加拿大專程來上海陪同雷根夫人訪問少年宮，是美國駐上海總領事館要我在這裡等著，並且告知他們已經安排我坐在雷根夫人的後面。

但那位工人臉上始終帶著刻板的神情，指著入口處大門邊的一張破椅子，要我坐在那裡。我知道再如何解釋也是徒然，只能枯坐等待。

不一會美國駐上海的總領事館外交官來到，她驚奇地問到，為什麼我坐在這個守門的椅子上。我只是輕鬆地指著那位看門工人說，是他給我安排的。

於是美國外交官引領我到早已安排的座位，指著前面的椅子說，雷根夫人抵達後，會安排坐在這裡觀賞小朋友的表演，你就坐在她後面，一旦她有什麼要求，你幫助協調。

因為在此之前，我給使節國際文化基金會建議的上海少年宮訪美時的表演節目都已有安排，而下午雷根夫人觀賞的時間較短，於是就只能在訪美的節目中挑選出一部分給美國第一夫人觀賞。

雷根夫人抵達時，整個少年宮響起了轟動掌聲，等雷根夫人入座後，表演開始，她一直全神貫注地觀賞孩子們演出的每一個節目，到結束時，我立即輕聲地問雷根夫人，是否可以上臺給孩子們講幾句話？她欣然接受，我陪同她走上舞臺，她親切的語調再次激起孩子們的掌聲。

由於舞臺上只有雷根夫人和我兩人，她的秘書佇立在舞臺下面，因此雷根夫人看到只有我站在她身邊，於是輕輕地問道：「下一步該做什麼？」

我看這是千載難逢的機會，自忖若只要雷根夫人能直接向台下的孩子們發出到白宮做客的邀請，我和戴克強籌畫了逾半年的上海兒童出訪美國的計畫，也許因此而能順理成章地圓了我們的夢想。於是我立即向雷根夫人提議，是否可以邀請「上海小大使」訪問美國？她沒有絲毫的猶疑，遂即面向台下，發出了「我現在向『上海小大使們』發出訪問白宮的邀請，等待你們的到訪。」

話音剛落，全場響起轟雷般的掌聲，整個雷根夫人訪問上海少年宮的節目達到了高潮。我回到酒店客房，也顧不得時差，立即給遠在加拿大維多利亞的戴克強撥打了長途電話，將雷根夫人訪問上海少年宮的經過做了介紹，相信他在得知詳情後，那一晚必定無法再入睡了。

第二天我即搭機直飛洛杉磯，再轉到芭莎蒂娜向「使節國際文化基金會」副主席拉·雷維亞報告了上海陪同雷根夫人訪問上海少年宮的成果。更重要的是接下來就要緊鑼密鼓地籌畫上海少年宮小朋友的訪美行程了。

由於當時中國的經濟情勢仍然處於低水準，要帶往美國演出時用的佈景製作品質極為粗糙，與孩子們演出節目的高水準極端不相稱。於是在「使節國際文化基金會」的全力支持下，所有的舞臺背景煥然一新，符合了美國劇場的演出標準。

在精心的部署下，決定上海少年宮的孩子們在訪美期間，將分別在芭莎蒂娜、舊金山、華盛頓及西雅圖四座城市的著名劇場各獻演一場，不作商業演出，全部是邀請各界人士出席觀賞。白宮的演出，是訪美行程中的高潮，時間定在5月17日下午五點，在白宮東廳舉行，雷根夫人特別邀請五百位共和黨的女性黨員出席觀賞。駐白宮的美國媒體得悉後，紛紛安排現場採訪及錄影。

由於上海小朋友的稚真活潑神情及一絲不苟的演出，每一個節目都獲得了全場的熱烈掌聲。在整個演出中出現了幾個有趣的插曲。由於雷根夫人的忙碌日程，她在演出開始幾分鐘後才進入場地。我請她入座，當時正是馬俊一小朋友在演奏小提琴，為了尊重小朋友的演奏，雷根夫人站在幕後，靜靜地聆聽著那悅耳的小提琴聲，直到馬俊一結束，雷根夫人才一面拍著手一面入座。

演出結束後，她走上前深情地接受了小朋友從上海帶去的一份禮物，挽著孩子接受媒體的攝影。再度展現她過去在銀幕上細膩入微的表情和第一夫人的端莊。隨後又和全體小朋友一起合影。

在當天晚上六點電視新聞時段，美國三大電視臺NBC、CBS和ABC播放了上海小朋友在白宮的演出過程，就那麼一瞬間全北美洲通過電視得悉上海小大使成為美國第一夫人的座上客。第二天美國華盛頓郵報，在報刊中央顯著地位刊發了雷根夫人擁抱著上海小朋友演出時的報幕員。

在孩子們啟程回上海後，少年宮收到從美國「使節國際文化基金會」副主席拉雷維亞轉去的雷根夫人親筆簽名函，時間是1984年

1 上海小朋友在白宮演出後，雷根夫人上台擁抱九歲的報幕員，筆者在旁擔任翻譯任務。
2 雷根夫人在上海少年宮觀賞兒童表演後，與孩子們合影。

6月25日。她給上海小朋友寫的信中，感謝孩子們贈送的針刺繡和雷根總統伉儷在中國訪問的照片。而且這些都將成為她和總統先生永恆的記憶。信中還提到孩子們對華盛頓之行是一個愉快的旅程，而且雷根夫人還送給孩子們訪問白宮的照片。最後祝福孩子們的未來充滿和平及喜悅。詞句中洋溢著雷根夫人對孩子們的期望。

對我來說，在一個月裡，有幸兩次分別在中國上海和美國華盛頓與美國第一夫人有了近距離的接觸，而且榮幸地成為她在上海訪問少年宮的隨行人員。領略了她的綽約風姿和善良氣質。

時隔二十年得悉雷根總統去世後，我曾有過邀請她再次訪問上海的念頭，一則是借此機會讓她有舊地重遊的機會，當時曾經和她接觸過的孩子們，也都已經是而立之年了。再度的相會必定會增添許多感人的鏡頭。但在和上海中國福利會聯繫後，他們的反應並不積極，也許在他們心目中，雷根夫人已經沒有任何的利用價值。

不過值得一提的是，在完成了這個中美文化交流任務後，我才得知當時中美兩國因為年僅19歲的中國網球選手胡娜，於1982年在

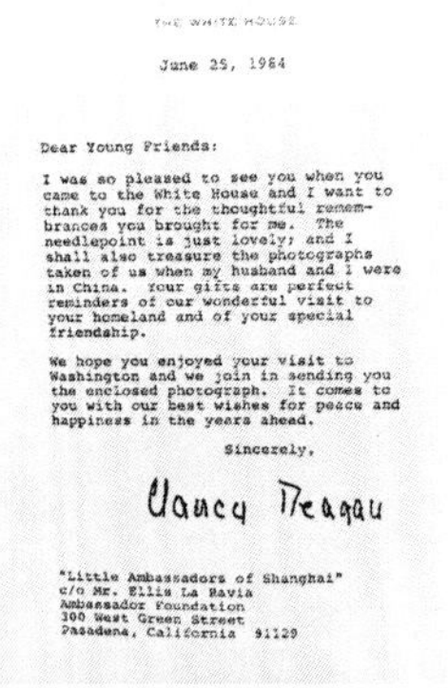
THE WHITE HOUSE

June 25, 1984

Dear Young Friends:

I was so pleased to see you when you came to the White House and I want to thank you for the thoughtful remembrances you brought for me. The needlepoint is just lovely; and I shall also treasure the photographs taken of us when my husband and I were in China. Your gifts are perfect reminders of our wonderful visit to your homeland and of your special friendship.

We hope you enjoyed your visit to Washington and we join in sending you the enclosed photograph. It comes to you with our best wishes for peace and happiness in the years ahead.

Sincerely,

Nancy Reagan

"Little Ambassadors of Shanghai"
c/o Mr. Ellis La Ravia
Ambassador Foundation
300 West Green Street
Pasadena, California 91129

雷根夫人給上海小大使發的謝函，由美國使節國際文化基金會副主席拉雷維亞先生轉達。

美國參加網球比賽時出走，經過當時在美國的臺灣律師從中推動，於次年的4月4日獲得美國的政治庇護，導致兩國之間的文化體育等交流專案全部停頓。

由於我主持的上海小朋友訪美項目，是美國第一夫人發出的邀請，礙於政治情面，這個訪問項目也就成為在中美兩國關係處於低潮時期，唯一獲得中方同意的交流活動。也是中國有史以來，迄今為止唯一一次中國小朋友獲得如此高規格的國際殊榮，並且在白宮演出他們的節目。雖不能說絕後，卻是的的確確的「空前」！

因為加州芭莎蒂娜市的「使節國際文化基金會」在這個交流活動中所扮演的重要角色，在中美民間文化交流史上，起到無容置疑的積極作用，從而促進了該基金會主席阿姆斯壯先生十一月訪問北京，在人民大會堂受到鄧小平先生的接見，成為中國共產黨領導人，首次和國際宗教人士會晤的一個範例，再度掀起另一個中美之間的民間文化交流高潮！

走筆至此，懷著對雷根夫人的記憶和敬仰，感謝她對上海小朋友的慈祥對待和關懷，相信那短短的三周美國之行，對這些孩子的成長有著無法估量的影響，令他們感受到不同的民族，不同的膚色，都擁有一個共同的期望，那就是世界的和平及繁榮。

御木本幸吉對日本養珠的貢獻

一直以來，世界各地對日本出產的珍珠都是用英文名字Mikimoto Pearl來傳遞，而御木本幸吉（Kokichi Mikimoto）的名字卻無人知曉。我和妻子也是經過親身的參觀訪問，才得知這位「養珠王」對日本的不朽貢獻。

我們參訪的動機，還得感謝三年前在香港一次文學會議中，結識來自日本的漢學教授荒井茂夫的介紹，極力推薦我一定要到京畿地區去看看。他來自三重縣（Mie Prefecture）的津市（Tsu），在當地三重大學教授漢語，並開設有「海外華文文學」課程。去年的日本行程前，曾和他聯繫，冀望能去參觀他任教的大學，遺憾的是因他要到外地去參加一個開會而失去相聚的機會。

今年我和妻子按計畫到日本參觀貝聿銘設計的秀美博物館前，曾就當地的地理位置等資訊作了分析，決定在結束參觀後，直接從京都搭乘火車到伊勢市（Iseshi）。三重縣位於日本列島中央的本州中部京畿地區（Kinki District），呈南北狹長地形，瀕臨太平洋。風景優美，歷史文化古老。

伊勢之所以吸引了我的興趣，一是當地的伊勢神宮（Ise Jingu）有逾千年的歷史，是日本天皇的祖先宗祠，分內宮（Naiku）及外宮（Geku）兩部分。

另一個令我心神嚮往的就是聞名全球的御木本珍珠（Mikimoto Pearl），它的發源地離伊勢市只有二十公里車程的海濱。主意打定，我就決定作「一石二鳥」的參觀計畫，一次的旅程，既可瞭解日本天皇傳宗接代的故事，也能一窺享有盛名的日本珍珠的來龍去脈。

御木本珍珠島海女為參觀遊客表演潛水挖牡蠣的鏡頭。

伊勢地理位置較偏，有兩條鐵路作為往返交通較為便捷。去程是從京都（車站代號為B01站）直接搭乘近鐵電車（Kintetsu Railway）到大和八木站（Yamato-Yagi）（車站代號為B26），在該站轉車即可直接抵達伊勢站（車站代號為M73）。在返回東京成田或羽田機場時，可以從伊勢站搭乘近鐵電車出發，不需轉車直接抵達名古屋車站。然後從名古屋轉乘新幹線到品川站（Shinakawa）下車後轉直達機場的火車，即可抵達旅客需要前往的機場。

御木本珍珠發源地御木本珍珠島（Mikimoto Pearl Island），位在離伊勢二十公里的鳥羽市（Toba）最南端的鳥羽灣，風景優美，海水溫度極為適宜養殖牡蠣。

早在1968年我對日本養殖珍珠就情有獨鍾。那時我獨自在日本旅行，住在東京銀座的酒店裡。銀座可謂是首都的商業娛樂中心，不僅熱鬧而且可以搜尋到日本的先進照相機。偶然之下，我見一家商店櫥窗裡有序地排列著名目繁多的珍珠首飾，不由自主地佇足在那裡細細端詳，繼而走進鋪子裡。被那花式豐富的項鍊，手鐲及耳環深深所吸引。

平生我對金銀首飾向來是不屑一顧，也幾乎吝嗇地拒絕這些生活中不是必須的奢侈品，所以在那些光耀閃爍的鋪子裡從來就不會有我的身影出現。在我的觀念中，金首飾反映出誇耀財富的土氣，而鑽石卻代表著虛偽的嬌氣閃爍。

但是在銀座的珍珠商鋪裡，我竟然感覺到，似乎那整潔的地板上，有著無法掙脫的磁性，將我牢牢地吸住。那是我第一次見到「Mikimoto Pearl」商標，也只將它看成是一間出售珍珠的商鋪名字而已，店裡的售貨員很和氣地應我要求，將一串有八十公分長的項鍊遞給我，第一次接觸珍珠的感覺是新奇有味。

項鍊上的每一顆珍珠不論是色澤、尺碼，幾乎是經過人工打造出來得沒有一點差異，接著我又看上了一副手鐲，和一對耳環。每

據瞭解，目前御木本珍珠已經在全球開設有一百多家專營商鋪。

一件飾品都展現出端莊大方，穩重優雅的氣質，假如戴在一位女士身上，真猶如是天仙下凡。

日本的商家沒有討價還價的繁瑣，只有微笑的接待。經過一陣的思考，最終我將這三件首飾帶回了羅馬。第二年（1969），這三件首飾，就成為獻給新婚妻子的禮物，也是我們結婚五十年以來最珍貴的紀念物之一，因為我從珍珠的厚重中看到了永恆的生命價值。

這次的日本行，巧合的是適逢我夫婦的金婚喜日，在御木本珍珠島上，我們體會了五十年前所購買的結婚紀念禮品的發源地，也瞭解到這位養殖珍珠的日本人士的畢生奉獻。

御木本幸吉是1858年1月25日出生在鳥羽市志摩半島，父親經營烏冬麵的製作。11歲時父親因病失業，為了幫助家庭，御木本在13歲時輟學，開始賣菜維持生計。但在海邊不斷見到海女運輸珍珠的情景，萌生出如何開拓珍珠業務的念頭。

到1878年，時值20歲，他決心以養殖珍珠作為奮鬥的目標。經過了十年的探討，在1888年，御木本下定決心，找到貸款開始了他開發養珠的人生旅程。經過不懈努力，終於在1896年獲得人工養殖珍珠的專利權。他試著將珍珠母植入牡蠣體內，終於在1905年誕生了第一顆渾圓珍珠，對他而言是莫大的鼓勵。

後來御木本的專利設備被盜，他的開發受到了極大的挫折，無法採用原來的方法進行人工養殖，但他不甘就此停擺，於是繼續探討研究，並改變了原先的養殖方法，再度獲得專利而繼續發展。

開發養珠的願望，並非御木本專有，在當地還有比他更為出色的研究專才，成為養珠業中的強力競爭對象。這中間有兩位極為出色而且具有一定成就的人物，一是木匠出生的見瀨辰平（Mise Tatshei 1880-1924），善於珍珠養殖技術，也是真圓珍珠的發明人，最大的成就是從1902年養殖了15000珍珠貝後，開始研究圓形珍珠的形成。

我們在參觀的時候得知見瀨先生獲得開發養珠的專利權，是因為他的嫁接針發明。通過住在澳大利亞的英國海洋生物專家William Saville-Kent，獲得養殖圓形珍珠秘方，在牡蠣體內的軟組織內植入珠核，牡蠣便會圍繞這珠核分泌珍珠質，形成一個珍珠袋，這個珍珠袋逐漸發育而形成珍珠。

這些含有高科技的生物解說，在我們聽來無疑是「對牛彈琴」，但從眼前擺放著的一顆顆圓形珍珠，不得不令我們對日本養珠實業的成功由衷的佩服。難怪美國的大發明家湯瑪斯．愛迪生（Thomas Edison）在1927年和御木本先生晤面時，對他培養出圓形珍珠的成就，無論從外形的圓滿或是品質的高超均和天然珍珠難以分辨真偽，因而發出了這樣的讚歎：「他發明的珍珠從生物學角度而言幾乎是不可能的！」

御木本的女婿西川藤吉（Nishikawa Tokichi 1873-1909），是一位生物專家，畢業于東京帝國大學水產動物科，並在農商務省擔任技師，專職研究開發圓珍珠和鮑魚人工受精。本著他的研究向有關部門申請專利時，才得知這一雷同的開發已經被見瀨先生捷足先登。

經過協商，最終兩人同意合作共同開發圓珠的養殖技術，並將他們的發明稱為見瀨－藤川法。御本木幸吉得悉兩位的成功事蹟後，希望能獲得他們的技術合作。但是由於受到他本身的開發條件約束，始終無法如願以償。而西川後來一直在御木本研究所集中精力研究分析真圓珠形成的原理。

御木本是在1916年才獲得西川藤吉的養殖方法，這時候他的女婿已經去世多年，御木本的養珠事業從此一帆風順，與妻子卯女（Ume）及另一位合夥人精心開發。御木本在經營養珠的時候，曾經發出過一句被全球女性感動的名言，他說：「我要讓全世界的女

御木本五重塔，使用了12760顆珍珠製作，1926年為紀念美國獨立150週年，在費城世界博覽會中展出。

士們都佩上珍珠而益形雍容華貴」！為了推動養珠的業務，他需要對社會各界提出推介的管道，於是，1899年他在東京銀座開設了第一家對外銷售的商鋪。1968年我在東京選擇項鍊及手鐲的商鋪就是這一家，但是當時對御木本珍珠的發跡故事一無所知。

接下來御木本於1913年在倫敦開設了歐洲第一家商鋪。第二次大戰後，他的專營商鋪遍佈巴黎、紐約、芝加哥、波斯頓、洛杉磯、三藩市、上海及孟買等城市。迄今為止，臺灣、加拿大等地見到的「御木本珍珠」招牌只是當地商家取得的經營權而已，不是御木本珍珠的專營商鋪。據瞭解，目前御木本珍珠已經在全球開設有一百多家專營商鋪。

在御木本珍珠博物館旁邊的商鋪裡，有一本記錄他們在全球經營的完整資訊，銷售人員會耐心地打開那本手冊，告訴訪者需要瞭解有關他們的資料。

在御木本珍珠島，最令人滿意的就是參觀那座面向大洋美輪美奐的珍珠博物館，裡面珍藏著來自世界各地，特別是歐洲的皇族所曾經擁有的珍珠皇冠和戴飾等，件件精彩而且擁有難以置信的藝術價值。

展廳中最令人讚歎的是幾座巨型珍珠藝術品，如「御木本五重塔」，是1926年為慶祝美國獨立150年紀念，在費城舉行的世界博覽會中的展品。全塔共使用了12760顆珍珠，九圈塔頂則使用了九顆白金製成，這座陳列在博物館的展品，是在1992-1993年重新仿古製成的複製品。

御木本珍珠機構，曾為世界環球小姐、國際小姐等選美活動提供珍珠，作為榮獲寶座的世界小姐皇冠戴飾，也是日本皇室採用的產品，如1994年日本皇室的佳子內親王（Kako Akishino）歡度二十歲生日時，御木本珍珠特地製作了一套價值三千萬日元的五件珍珠首飾，其中有項鍊及手鐲等，深得親王的喜愛。

我們參觀御木本珍珠島的那天，天氣極壞，日本好友荒井茂夫教授不辭辛勞冒著風雨，特地從津市駕車來和我們相聚，並全程陪我們夫婦參觀。進入博物館及銷售部門前，我們還特地在風雨交加的海濱，撐著雨傘聚精會神地望著海面定時的表演：一艘小船載著兩個海女，身著傳統的白色潛水服，他們不用呼吸面罩，就憑藉著自己充足的肺活量，先深呼吸就躍入海中，約有一分鐘後才露出水面，將手中的牡蠣放在船邊的竹籃中。兩位海女反覆輪流表演，讓參觀者瞭解到她們在養殖珍珠行業中的辛苦工作。

雖然天色昏暗，但我們仍然興致盎然地站在御木本幸吉先生的銅像前留影。在疾風驟雨中，望著他的神情，不由得將這狂風暴雨的天氣，和他一生的奮鬥拼搏相結合。經歷了艱辛的奮鬥過程，今天的御木本珍珠業，不正是雨過天晴後明媚陽光普照嗎？

結束了日本的旅程，我和妻子來到廈門。當地的大海及海鮮美食享有盛譽，我們在晚上前往中山路的步行街，尋找當地的風土人情。因為我曾有臺灣的生活經驗，臺灣流行的牡蠣煎鴨蛋，鴨血麵線和花生湯，還有可口的薑茶鴨和當歸雞，幾乎是清一色從福建流傳過去的，而且分辨不出鄉音的差別。

正在聚精會神如同身歷臺灣其境的夢一般的情景時，不遠處傳來叮叮咚咚敲打的噪音，順著那聲響方向走去，就在一家店鋪門口，幾個年輕力壯的小夥子，拿著錘子，你一下我一下地敲打著黑漆漆的牡蠣，我佇足細看，原來是用這原始的宣傳方式，吸引過路旅客的主意，招徠生意，而出售的產品就是本地的珍珠。在他們的旁邊，放著一個小盤子，裡面放著十幾顆顏色不一，大小相差甚巨的「珍珠」，價格低廉得讓人難以置信。

其實早在海南建省的那段時間，我曾幾次登島旅遊訪問，對那座中國南端海島上的風土人情，尤其是那些傳統的樸實無華生活習俗，給我留下極其深刻的印象。唯一的遺憾就是對待遊客提供假冒偽劣產品，計程車司機的蠻橫無理，令抱著興奮心理的遊客感到難言的無奈。

最不可思議的是三亞地區有一家規模極其豪華的珍珠商店，那裡的售貨人員幾乎個個具有一張三寸不爛之舌，令光顧的客人連一開始抱著的好奇感，到了店鋪後就消失殆盡。

最難以理解的是店鋪裡的商品，究竟是貨真價實還是另有所圖，客人難以下定決心購買。珍珠在中國有悠久歷史，但多是以淡水珍珠為主。南海的珍珠名揚中國，可是真偽的辨別也令人大傷腦筋。

經過了這次的御木本珍珠島的探尋，感受到亞洲的珍珠業，除了日本這一百多年來的發展，中國及南海的珍珠業幾乎是乏善可陳，甚至可說是一敗塗地。原因很簡單，人才的培養，研究的信心以及創造的堅持都缺如。

通過參觀瞭解御木本幸吉先生竟一生的努力鑽研，堅持不懈，感受到日本國民從大到科學研發、文學創作，小到細微的生活所需如家庭用品開發或飲食的配置，都抱著一絲不苟、堅持不懈的態度，直到成功為止。難怪日本是亞洲獲得諾貝爾獎最多的國家，而且其銷售的貨物也受到世界各國的青睞。

在我們瀏覽了御木本珍珠公司的展銷廳時，承蒙荒井教授的協助，向該公司的銷售人員詢問，我們1968年在銀座購買的珍珠配飾，至今已經有五十年的歷史，是否仍有保存的價值？該銷售人員不假思索地回答說，按照當前的市價，應該是在四百五十萬到五百萬日元的價值。換言之，日本珍珠的真正價值不在於其銷售的市場需求，而是一件件經久不衰的珍藏寶貝。

他在答覆我們之後，還特地告訴妻子，為了讓珍珠的生命綿延不絕，建議每次穿戴之後，必需要用乾布平均地輕輕抹乾淨。而且串珍珠的絲線也要每兩三年更換一次，同時在保存時千萬不要和其他物件放在一起，避免其他物件對珍珠的磨損。這樣珍珠得到了完善的保護，必定是「長命百歲」。他的幽默解釋引起了我們哄堂大笑。

在回酒店的途中，我不斷地在回想起剛才對御木本珍珠島參觀時所得到的印象，對御木本先生窮其一生對珍珠的鑽研、開發、推展，達到了巔峰，它不同於所有其他的裝飾，而是反映出全球婦女在佩戴時體現出的端莊高貴、含蓄文雅，受到男性尊重而崇高的美感！

世紀的相會

——憶鄧小平和阿姆斯壯會晤時的一些小插曲

1984年是我一生中最忙碌的片段，而且是忙的內容相對集中，為此我就要在溫哥華、洛杉磯、北京及華盛頓首都頻繁穿梭，幾乎大部分時間都是在航程中度過。

首先我被邀到上海陪同美國第一夫人南西．雷根訪問上海少年宮，接下來又組織上海少年宮的孩子應雷根夫人的邀請訪問美國，在白宮為雷根夫人五百位貴賓，獻演一場史無前例的兒童節目。我為上海的孩子們高興，這不僅是他們的殊榮，也是中國孩子們共同的驕傲。

為此美國芭莎蒂娜的「使節國際文化基金會」主席阿姆斯壯先生對我操辦的中國活動印象深刻，益發增進他與中國發展文化交流合作的信念。

其實自我受聘於美國芭莎蒂娜「使節國際文化基金會」主席阿姆斯壯的中國事務顧問後，經常往返於溫哥華及芭莎蒂娜航班上。每次他有重要的國際文化活動，必定令他私人秘書打電話邀我出席。在眾多的活動中，令我記憶深刻的是應邀參與歡迎泰國皇后詩麗吉（Sirikit Kitiyakara），和烏克蘭裔美籍大鋼琴家霍洛維茲（Viadmkir Horowitz 1903-1989）訪問基金會的盛會。

阿姆斯壯先生的活動遍及全球。在泰國他一直支援詩麗吉皇后推展的扶貧政策及國際合作。為此，基金會給泰國派遣英語教師，免費為當地有志青年教授英語等公益專案。她的到訪是向阿姆斯壯表達謝意。也因為泰國和中國有密切的友好關係，為此，阿姆斯壯要我出席為泰國舉辦的歡迎會目的不言而喻。

至於霍洛維茲在使節大劇院舉行的鋼琴獨奏會，更是國際文化交流中的頂級項目。當我接到電話時，對有機會和這位享譽全球的鋼琴家會面，心情激動萬分。到達基金會後，瞭解到這是一場非常正規的音樂會，出席賓客都必須穿著黑禮服。由於我一時的疏忽沒有作服裝上的具體準備，接待我的費蘭克先生，笑眯眯地告訴我，基金會事前即已和當地禮服租賃公司聯繫，派人到我的住處為我量了身材尺碼，並於當天下午就將禮服、領結、襯衫、皮鞋及黑襪子一應俱全地送到我住處。

音樂會開始前，阿姆斯壯為包括我在內的八十位「貴賓」，在劇院的入場處設宴款待。賓主在香檳盛宴歡笑中，盡享與傑出音樂家的相聚。結束後，全體進入劇院，其他受邀的賓客也陸續抵達。年逾八十的音樂家，時而坐在鋼琴前閉目彈奏琴鍵，時而起立給觀眾表演幽默動作，並站立在那裡撥彈琴鍵，他的反傳統的一舉一動引起了全場的共鳴與掌聲。

在這些高層的國際活動前，經過加拿大維多利亞市麥克佛遜劇院總經理戴克強（John Dyck）先生的推薦，我就曾將中國舞蹈家代表團和鐵道部雜技團的加拿大巡迴演出，延伸到芭莎蒂娜使節國際文化基金會，為基金會的會員們獻演獲得好評。

也因此我和阿姆斯壯之間建立起充滿信任感的工作關係。通過基金會副主席艾理斯・拉・雷維亞（Elis La Revia）先生的建議，聘請我擔任阿姆斯壯先生的中國事務顧問。為此我需要定期飛往洛杉磯再轉赴芭莎蒂娜，就發展中國的合作內容向阿姆斯壯先生作簡報。每次我去到辦公室交談前，由於他的高齡及忙碌日程，秘書先生必定會私下告訴我，會談時間控制在十五分鐘內。但是每次都至少要逗留在那裡一個小時。在我們交談期間，秘書先生總會躡手躡腳地走到門首用眼神向我示意。但阿姆斯壯先生高昂的興致，使我無法也不忍打斷他滔滔不絕的喜悅。

是1983年的初夏，我按慣例前往芭莎蒂娜向阿姆斯壯先生報告工作情況，他告訴我這些年裡已經造訪了五十多個國家，和他們的元首建立了密切關係，然後話鋒一轉，給我提出一個我始料未及的問題：「我很想拜會當今世界上一位極為重要的政治領袖。」

我立即意識到，他指的是鄧小平先生，而且是暗示要我設法進行這一個歷史性的安排。也不知那裡來的勇氣，也因為阿姆斯壯先生對我的充分信任，我竟然沒有絲毫的遲疑，就直截了當地回答說：「請你給我兩年的時間來安排。」

他聽後，並沒有再說什麼，只是面露笑容地說，他會等我的後續報告。在我回溫哥華的航程中，左思右想，感覺到之前給阿姆斯壯先生的應允似乎過於唐突，而且不切實際。鄧小平先生是一個擁有十三億人口大國的政治領袖，豈是普羅大眾中平凡的我所能承擔的重任？越往下想，我就越發的感到不安，假如無法實現阿姆斯壯的這個願望，那將是一個無法解釋的天大笑話！

不過在我跌跌宕宕的人生途中，經常在關鍵時刻會出現中國人講究的「貴人相助」。即便我不相信這偏離實際生活的現象，有時候當它出現時，又不得不令我為之折服。這次阿姆斯壯給我的艱巨任務，居然在回到溫哥華後才一天就出現一個無法解釋的機遇。

在一個酒會中，我遇到一位在西雅圖公幹的北京國企女總裁，在相互祝酒交談中，我偶爾提及這個艱巨的任務而不知所以。不料她隨即將他先生在北京的聯繫方式交給我，同時要我將赴京的日期告知，她好預先通知其先生。她先生也姓劉，服務於中國科學技術委員會，和鄧小平二女兒鄧楠在同一辦公室，兩張寫字臺面對面，每天上班都會見面。所以她要我和其先生聯繫，也許可以通過鄧楠，先將資訊傳遞給鄧小平先生。

當然這只是一個沒有任何頭緒的安排，但也不妨一試，說不定會出現意料不到的結果。於是我抱著一試的心情，和芭莎蒂娜「使節國際文化基金會」溝通後，即啟程前往北京一探究竟。抵達北京後，按照計畫先聯繫上劉先生，應該是他夫人在和我交談後，給他打了電話，從交談中，他爽快地答應聯繫幾位有關人士和我見面，我也就建議按照中國人的傳統習慣，在下榻的北京飯店設午宴款待。劉先生將中國科學技術委員會的主任委員宋健先生，和鄧小平先生的次女鄧楠都請來了，席間的交談中，意識到他和鄧家有不一般的關係。

在餐席中我將阿姆斯壯計畫訪華事宜，向這幾位初次認識的人士做了簡單介紹。劉先生打趣地向鄧楠說：「你晚上回家和老爸一起晚餐的時候，就說劉先生在安排美國友人和他見面的事。」

當然和鄧小平會面非同小可，不是他女兒幾句話就能完成，必須走政府的一套程序。晚上我獨自一人待在飯店客房裡，挖空心思琢磨著如何能不虛此行。鑒於阿姆斯壯先生不是政治人物，卻是中國向來敏感的外國宗教領袖。從我的瞭解中，自解放以來，中國政府從未接待過任何宗教人物，我甚至夢想，假如真能促成阿姆斯壯的中國行，而且和鄧小平先生會晤，那真的是破天荒的大新聞。

於是我想起了中國人民對外友好協會的王炳南會長。早在1979年就曾得到他的支援，建立了中國和加拿大之間的第一對友好城市。主意打定，次日我聯繫上王會長，老朋友見面格外開心，而且他對我的構思沒有拒絕，立即安排我和周而復副會長晤面，並從他的語氣裡，感覺到他對阿姆斯壯和鄧小平先生會晤的事給予積極支持。在我辭別時，他建議我寫一個較更具體的報告，他可依據而作進一步的考慮。

就在此時，我瞭解到孫中山夫人宋慶齡於1981年在北京逝世，為紀念她生前對公益事業的功勳，北京中央方面在1982年成立了宋慶齡基金會，首任主席為朱德元帥夫人康克清，鄧小平先生為首任名譽主席。

抓住了這個要點，我籌畫是否可協助阿姆斯壯先生拜會鄧小平先生的目的，作為美國使節國際文化基金會和宋慶齡基金會探討雙方對兒童公益事業的合作事宜，阿姆斯壯以美國基金會身分拜會時任宋慶齡基金會名譽主席的鄧小平先生，這樣雙方機構的資格相當，兩位領導人物地位也相匹配。鄧小平先生也就不必以政治人物的身分出現。

結束北京之行，我沒有回家，即直接搭乘航班飛往芭莎蒂娜，向阿姆斯壯先生作了扼要的報告後，即到副主席拉・雷維亞先生辦公室，建議他是否能安排時間前往北京訪問宋慶齡基金會，和康克清主席會面，詳細商討兩個基金會未來的合作願望。他欣然接受，並要我立即安排部署。

於是在1983年10月29日，我陪著拉・雷維亞先生夫婦啟程飛往北京，次日抵達。31日上午10點康克清主席在人民大會堂的新疆廳接見我們，接著在11點我們趕往中國人民對外友好協會拜會王炳南會長。就阿姆斯壯先生訪華時間初步定在1984年5，6月之間。

經過這次的北京行，拉・雷維亞先生對中國有了進一步的認識，也對阿姆斯壯先生訪華建立文化交流合做事宜更具信心。按照程序，下一步基金會應該向名譽主席鄧小平先生及康克清主席直接去函就訪問事宜作詳細的陳述。拉・雷維亞先生立即通知戴克強先生和我擔負擬就兩封信稿的責任，同時設計一套可行的合作項目。

經過商議，我和戴克強先生先將信件稿擬定，然後設計出在上海進行一項合作內容，當時上海市長汪道涵先生，我也曾有過交往，或許這一交流專案能得到他全力支持。

阿姆斯壯的日常工作相當緊湊，訪華的行程最後決定放在十一月較為現實。而當時中國國務院總理趙紫陽先生正在美國從事國事訪問。拉・雷維亞先生和我在舊金山的接待小組上，所以給北京的兩封信件只能等接待趙紫陽總理的任務結束後才得以進行。

我和戴克強先生經過細緻而深入的討論，最後得出一個在上海進行「金橋計畫」的提案，就是在上海籌建一個文化劇院，作為中國兒童和世界各國交流的多功能場所。當我將這一計畫告訴阿姆斯壯先生後，他非常高興，而且還準備到日本東京，和他在日本國會裡的一位資深議員好友商酌，希望得到日本方面的財政支助。

阿姆斯壯先生訪華的日程終於安排就緒，他將搭乘私人飛機在1984年11月5日，從東京飛赴北京。為了訪問的事宜萬無一失，我提前兩天先行抵達北京，並和對外友協作最後的溝通，令我最欣慰的是，中國人民對外友好協會，將以接待國賓的級別，安排阿姆斯壯先生的代表團全體成員在釣魚臺國賓館下榻。

代表團一行十餘人包括拉・雷維亞夫婦，阿姆斯壯私人秘書，飛行小組及私人醫生及護士。他的座機預定當天下午四點三十分抵達北京。所以我吃過早餐後，就一直在客房裡待命。十點左右電話鈴響了，對方是拉・雷維亞的聲音，告訴我一清早阿姆斯壯的心臟病發作，值班醫生告知暫時不能乘坐飛機，需要觀察後再作決定，如他的病情好轉，抵達北京的時間恐會延後，告訴我稍後再通電話。

收到這一資訊後，我呆坐在房裡，心緒亂成一團，擔憂在最後一分鐘因為這突發情況，半年來的辛勤奔波都化為烏有。萬一阿姆斯壯真的無法成行，將無法出席當晚六點宋慶齡基金會康克清主席在人民大會堂歡迎阿姆斯壯先生等一行的歡迎晚宴。

為此，我立即撥電話告訴友協，說明阿姆斯壯先生在東京的特殊情況，我沒有提阿姆斯壯先生能否抵京的懸念，只是請友協轉告宋慶齡基金會將晚宴的時間推遲一小時。

此刻我坐在客房裡，突然回憶起之前和周而復先生談起的一些細節。周先生是作家，也是書法家，從事對外交流業務多年，經驗豐富。我向周先生提出，由於阿姆斯壯年屆九十，而且他出行都是乘坐自己的私人飛機，所以還得請友協設法與北京機場等有關部門，商討專機在北京和上海兩機場的起降安排。當然這比安排和鄧小平先生會晤要難得多，其中尤其牽涉到領空，空軍管轄，及機場的一系列協作都不是文職機構輕而易舉的步驟。

經過友協及宋慶齡基金會的努力，阿姆斯壯先生乘坐私人飛機訪問北京的問題迎刃而解，而且同意阿姆斯壯先生可以乘坐他的私人飛機從北京前往上海。就在當年春天，雷根總統結束北京的國事訪問後，按照中國法令，他必須乘坐中國方面安排的專機飛往上海，總統的座機「空軍一號」只能空機飛到上海待命，雷根總統伉儷結束上海的訪問日程後，再乘坐他的專機飛返美國。

阿姆斯壯先生的專機能夠被允許從北京直接飛往上海是非常特殊的禮遇。我在陪同阿姆斯壯先生乘坐他專機飛往上海途中，從窗外望去，見到兩架中國空軍的戰機護送阿姆斯壯先生的專機。我們在機艙裡見到這情景，都為阿姆斯壯先生的中國行感到無限的光榮。

經過近兩小時的艱辛等待，電話鈴再度響起，拉・雷維亞先生傳來了好消息，阿姆斯壯先生的病情得到控制，他們將在半小時內起飛。放下電話，我立即撥了電話告訴友協，阿姆斯壯先生將在晚上六點抵達北京。

當我在機場看到阿姆斯壯先生慢步走下舷梯的時候，終於舒了口氣，他的神情似乎什麼事都不曾發生。抵達釣魚臺國賓館，車輛在專為我們一行布置好的大樓前停下。由於國賓館樓層很高，而且沒有電梯，所以前一天我在瞭解整個大樓的情況時，特別要求該大樓的服務部門，在樓梯中間的轉彎口放置了一張有扶手的椅子，以備阿姆斯壯先生上樓時，萬一疲累，可以坐下來休息片刻。

果不其然，我這安排還真派上了用場。當阿姆斯壯先生上樓走到轉角口時，他坐下了。神情有些疲憊。見到我後，他用詼諧口吻對我說：「弄不好我這次要死在中國了！」說完後他還做了個鬼臉。在辛勞的旅程後，他還能展現幽默的神態。

稍事休息，我們一行即驅車到人民大會堂。抵達時，康克清主席及榮高棠、高登榜及吳全衡等領導層早在那裡等候。因為時間已很晚，沒有進行寒暄等繁文縟節，即直接入席。我見到康克清主席和前次會見拉·雷維亞先生伉儷時的裝扮一摸一樣，她梳著的仍是革命時代「清湯掛麵」髮式。一身深灰色的短衫長褲，腳上是一對布鞋，展現的是樸實無華，令人肅然起敬。

康主席用歡迎國賓的宴會標準宴請阿姆斯壯一行，在入席前，他的護士悄悄地告訴我，因為阿姆斯壯先生上午在東京的心臟問題，所以晚上要減少飲食的份量。但是中國人在歡迎貴賓時，必定會給客人夾菜以示尊重。所以我注意到康克清主席一上桌，就從十六個冷盤中，每盤中夾一塊放在阿姆斯壯先生的餐盤中。而西方人的禮貌是，必定將主人敬奉的菜肴吃個乾淨，以示賞識主人宴會的菜肴。

我坐在阿姆斯壯先生的正對面，因為護士事前的提醒，我沒有心思享受那些菜肴，只一心注意著阿姆斯壯先生的「埋頭苦幹」！心裡只是著急。幾次我想前去提醒阿姆斯壯不必將盤中的菜肴吃得乾乾淨淨。但又擔心我的離席會被看成不禮貌。

美國使節基金會主席阿姆斯壯在釣魚臺國賓館養源齋設宴答謝宋慶齡基金會主席康克清等合影。後立者右十為筆者。

等到開始上熱菜時，我先看了一下宴會菜單，感受到為了阿姆斯壯先生的健康，我就顧不得失不失禮的規範了，於是我向康主席走去，輕聲告訴她，今天上午阿姆斯壯先生在東京的情況，而且他的護士一到北京即給我提醒，阿姆斯壯今晚不能進過量的飲食。

康主席得知詳情後，「嗯」了一聲，一直到宴會結束，她沒有再給阿姆斯壯先生夾菜，我才得以有機會嘗了後面的幾道菜肴。

11月6日一天無事休息，對阿姆斯壯先生來說是好事，可以調整一下旅途勞頓，病後的休息。但是和鄧小平先生的會晤卻沒有確切的時間。我不禁起了疑竇，這會晤的安排會否有變化。正在思考不定時，友協副會長周而復先生來訪，把我拉到一邊，帶著幾分嚴肅神情，用迂迴的口吻，似乎在問我，阿姆斯壯先生在會晤鄧小平先生時，有無任何的表示？

但這不是我可以隨意發言的內容，只告訴他，阿姆斯壯先生準備了一座水晶雕塑，和兩本照相本，相本裡是上海少年宮兒童們的訪美記錄。他接著問還有沒有其他的表示，我只是說其他的事宜就不是我職權範圍內所能參與的。此刻我意識到為什麼和鄧小平先生的會晤遲遲未能落實。

記得我向阿姆斯壯先生報告在北京安排他的訪問日程時，曾提議他是否可參照美國的慣例，即參加總統宴會，或是和總統合影時，必須支付一定的費用。如果他同意，可以帶一張支票，在和鄧小平先生會晤的時候，視當時的氣氛再作向宋慶齡基金會捐贈的考慮。他沉默了片刻，簡單地告訴我：「讓我考慮一下。」

接著他問我認為捐贈多少數字較為合適。我很坦率地回答他，這件事需要他自己決定，因為我若提出過高的數字，很可能引起他以為我有幫中方之嫌；如我建議數字過低，又可能會影響中方對芭莎蒂娜使節國際文化基金會的地位。他聽後沉思片刻說：「那好吧，我先和艾理斯商量一下。」

和周而復先生周旋之後，當天下午得到了確切消息，明天（11月7日）上午鄧小平先生將在人民大會堂會見阿姆斯壯先生一行。

這是個天大的好消息，除了阿姆斯壯先生外，幾乎每個基金會的成員包括飛行員、醫生和護士都眉飛色舞，興奮不已。那一晚釣魚臺國賓館代表團下榻的大樓裡籠罩在喜悅的氣氛中。

在抵達人民大會堂之前，代表團每一個成員的心情都不免帶有不同的緊張成分，因為要會見的人物，不僅是中國的國家領導人，更是全球深受尊重舉足輕重的政治明星。進入大會堂後，整個樓層裡除了代表團之外別無他人，大會堂的莊嚴氣氛，更增添幾分神祕的感覺。

這時會見大廳的大門敞開，鄧小平先生和善地朝我們走來。首先令我驚奇的是，他身邊只有一個警衛，不如我們想像中的那麼大擺陣杖。友協的翻譯介紹兩位世紀老人後，鄧小平先生握著阿姆斯壯先生的手，親切地說：「他們告訴我你年已九十，我比你小八歲，按照中國人的傳統習慣，你應該是我的大哥哥。」

話音剛落，因為他的真切幽默，引得周邊每一個人哈哈大笑。原本肅穆拘謹的氣氛，一時間轉化成輕鬆愉悅，鄧小平先生拉著阿姆斯壯先生的手，一同步入大廳。按照程序先完成合影，即坐下暢所欲言。

我坐在那裡一直注視著兩位長者的輕鬆交談，整個45分鐘的會面，如同家人的團聚。更注意到鄧小平的煙癮非同一般，在整個會談過程中，他一共抽了六支，但他的吸煙習性很特別，幾乎從不將煙吞下，而且整支煙只抽到一半就熄掉。另外他的穿著，和康克清主席一樣，簡單樸實。灰色的中山服，配上一對皮鞋，體現這位一生為革命事業奉獻的前輩，奉行的是簡樸的生活方式。

兩位世紀長者毫無拘束的談笑風生，令我感動得熱淚盈眶，曾經三起三落的革命鬥士，雖然經歷了令人難以理解的政治迫害，但他眉宇間展現的仍然是堅毅無私的精神。

在結束會晤前，阿姆斯壯先生從西服內口袋裡，取出一個信封

1 鄧小平在人民大會堂會見美國使節基金會主席阿姆斯壯前彼此握手。

2 鄧小平與美國使節基金會主席阿姆斯壯代表團會晤前合影。阿姆斯壯左手邊為康克清主席，右一為筆者。

3 美國使節基金會主席阿姆斯壯在會晤後，向鄧小平贈送禮物水晶雕塑及上海少年宮小朋友訪問美國的圖片記錄，由筆者（右一）手執等待贈送。鄧小平甚為高興，與阿姆斯壯主席握手表示感謝。左一側身者為康克清主席。

親自交到鄧小平先生手裡，並且說到，這是對宋慶齡基金會一點小小的奉獻。我事後才得知，阿姆斯壯先生向宋慶齡基金會捐獻了十萬美元。在1984年，這不是一筆小數目。接著阿姆斯壯先生又將一座水晶雕塑贈送給鄧小平先生，另外還將基金會製作的兩本相簿，記錄著上海少年宮兒童們訪問白宮及美國西海岸的演出和參觀內容。鄧小平先生非常高興地接受了這些極具歷史意義的禮物。

然而就在結束訪問後，阿姆斯壯代表團一行正整裝待發飛往上海。周而復先生突然對我提出一個難以想像的要求，他說，今後凡是美國使節國際文化基金會的捐獻，是否可以在支票上寫兩個收款單位。

開始我還故意裝聾作啞地問道，要寫那兩個單位？他說，收款單位應該是中國人民對外友好協會和宋慶齡基金會。

他的這一提議不僅令我驚訝，而且感到不可思議。我籌畫了這麼久的專案，純粹是為中國兒童創造和外界交流的機會，我實在不明白為什麼周而復先生要為中國人民對外友好協會爭取這個我對阿姆斯壯先生難以啟口的要求？

與此同時，他的建議激起我不妥協性格的反彈，沒有作絲毫的考慮即脫口而出：「周先生，我想你和我都處在同一個立場，就是為中國兒童做一些幕後的工作。至於美國基金會的捐款將來是否會繼續進行，我不得而知，而那也只是宋慶齡基金會和美國使節基金會之間的工作。」

我說完後，他的臉神告訴我，也許我失言了。但既然已經說了出來，也就沒有必要去擔憂任何的後果了。在我們抵達上海進入錦江飯店後，感覺到我在北京的失言在上海出現了應驗的後果。首先美國代表團的每一位成員，包括飛行員，醫生及護士都被安排在頂樓的總統套房，唯獨我被安置在二樓的小房間裡，那是中國旅遊部門專為導遊及司機休息的房間。

這還不打緊，等代表團都上樓後，我的行李箱在大樓進口廳堂裡遍尋無著，最終發現是被留在大門口的汽車道上。我只得無奈地將行李拖進房裡。

過不多久，整個代表團下樓準備外出用餐，在大廳堂裡見到我，都一致問我怎麼沒有看見我上樓。我無法吐出內心的感受，只能輕描淡寫地告訴副主席拉・雷維亞先生，上海認為我是全團的陪同，所以安排我住在導遊的客房裡。我還帶著他參觀了我的「套房」。拉．雷維亞先生抱不平地說：「這對你有欠公允。」

我只聳了聳肩：「不要緊，反正就是一晚過夜而已。」

等我們用畢餐回到酒店後，正準備午休時，拉．雷維亞先生要我和他一起上樓。進入到他的客房，他指著放在牆邊的幾個罎子，問我是否可以幫他處理。原來那是周而復先生贈送給每位代表團成員兩罈「女兒紅」，這是中國著名的紹興酒，而且深受中國人的喜愛，但對西方人士就是另一回事了。

我恍然大悟，周而復先生對我的態度，從北京到上海竟然是180度的大轉變，我突然從外籍人士轉為中國接待外賓的陪同。但在美國人面前，我還是以大局為重，只是直率地說明，因為加拿大海關對酒的進口管制很嚴，而且有一定的限量。所以我建議他不如將這些酒罈留在客房裡，讓清理房間的服務員去處理就行了。因為代表團有自己的專機，這些昂貴的「女兒紅」最後的命運如何就不得而知了。

芭莎蒂娜使節國際文化基金會結束了中國的訪問行程，我們搭乘阿姆斯壯先生的私人飛機飛往東京，在那裡拜會了阿姆斯壯先生的多年老友，在他的官邸商議如何能得到日本社會對上海「金橋計畫」提供支持。

遺憾的是阿姆斯壯先生回到芭莎蒂娜後不久即因病臥床，我對上海的文化交流一事能否實現感到焦慮。其實在東京回來後不久，我得到北京傳來的消息稱，中國人民對外友好協會表示有爭取「金橋計畫」的合作意願。

果然當上海市長汪道涵先生到加拿大訪問，我邀請他共進早餐時，他詼諧並略帶無奈的口吻對同桌的中國總領事安文彬說：「我和劉先生還有一個過節」。經解釋，原來準備在上海進行的「金橋計畫」，也被北京的中國人民對外友好協會爭取過去，誰是中間的撮合者也就不言而喻了。

然而合作項目因為阿姆斯壯先生的逝世而從此「胎死腹中」。他從中國回到芭莎蒂娜後即一直臥床，但仍然主持教會及基金會的日常工作，同時在思考接班人的人選，大家都猜測在任的副主席拉・雷維亞的呼聲最高，我也感到如果他能繼任阿姆斯壯，主持教會及基金會的工作，由於他已經訪問過中國，而且參與了和鄧小平會見的場合，有助於實現阿姆斯壯先生在中美兒童交流合作的願望。

然而阿姆斯壯在去世的八天前，他在病床上主持了最後一次董事會的視訊會議，他沒有將重任交給跟隨他多年的拉・雷維亞先生，而是委任了教會中捷克裔的傳教士迪卡奇（Joseph W. Tkach）。

阿姆斯壯逝世後，和中國的文化交流也從此如同斷了線的風箏，聽不到任何的聲息。原來阿姆斯壯先生親手交給鄧小平先生的捐款支票也出現了極為尷尬的變化。

美國使節國際文化基金會新任捷克裔主席，給我打來電話要我立即去他辦公室會面，我懷著幾分不確定的信心但又滲入了一些懷疑的複雜心情登上飛機。果不其然，抵達使節國際文化基金會後，從他那嚴肅裡帶著不信任的眼神，以及應付式的握手，第六感告訴我，阿姆斯壯先生的那份慈祥從此不再。

坐下後，他沒有任何的寒暄或是問候，即單刀直入地問到那十萬元捐款，面對這位難以應對的宗教人士，我只簡單地回答稱，我只是在阿姆斯壯先生會見鄧小平先生時，看到阿姆斯壯先生將支票親手遞交給鄧小平先生外，其他我就一概不知了。

接著他提出一個極其幼稚而又膚淺的問題，令我難以想像這位新主席對國際事務的認知度，他命令我設法將這支票從宋慶齡基金會要回來，我未置可否完成這一任務即辭出。後來我陪一位使節基金會的工作人員同赴北京，任務是向宋慶齡基金會索回這筆捐款。在航程中，我將阿姆斯壯先生親手將捐款支票交給宋慶齡基金會康克清主席的來龍去脈告訴這位工作人員，而且我特別強調，康克清主席是「中華人民共和國」，開國元勳朱德元帥的夫人，如何向這位德高望重的前輩索取捐款，就要看他的造化了。

我們抵達後，先和宋慶齡基金會聯繫好，我們即驅車前往，抵達後，我安排工作人員去拜見康克清主席，我則留在會客室裡等他。在回酒店途中，他歎息著告訴我，在見到康克清主席後，理智告訴他，於情於理都無法讓他啟口索回這筆捐款。他並且安撫我，回去後他回如實地將拜見康克清主席情況用書面呈交給迪卡奇主席。

而北京那邊廂，美國捐贈的款項一直沒有被動用的信息。1986年2月我正在北京公幹時，從人民日報上看到「中紀委決定開除周而復黨籍」的報導和另一篇評論，是因為他在東京訪問時參觀了靖國神社，除了開除黨籍外，還撤銷他的中國作家協會副主席及所有其他職務。對這條新聞我一則感到震驚，一則不敢完全相信。從我和周先生接觸以來得到的觀感是，雖然他對我有一些奇特的誤解，在我的心目中，他是一位值得我尊敬的學者。

當然事情的演變最後出現了峰迴路轉的情況。1986年我率領一個美國中學生軍樂團訪問北京結束前，剛接任中國人民對外友好協會會長的章文晉先生，特別安排了惜別宴會為美國中學生軍樂團餞行。

章文晉先生是中國的資深外交官，從抗戰期間，就擔任過周恩來總理的秘書兼翻譯。他夫人張穎則是周恩來總理的行政秘書。夫婦兩非常厚道誠懇。中加兩國在1970年建交後，章文晉曾出任駐加拿大大使（1973-1976），後又出任駐美大使（1985-1987）。在出任駐美大使不久，就出現了網球選手胡娜出走申請政治庇護的棘手事件，中美兩國之間的交流工作幾乎是完全中斷。

這時候我籌畫的上海少年宮兒童，在美國第一夫人南西雷根的邀請下，順利赴美訪問，並在白宮作了史無前例的演出，章大使為此倍感欣慰，我也未料到這個民間的交流工作，居然成了他大使任內一個小小的民間活動，從而令我們之間的友情益發貼近。

在宴請美國中學生的惜別會上，我們坐在一起，交談中提及上海少年宮兒童訪美，以及阿姆斯壯先生訪華，受到鄧小平先生接見的諸多回憶。也因此我將阿姆斯壯先生的捐款後續工作中出現的一些枝節向章會長作了簡單的敘述。他聽後緊鎖著雙眉未發一言。

第二天中午時分，我在酒店客房中工作，章會長派他的秘書給我送來一封簡箋，只用了簡單的幾句話，告訴我今晨回協會後，立即找到財務部門工作人員查詢，果然阿姆斯壯先生捐贈的十萬美元仍然在友協的帳戶中分文未動。章會長立即令財務部門將該筆捐獻款項轉到宋慶齡基金會的帳號裡。我手握著他的信箋，心裡不僅感到溫暖，更感佩他當機立斷的仗義舉措，解除了宋慶齡基金會的尷尬處境。

其實在得知周先生的不幸遭遇後，我曾打電話給他的薛秘書，將我的分析請薛秘書轉告周而復先生，從發佈的新聞中，特別是日本讀賣新聞的報導，我分析周先生之所以遭到這樣無情的打擊，是受到日本左右兩派人士的夾攻。先是「有人」親自安排他參觀靖國神社，而左派人士得悉後，就將實情通知了中國駐日本大使館，而陷周而復先生於不義。我還建議薛秘書到有關部門找一下當時的讀賣新聞，將報導的內容轉告周先生，也許可以找到恢復名譽的可能性。

既然在章文晉先生的協助下，阿姆斯壯先生的捐款圓滿解決，而當時因這筆捐款，造成周而復先生和我之間的一些微不足道的隔閡，我認為也應該是前隙盡釋的時候了。於是在後來的一次赴京公幹時，在他的秘書安排下，我和周而復先生在沙灘紅樓再度見面。紅樓是1918年落成的中國第一所國立北京大學的北大院。著名的北大圖書館就設在這裡。

在會客室裡見到周先生，雖然離上次見面並沒有多久，卻有如隔世的感覺。他往日的官府尊嚴已不復存在，從低沉的談吐中反映出的是一介平民的謙虛謹慎。我們交談了片刻，儘量避免過去曾經的「遺憾」。臨別時，他的秘書遞給我一個紙包，打開來一看，竟然是他埋首多年完成的一部有關抗日戰爭的巨作——「上海的早晨」，共一套六卷。我翻開第一卷的首頁，他用工整的書法，寫了我的名字，並簽了他自己的名字。

那是一次愉快的相會，也是我們唯一的一次再相聚，從此我們沒有再見。2004年他在北京去世，但在2002年他得到了平反，恢復了共產黨黨籍。當我捧著周先生贈送的大作，走出沙灘紅樓時，心情激動不已。回憶短短的兩年內，為了一遂阿姆斯壯會見鄧小平先生的心意，為了促成中美兩國兒童未來的交流活動，我幾乎陷於官場的是非之中。

撫今思昔，三十年的光陰已去，這些我曾面對交往過的政治及宗教人物皆已隨風而逝。阿姆斯壯先生是1986年去世的，接著王炳南先生於1988年撒手人寰，章文晉先生1991年病逝，康克清主席1992年仙逝，阿姆斯壯先生接班人迪卡齊在1995年也離世。鄧小平先生在1998年去世時，只留下遺言將遺體捐獻給醫院做解剖研究，眼角膜留下給生者移植，然後將遺體火化撒入大海，不留任何痕跡。

在寫這篇短文時，我心情仍然是澎拜不已。回想起在人民大會堂見到鄧小平先生的那一刻起，曾經發生的種種，如同幾個小插曲串聯在一起的一幅美麗的畫卷。慈祥的阿姆斯壯先生，樸實無華的鄧小平先生，厚道樂觀的康克清主席，寬厚正直的章文晉先生，率直爽快的王炳南先生，都是這幅畫卷中栩栩如生的不朽人物。

最值得念念不忘的是，在周而復先生受到打擊之後，我決定帶著捐輸成見和謙卑的心情，走入沙灘紅樓，和周而復先生握手問候。他贈送給我的著作，都表達了「盡在不言中」的重拾友情。

至今在我的記憶中，周而復仍然是我尊重的前輩和敬仰的老作家。這說明人與人之間，用正面的態度相待，一切的誤會都能迎刃而解。多一個朋友勝過多一個冤家。

見證了複雜的人生，回憶起來，不禁會啞然失笑！

我曾有過翱翔藍天的夢！

打自孩提時代，我就有經常仰望天空，看飛機在藍天白雲中飛行的嗜好，心裡就會連帶浮起有一天自己也能在藍天中飛翔的念頭。

長大後，在眾多行業中，我有過翱翔藍天的夢，這是一個偶然經過臺北松山機場所引起的夢寐以求的奇想。那還是在求學階段，對未來充滿各種不同的憧憬，但也有不少的踟躕，因為不知自己的未來究竟將走向何處？

最後，雖然我不得已從事心不甘情不願的工作，對翱翔天空的追求仍然有增無減。有一次，我在機場送于斌總主教出國訪問時，看到航機從跑道上飛向天空時，我就暗暗對自己說，我一定要成為一名飛行員。

但是我從小就被數學的低能所牽制，許多和數學有關的職業都輪不到我，甚至後來就是在夢想飛向天空的時候，發現自己連在機場當一名飛機修理工都不夠資格。

但我沒有失望，我始終不渝地朝著飛翔天空的目標在奮鬥，而離開臺灣的時候，原先為了節省旅費，我選擇了辛苦但便宜的輪船。然而被人莫名其妙密告為「匪諜」的污蔑，幾乎毀了我赴歐求學的前程。

在最終轉危為安後，為了在香港趕搭法國商船的航期，我只得咬緊牙關，買了飛往香港的機票。那是我第一次搭乘飛機，初步圓了飛上天空的夢想。那次搭乘飛機的心情很矛盾，一則是喜，夢想著從此能作為乘客而翱翔天空，但一則是憂傷，在飛機旁和大姐的擁抱，就是生離死別的悲痛。

在以後的歲月裡，我從歐洲飛向其他各國，也曾飛越大西洋到了英國，更飛向萬里之遙的太平洋彼岸，我為此樂而不疲，在飛行時，除了觀賞窗外的雲朵外，就是看書或是睡眠。很多時候在睡夢中被飛機的顛簸喚醒，我感覺到如同躺在搖籃裡的嬰兒，享受著母親愛護的搖曳。

很多人對乘坐飛機心理上都會有不同程度的恐懼和驚慌。而我從未有過常人對飛行的負面想像。與之相反，每當乘坐飛機，我都會將它當成生命中的最大享受。

始料未及的是，我從未意識到，居然在度過「知天命」的歲月後，竟然和航空公司結下了不解之緣，給我生命中留下一段「痛苦」和「幸運」交相糾纏的回憶。

1984年我全力促成美國使節國際文化基金會主席阿姆斯壯先生和中國國家領導層重量級領袖鄧小平先生的會晤後，該基金會對我的工作讚賞有加，而賦予我更多的責任。其中一項是安排基金會上層的機構，「全球上帝教會」每年都選擇到世界各地舉辦一年一度的秋季宗教節目。這是猶太教按照聖經的敘述而舉辦的。時間是九月底到十月中，必須按照猶太日曆進行。猶太日曆和中國的農曆基本相似，都是360天。

因為阿姆斯壯的成功訪華，使節國際文化基金會建議我是否可設法組織在中國舉行他們的宗教活動。他們很清楚中國政府的宗教政策，特地強調稱，這只是一個閉門的活動，不會向中國社會開放。

我接到這個建議後，暗忖這又是一個難以想像的挑戰。於是我又飛到北京，經過多方的探討，結論是，假如我去拜訪宗教局，肯定是碰一鼻子灰。與此同時我卻得到一個資訊，中國三自教會愛國運動委員會設在南京，負責人是頗有聲望學者型的教會人士丁光訓主教。

丁光訓主教是上海人，畢業於上海聖約翰大學，並在美國獲得神學博士學位。經過中國人民對外友好協會的協助，我獲得丁光訓主教的電話號碼，於是主動給他打了電話。在交談中，他對我組織美國教會的年會在中國舉行非常感興趣。

在交談時，他主動要我別和中央的宗教局聯繫，因為他們的顧慮太多，不可能會接受我的要求。他建議我不如將這個活動移師南京，並且允諾給以支持。同時他告訴我，南京剛有一家新的五星酒店落成，位置就在南京市中心新街口。這家新酒店有750客房，而且有可供應千人的會議場所。

這無異是天大的喜訊。於是我在該新落成的「金陵大飯店」預訂了客房，並買了飛往南京的機票。剛一入住，得悉該新酒店的總經理，就是曾經在蘇州擔任過市政府秘書長職務的周鴻猷先生。我在1980年推動蘇州和加拿大維多利亞市結為兩國之間第一對友好城市時就認識了。老朋友見面分外高興。

當他得知我將會有一個數百人的美國團到訪時，立即雙手抱拳作揖並說：「你真是我的救命恩人了。」

他告訴我，金陵大飯店落成已經有大半年了，但生意極其清淡。因為南京在當時不屬於一線旅遊城市，而且當地的經濟狀況也無法吸引大批客人入住。我的計畫雖然還沒有最後定奪，但因為有丁主教的全力支持，可行性的程度很高。

原本以為只是紙上談兵的空想，未料到一次的南京之行，就成為事實。拉·雷維亞副主席非常高興，立即組織工作人員配合我的任務。因為是第一次在中國舉辦宗教活動，吸引了他們的會員，結果有580多位登記參加，和原先計畫的兩百人多出一倍不止。

因為人數眾多，一架航機肯定無法搭載全體人員一次飛往南京。那時候中國民航剛開通飛往洛杉磯的航班。我有意讓美國客人體驗一下中國客機的內容。之所以有此動機，還得提一下1960年在臺灣的經歷。那是我第一次搭乘飛機從臺北飛往香港，飛機小還不算，我唯一一次自臺灣搭乘飛機，竟然不是中國自己的航空公司，而是二次世界大戰協助中國抗日的美國飛虎隊，戰爭結束後在中國開設了民營航空公司，取名為CAT。

1978年12月，我首次啟程回故鄉探秘，由於從加拿大溫哥華到北京沒有直航，必須先搭乘加拿大太平洋航空公司航班到東京，再換乘中國民航的航班CAAC飛往北京。出於民族的感情和自幼年以來所遭受日本侵略，及在上海生活在法國殖民統治下的自然反應，我在飛往北京的航程中，第一次感受到搭乘中國航空公司的飛機，雙眼滿含著淚水，感觸良多。連服務人員給我送茶水幾乎都沒有聽到。我抬頭望去，服務員是一位中年的女士，她提著一隻鋁壺給我斟茶，雖然動作粗獷了些，我卻感受到無比的親切。這不就是自己的同胞嗎？

處於對中國航空事業的期望，既然美國教會有五百多位會員前往中國，那就應該為中國民航極力爭取這個千載難逢的機會，經過我的三寸不爛之舌，拉·雷維亞先生終於同意了我的建議。於是我和駐紐約的中國民航辦事處聯繫，商議一個優惠價格提供給教會的成員。

為慎重起見，我親自提著五百多位會員的護照到舊金山中國總領事館辦妥簽證，又攜帶著這些護照飛到紐約，和中國民航駐美機構負責人張乃嶸及林修先生見面，並購妥了所有的往返機票，順利地交給使節國際文化基金會。

一連三年，使節國際文化基金會的教會年會都在南京舉辦，在會議期間，他們閉門開展自己的活動，會議之餘，還組織了北京，蘇州及上海等地的旅遊參觀節目。參與的會員個個精神抖擻，情緒高昂。給中國政府留下非常正面的形象。

也因此我和中國民航建立了深厚的友情，特別是駐紐約辦事處的幾位領導層官員，日後都成為無話不談的誠摯好友。

教會第三個參訪團在南京結束他們的年會後，先後在無錫、蘇州和上海參觀旅遊，最後一站抵達北京。負責接待的中國國際旅行社，在他們離開中國的前一晚，舉行了一個充滿惜別之情的晚宴。

就在晚宴開始前，旅行社的負責人告訴我，今晚會有幾位中國民航的領導人出席惜別宴會，而且指定要和我坐在一起，說有要事相商。待客人到齊後，我發現中國民航的幾位人士，就是在紐約辦事處結識的朋友，他們都已經任滿回國。從席上的交談中，得知中國民航計畫開通北京和溫哥華之間的航線，他們也因為我長期生活在溫哥華，對當地情況自然熟悉，通過前幾次的業務合作，彼此之間建立了相互信任的感情，所以他們徵詢我的意見，是否可以協助中國民航進行這個通航的任務。

協助美國教會三次在中國舉辦宗教年會後，我滿以為可以略微休息了，萬沒想到就在歡送第三個團體的前夕，我又面對另一個更為繁重的挑戰。雖然這和我夢寐以求的藍天翱翔毫無關聯，但因為牽涉到航空事業，要我拒絕這個我認為是上天恩賜的「挑戰」，可不是一件容易的事。

我告訴他們在三天後回加拿大之前，我一定會給他們一個確切的音訊。經過慎重的思考，而且在沒有任何經驗的條件下，我終於勇敢地擬定出一個初步計畫。中國民航原本計畫在五月通航，但距離籌備只有不到半年的時間，我認為即使可以進行通航，結果就有可能和美國通航時空機飛返北京的窘境。

於是在相互商議討論，還要說服中國民航領導層接受我的意見，確實是費了不少周章，最後決定在1987年9月6日舉行。我秉持的理由是北美洲有社會生活慣例的傳統。七八月間，很多人外出旅遊，經過精神的休整，九月份社會開始活躍，辦理通航活動較易得到共鳴，並能收事半功倍的效果。

確定了通航日期，我就要開始著手進行一切活動的細節。當我坐下來籌畫時，發覺要完成這個任務並非我想像那麼簡單，甚至可以說是非常複雜。首先我必需要以行內的身分來進行，操辦起來方能有「名正言順」的招攬力。

但是這些年裡，除了進行一些文化交流活動外，為宗教會議也曾辦理過機票等業務，但那也只能看成是「票友」性的活動。所以我和妻子商量，有必要開辦一家旅行社，才能為中國民航舉行通航典禮，因為這裡面還牽涉到出售通航時的首航機票。

按照政府規定，開設旅行社，主持人必需要有從事旅遊業兩年的經驗，如果主持人沒有任何經驗，就必需要聘用一位富有兩年經驗的從業人員，也就符合政府的要求。

既然已經允諾中國民航進行通航典禮，就沒有退縮的餘地，於是我利用一個月的時間，緊鑼密鼓地尋找鋪面，物色有經驗的旅行社從業員，申請旅行社的營業執照等等，幾乎令我沒有喘息的機會。總算天從人願，最終人員安頓妥善，營業執照也到手，我就可以擬定逐步推廣的宣傳步驟。

為了達到最高的效果，我在飛往北京談判通航的詳情時，順便購買了六十八面中國國旗，並向中國民航要了28面中國民航的航徽旗，另外還預備好一面超大的國旗，一併帶回到溫哥華。我即和溫哥華國際機場總經理佛蘭克．奧尼爾（Frank Oneill）先生商議，如何將這68面國旗和68面加拿大國旗交叉懸掛在通往機場公路中間的路燈柱上，28面中國民航航徽旗則懸掛在機場正門首各重要位置。至於那面超大的中國國旗，我請求總經理將機場門首前懸掛加拿大國旗的旗杆，在九月六日給我使用一天，在中國民航航機首航抵達時，每一位中國客人可以體會到加拿大對中國航機表達的歡迎。經過磋商後，總經理允諾給我使用。

要將通航典禮製造出一些高潮，就有必要舉辦文化交流的專案，給中國民航增添高水準的文化形象。我瞭解到首航客機除了出席典禮的領導層官員外，機艙有大量的座位空閒著，於是我向中國民航要求提供30-40個艙位，給中國文化演出團體往返溫哥華北京之間航程使用。

為此我和奧菲歐大劇院訂好演出契約，舉行三場演出，但不對外售票作商業演出。每場2800座位，全部用來招待各界觀賞。應邀的來賓除了三級政府官員外，大部分都是旅遊界人士及大溫哥華地區的養老院退休長者等。

我沒有邀請北京、上海或是廣州等大城市的演出團體，心目中認為這一個榮譽應該給二三線城市幾乎沒有出國機會的演出團，讓他們能借此隆重項目到海外吸取經驗。我選擇了內蒙古自治區赤峰市的歌舞團。一則我極喜歡少數民族的歌舞，再則內蒙古自治區主席布赫先生是老朋友，邀請赤峰市歌舞團，也是對布赫主席的文化交流工作的支持。該團體聽到此消息後，都不敢相信一個落後又偏僻的小城市，居然受邀到加拿大為中國民航通航獻演。

經過了八個多月的部署宣傳，作為一個毫無經驗的旅遊從業者，居然在距離通航前的一個月，將首航飛返北京的航班機票全部售罄，連頭等艙都沒有一個空位。我最初的計畫是組織第一個乘坐中國民航首航班機去北京七天遊的旅行團，當時預計能售出一半的艙位就非常滿意了。機票售罄的消息完全是始料未及的斬獲，而且還有五十多位旅客要搭乘第二班航班飛北京。

赤峰市歌舞團團員向筆者獻哈達，象徵友情。

九月六日一大早我就抱著既興奮又激動的心情到達機場，等候首航班機的降落，一路上看到中加國旗在公路燈柱上懸掛著，顯得莊嚴而且是充滿喜氣洋洋的氛圍。到達機場時，又看到民航航徽旗在微風中舞動，我仰首望見那高聳的旗杆上，一面巨大的中國國旗在風中飄揚，使我心情更形澎湃。

終於在我的努力下，代表中國的航空首航班機將在溫哥華機場降落，架起中國和加拿大之間的空中橋樑。值得安慰的是，自1978年從東京到北京的航班上那一刻，到今天中國民航無論在機型及飛行國際間的航線都有了飛躍的進步，而我能參與期間，也是一個販夫走卒無上的榮耀。

赤峰市歌舞團帶來的節目是以蒙古族的音樂舞蹈為主，三場共八千四百多位觀眾幾乎被蒙古演員的精彩表演所傾倒。我邀請溫哥華市長坎波爾出席，在演出前宣布「中國周」，作為對中國民航通航的祝賀。

航班抵達的當天下午，我在溫哥華會議中心舉辦了一個五百人的開幕式酒會，由親自執行首航的中國國際航空公司總裁徐柏齡先生主持。需要說明的是，這時候中國民航已經正式改組為「中國國際航空公司」，徐柏齡在民航中是一位資深的飛行員，多年來他一直擔負著為國家領導人出訪時執行飛行的重要任務。所以他這次和加拿大通航親自駕駛首航班機，也是加拿大的榮譽。

當酒會臨近結束前，他在臺上呼叫我的名字，我沒有走上台，卻以迅雷不及掩耳的速度向衛生間跑去。等酒會結束了，徐總裁問我剛才叫我名字好幾遍，怎麼沒有得到我的回音，我只是輕鬆地告訴他，當時我因內急去了衛生間。我知道他要我上臺，只是要向我致謝，可是在我的內心告訴自己，中國民航和加拿大通航，是徐總裁的殊榮，更是國家的榮譽，至於我只不過是在履行一個公民最基本也是最樸實的職責，沒有必要去將這份榮譽攬在自己的身上。

值得安慰的是，當我得知徐柏齡總裁回到北京後，曾經召開一次中國民航的處級幹部會議，報告他親自駕機飛往溫哥華首航的經歷。他感性地告訴與會者，和加拿大首航，是中國民航與世界各地通航歷史中，唯一一次首航返回北京時滿載而歸，就是和美國通航時，也只是零零落落地載著幾個旅客。所以他在大會中還特地提到我的名字，認為此次首航的成功，我應該是厥功甚偉。我很感謝徐總裁對我工作的認可。

徐柏齡總裁抵達歡迎晚宴時與筆者握手。

從通航的那天開始，除了繼續我最喜愛的文化交流外，經營旅行社成為我身心上的極大負擔。不是因為工作的忙碌，而是我要費盡心機應對歷任中國民航派駐在加拿大的總經理公開或是暗示的要求。

首航典禮結束後，中國民航曾經就是否應將北京到溫哥華的航班，延伸到多倫多航線的計畫向我徵求過意見。我很實際地將市場分析告訴他們，通航剛起步，應該先將北京和溫哥華之間的業務穩定後再考慮第二步。何況加拿大航空界，並沒有同意將溫哥華到多倫多航線一段上落旅客的權利交給中國民航。

所以即使中國民航有意將航線延伸到多倫多，也只是空飛，不但沒有任何的收益，卻還要增加機組乘務人員在這一段航線上的極度浪費。令我吃驚的是，民航最終並沒有接受我的善意建議，而直接將航線延伸到多倫多。形成每週兩班的航程需要三到四組機組乘務人員的調動，而且每個機組乘務人員十七八人，需要在溫哥華或多倫多空住五天，憑空為中國民航增加一筆賠本的開銷。

之所以會出現這樣的安排，無非是原來派遣到溫哥華配合我進行首航任務的經理時樹生，到了溫哥華後即開始為自己未來落腳點暗中策劃，在通航還沒有舉行前，他就已經飛往多倫多去作延伸航線的布置了。這位經理在中國國際航空公司經營兩年後，任期屆滿回國之前，他選擇了羈留不歸，在多倫多定居了，為他買單的卻是國家航空公司。

三年後，中國國際航空公司派遣國際銷售部門負責人到溫哥華瞭解業務實情，在和我見面時，他坦率地說，這三年裡就因為開設了溫哥華和多倫多之間的空飛航程，航空公司虧損了三千萬人民幣。所以這次來加拿大，決定停止兩地的飛行業務，時隔三十年，中國國際航空公司仍然保持北京和溫哥華之間的航運。但那三千萬人民幣的虧損禍首，卻仍然在多倫多逍遙自在！

從1987年到1999年，我苦心經營了十二年的旅行社，最終落下帷幕退出旅遊界的舞臺。在這十二年裡，值得我回憶的是，經過誠心誠意地經營，我的旅行社從籍籍無名的一個小鋪子，一躍而成為名列前茅的批發商。我不禁對自己刮目相看，也對自己具備經商的「天才」而「沾沾自喜」。銷售機票及中國旅遊的業務從溫哥華一地，逐步推展到全北美洲。在我全力以赴的經營下，中國國際航空公司的機票銷售居然占了25%的份額，這就難免遭到社會上同行的側目。

值得自豪的是我親手培養的十二位公司成員，每一位都鍛鍊成銷售經營的能手，在我結束行業後，其中好幾位都能自立門戶，繼續他們的奮鬥。

我之所以在旅行社經營到巔峰的時候，採取了激流勇退的決心。原因是一，是在一次和幾家航空公司的領導層共餐的時候，我側耳聽到他們在商討半年後，航空公司計畫不再向旅行社支付售票的傭酬，旅行社需直接向旅客購買機票時收取手續費，取代航空公司停止支付的傭酬。這使我感到也許旅行社的黃金時代將成明日黃花了。

更促使我儘早收檔的原因是中國國際航空公司的駐加拿大總經

理，一個比一個難纏，一個比一個胃口大。當時中國大陸正逢貪腐嚴重到無以復加的地步，瘟疫般地蔓延到海外。為了避免這傳染病的感染，我必須採取隔離措施，於是決定將旅行社出售。

值得欣慰的是，在我鞠躬下臺半年之後，航空公司停止給旅行社支付傭酬的計畫果真付諸實現，之前對我突然結業的同行頗不理解，此時他們才恍然大悟。

儘管經歷了十二年的辛勞經營著我最不喜歡的行業，但從這個既費神又乏味的旅行社，我學到了如何忍受不同客人的態度，從而領悟到做人方面「包容」的神聖。

更令我欣慰的是，在歪打正著經營著旅行社的時光中，因為我每年因公而乘坐飛機的時間占去我生活中大部分時間，從而實現了自幼即嵌入腦海翱翔藍天的夢想，雖然不是自己駕駛著飛機，但也在遺憾中聊勝於無。

離開旅遊界已經二十年有餘，我的生活也從忙碌中歸於平靜，現在幾乎每年在世界各地飛翔旅遊，經營旅行社的過程教會了我，每次在安排自己的旅程時，至少我可以避免許多航空公司給予旅客不合理的待遇。與此同時，每當我在溫哥華機場看到中國國際航空公司的航班停在機坪上時，很自然地腦海中會出現對中國航空事業發展成世界前列的民族榮譽感。

也感謝中國國際航空公司賦予我為其在加拿大安排通航的機遇，給我圓了翱翔藍天的「半個夢」。

金門炮彈鋼菜刀的冥思

過去每次到臺灣時，總會有前往金門一遊的意願，可是當提及要安排旅程時，空中及海上的交通設施，就成了我下決心的阻力。於是金門之行就成了生命中未完成的「交響樂」！

直至這次到廈門旅遊，發現從廈門到金門搭乘快船只要半小時即可抵達，而且每半小時就有船隻啟程。主意打定就和妻子直接上廈門「五通碼頭」。船票價格的便宜令人難以置信。每人只要人民幣95元，而回程也只需325元新臺幣。上船後查看票據，才得知我們是購買了年長者的優惠票。

在打定主意到金門的前一晚，我們在廈門的酒店商業服務中心，就金門的參觀內容做了些概括性的瞭解。被告知金門有「三寶」，是大陸遊客的最愛，就是「一條根」、「炮彈鋼菜刀」及「金門高粱酒」。

所謂的「一條根」是當地製作醫治風濕或是肩周炎的中藥，有敷貼的膏藥，有如同萬金油似的塗擦的油膏，妻子因為有肩周炎，所以立即買了試用，不料剛一塗擦後，嘴唇皮立即有麻麻的感覺，而且出現浮腫現象。嚇得她急忙到洗手間沖洗。「金門高粱酒」不是我們的首選，所以只有敬謝不敏。唯獨那質地一流的金門菜刀吸引了我們的注意力。

在下船辦完入境手續後，走出碼頭，眼前所見只是一片猶如農村的寧靜，因為沒有任何的旅遊資料，佇立在那裡感到手足無措，要了一輛計程車，原本計畫去免稅商店購買菜刀，就是這次金門之行的任務。

司機是本地人，他在公路上一直想說服我們光顧菜刀，一條根和金門高粱的專賣店，從事了近三十年旅遊業務的經驗告訴我，這位司機目的是想從那些商店中抽取一些傭金。目睹當地遊客的零零落落，我沒有拒絕他的「好意」，就將他的計程車權當作為我們的包車，一直到下午四點送我們回碼頭。

實際上如果沒有交通工具，實在無法完成任何的計畫。主意打定，我們就開始了「一條根」商店和炮彈鋼菜刀的搜索。當然司機因為我們的大方也欣然給我們開車帶路，的確在不到半天的時間裡，對金門的幾個「戰爭年代」留下的痕跡作了蜻蜓點水般的參觀。

所謂用解放軍在1958年對金門炮擊留下的炮彈鋼製作的菜刀，現在仍然用炮彈鋼來宣傳，無非是利用顧客的心理而達到銷售的目的。何況這家菜刀鋪子是1930年開設的，但炮彈鋼是1958年發射而留下的。

金門出售鋼菜刀的商鋪大廳仍舊用舊炮彈作號召。

我還記得當年解放軍的炮擊數量，幾乎令金門的土地都被炮彈殼所淹沒。所以該菜刀鋪子，在進門的大廳中間，設置了一座圓臺，上面擺設了不同尺碼形狀的炮彈殼，是最佳的宣傳道具。我在店鋪裡曾琢磨了一會，原因是那些菜刀不菲的價格，令顧客難以置信。但既然來了，也就顧不得價格的多少了。

當我在檢視菜刀品質的時候，我的思維驟然回溯到早已忘卻的1958年金門炮戰那一刻。那時候我在臺北求學，為了生計，經過在香港一家小報擔任駐台主任的堂兄推薦，我進入該小報成為駐台的通訊員，賺取微薄稿費支持我求學的用費。

金門8.23炮戰爆發的消息傳到臺北，整個臺灣島陷入了擔憂和恐懼的境界中，堂兄問我有沒有膽量前往金門，撰寫幾篇戰地的報導。年輕氣盛的我當然沒有過多的考慮，何況這可能是我正式踏進新聞界的難得機會。於是請堂兄為我申請前往金門的手續。

當一切就緒後，正期待著出征的興奮和盼望。卻在出發的前一晚因感冒而發高燒，無奈之下我只能等下一撥的機會。而第二天從新聞上看到一則幾乎無法相信的前線報導，卻讓我不寒而慄地吁了口氣。原本我和其他三位新聞記者乘坐的登陸小艇被廈門解放軍發射的炮彈擊中而傾覆，艇上遞補我缺額的記者和其他三位全部遇難。

因為戰局的變化，我沒有再接到前往金門採訪的資訊，也因此和這個固若金湯的戰爭小島緣慳一面達半個多世紀。直到今天才一夙心願。

與妻子興奮地登上可搭載百人的快船駛向金門。在航程中，環顧四周，見到一些金門的居民攜帶了大包小包，估計是到廈門購買日用品。另外聽到一些旅客的交談，應該是大陸赴金門的旅客。

筆者在莒光樓前留影。

他們的交談中，話不離三句就是要購買金門三寶的期盼。

為我們帶路的司機很憨厚，開著車帶我們參觀了胡璉將軍紀念館，古寧頭戰爭紀念館和莒光樓紀念館。在注視展出的圖片及解說時，我的思維也隨著回到那段殘酷無情的歲月裡。

如今陳設在紀念館四周的戰車等武器，雖然都已是歷史的陳跡，對那段歷史有過糾結的參觀者，都會感到這些已經斑駁的武器，似乎也如同當地百姓一樣，它們的沉寂就是和平期盼的象徵。

因為開車的司機在和我們交談時，不止一次地表達出當地百姓盼望和平過好日子的心願。從我們的行程中，感受到金門的空氣裡是一片寧靜。雖然當地仍然沒有超越五層的高樓，因為居民擔憂戰火的重燃。然而昔日的碉堡土堆，如今上面栽種了樹木，路旁的往日壕溝，也是滿布鮮花，昔日的轟隆武器陳列在那裡，彷佛他們的任務是在向旅遊者和當地人傾訴，往日的戰火將不再重演，它們不希望再看到鮮血和斷肢殘臂。

說真的，過去的是一場沒有勝者只有諷刺和愚蠢的戰爭，失去家庭，財產的都是自己的親生骨肉，贏得勝利的是西方國家。我們在廈門從環島路上前往碼頭時，看到路旁「一國兩制，統一中國」的紅色標語，而小金門「三民主義，統一中國」的標語遙遙相對，這不正是另一種諷刺和愚蠢的政治宣傳？也是老百姓厭惡的口號，兩邊的中國人熱切期待的是在永恆的和平環境裡，安度寧靜舒適的生活！

事實上，中國早已實現了孫中山的三民主義理想。君不見孫中山的建國大綱和建國方略中所提的諸多建設，一個個地在中華大地展現在人民的眼前。長江三峽水壩不就是孫中山的夢想！六縱六橫高鐵建設，每天運載著成千上萬的旅客馳騁在每一個角落。

早在一百年前的孫中山理想，正在中國共產黨的領導下逐步實現。臺灣的「三民主義，統一中國」標語原本是為了自我標榜臉上貼金的宣傳，殊不知正因為夜郎自大的精神作祟，卻將這個自以為是的標語成為自我抹黑的展現。

在告別金門之前，注意到碼頭上有一個鮮為人知的行業在暗中進行。那就是大陸遊客為了多帶高粱酒，願意支付一百元新臺幣的報酬，請搭乘快船的旅客能施以援手！司機問我是否有興趣幫忙？我沒有正面回答，只是淡淡地笑了一下。

這次我和妻子的金門之行，還有一個完成心願的目的，就是期望能找到西班牙托雷多古堡贈送的銅牌。之前我曾在本欄目中的文章中提到過，西班牙托雷多古堡中發生的戰爭故事。那是1936年西班牙的內戰，古堡被共和軍包圍，守軍將領的兒子被共和軍所綁架，命令其向守衛古堡的父親喊話，要他向共和軍投誠，被其父拒絕，而且要兒子為國家犧牲。

最後這個年僅十六歲的孩子被共和軍殺害，但最終其父取得了勝利。共和軍在西班牙內戰時是屬於左翼的組織，所以守衛古堡就是反共的戰爭。因此通過天主教南京區總主教于斌的協調，該古堡和臺灣的反共堡壘——金門結為友好的戰地。

我在西班牙求學時，曾在該古堡中見識過金門贈送的銅牌，而一直希望看到西班牙贈送給金門的銅牌願望始終未能如願以償。

這次滿以為能夠實現蘊藏在心中近六十年的夢想，但最終還是引以為憾。據莒光閣的工作人員告訴我稱，有關8.23炮戰的這段歷史，應該是保存在8.23的紀念館中。由於時間的短促，如要前往一探究竟，有可能會趕不上回廈門的最後一班快船航程，所以我和妻子只得將這個探密願望，留在下次的行程中。

經過了近八十年的戰爭和發展，西班牙最終擺脫了法西斯的統治，也澈底消滅了直接由蘇聯控制的共產黨政權，成為君主立憲的政府，參與了歐洲共同體，雖然仍然遭受到地區分裂主義的干擾，但是和當年內戰時代不幸的政體相比，整個西班牙享受著近代史上難得的繁榮發展。

相比之下，金門雖然已經和廈門互有往來，廈門給金門淡水的補給，解決了當地水資源的缺乏，而且從大陸前往大批遊客的造訪，也給金門「三寶」創造了可觀的收入。

然而戰爭的陰影似乎仍然籠罩在金門百姓的心中。雙方的大紅宣傳標語也給對方製造不少的精神和心理壓力。稍有理智的都會感受到，既然都是炎黃子孫，沒有必要將那已經投入歷史垃圾桶裡的戰爭恐懼和威脅重新拾回，而且也沒有那個政治人物願意去挑起已經埋葬的戰爭醜事！

既然一方願意放下身段為蒼生謀福利，那麼另一方是否也可以放棄投靠西方及日本強權的依賴心態，坦誠布公地攜手合作？像金門的鋼菜刀一樣，憑藉鋒利的實力，一致對外，創造出一個億萬百姓共同的願望——繁榮富強的民族！

在返回廈門的航程中，短短的海峽巨浪波濤，我腦海中突然現出1979年5月在金門服役的林毅夫，抱著籃球衝破逾兩千米寬的海峽到達彼岸，改變了他的人生，實現了他為國家奉獻的願望。

當然他的出走導致臺灣對他的憎恨，甚至在他出走逾二十年後，在2002年還給他追加「叛逃」的罪名。

那一年他的父親在宜蘭去世，家人希望政府能用「寬大為懷」的態度允許他回台奔喪，但是這一個最謙卑的要求都被拒絕。林毅夫只能在北京跪拜遙祭父親。

在他得悉被臺灣軍方列為「叛徒」的消息後，林毅夫只是淡淡地表白稱：「為了中華民族的復興，我願意背負十字架，不過，我希望這一歷史不幸能早日結束。」

坐在船上，望著海洋，腦海中反覆這林毅夫的願望，似乎和我的期盼殊途同歸。但是，這也許只是我的「一廂情願」，又或許是我的「癡人說夢」！

阿拉斯加海產的魅力！

阿拉斯加的郵輪旅遊，是北美洲的一大熱點，每年五月到九月底從溫哥華啟航的往返旅程，幾乎是高朋滿座。一周的航程旅費不菲。它吸引著來自世界各地的旅客，主要是阿拉斯加的大自然，尤其是數以十萬計的冰川令人嚮往。

筆者和妻子在上世紀九十年代，應公主郵輪公司（Princess）的邀請，從溫哥華先飛到阿拉斯加近北部的費爾班克（Fairbank），從那裡搭乘阿拉斯加觀光火車「金星原野快車」（Goldstar Wilderness Express），大約120英里路程到南部的蒂娜麗公園（Denali Park）。整個行程風光迤邐，山脈雄偉壯觀，引人入勝。

觀光火車分上下兩層，上層是通透的玻璃車頂，坐在車廂裡對鐵路兩邊的風景遠眺近觀一目了然。旅客坐在那裡一面淺酌美酒，一面瀏覽窗外的美景，尤其對久經煩擾都市糾纏的人們，來到阿拉斯加可以說是脫胎換骨的大好時光。

觀光火車下面一層是豪華餐廳。旅客不必擔心午餐時間，到用餐時，服務人員會上來請旅客們下樓入座。餐廳裡的餐桌都鋪上潔白的臺布，閃亮的刀叉餐具及酒杯和餐巾布，早已在每個席位上有序地排列著。

午餐的內容除了生菜沙拉之外，主盤是產自當地的野生動物肉，有鹿肉，熊肉和野豬肉等。這都是當地人士的所愛。當服務員端上來時，撲鼻的是那鮮美的醇香，可以判斷出，野生動物肉是經過精心調配，用上好的紅酒烹製。但我對於野生動物肉素有排斥心理。主要是長期以來對野生動物保護的意識所支配，不免疑心這些野生動物肉，有無經過衛生部門的檢疫。所以當餐廳裡的旅客都在盡情享受美食的時候，我只是靜靜地飲著紅酒，生菜沙拉就成為我填飽腸胃的主菜了。

也就在旅途中，我輕輕地問妻子，為什麼他們不提供阿拉斯加的著名海產？當地的高品質紅鮭魚（Sockeye Salmon），那是地球上獨一無二的珍貴海產。原住民千百年來即以此為生，並依賴秋季燻製好的乾紅鮭魚過冬。

在加拿大的西海岸，鮭魚共分四種不同級別，而紅鮭魚則名列前茅，但是和阿拉斯加的紅鮭魚相比仍然是略遜一籌。因為受到海水污染的嚴重影響，加拿大的紅鮭魚產量急遽下降，而且紅鮭魚的健康情況令人擔憂，甚至溫哥華近海的紅鮭魚都發生皮膚癌症的警示。

相對的在阿拉斯加，紅鮭魚的健康素質堪稱首屈一指，而且整個地區空氣品質優良，紅鮭魚的肉質令人愛不釋手，而且當地還出產由紅鮭魚提煉出來的Omega3。

我們第一次品嘗阿拉斯加的煙熏紅鮭魚，是在1990年時期，搭乘荷蘭美國郵輪公司的「羅特丹」號郵輪上，那次的午夜海鮮夜宵的確令我們震驚不已，稱之為舉世無雙的「海鮮盛宴」一點都不誇張。但那也是在歷次搭乘郵輪的經歷中，絕無僅有的經驗。

說起阿拉斯加的鮭魚，就是一部當地原住民的文化歷史。在天寒地凍的環境裡，鮭魚是原住民的生命泉源。在五種鮭魚中，有兩種是屬於亞洲系，如加拿大西海岸的鮭魚，可以集體遊到日本東京灣，四年後回游到西海岸，再逆流而上產卵繁殖後代。

阿拉斯加的鮭魚共有五種，紅鮭魚在種群中最受原住民歡迎，因為其肉質好，營養豐富，而且產量大。主要分布於阿拉斯加近西南角的布里斯托爾海灣（Bristol Bay）。既然很多人都對當地的鮭魚情有獨鍾，那麼就有必要作深入瞭解。

首先對位居榜首的紅鮭魚作簡單的介紹。它的學名是

Oncorhynchus Nerka，前面一個字源自希臘文，意思是「倒鉤」，而第二個字「nerka」則源自俄羅斯文，意思是「溯河」。充分說明了鮭魚從產卵到出遊，回游等循環生活方式。

今天在一般人生活中，對紅鮭魚都稱之為「sockeye」，但在原住民中，有不同的習性稱呼，有的稱之為為紅鮭魚，也有稱之為可卡尼鮭魚（Kokanee），更有的稱之為藍背鮭魚（blueback）。它們在淡水中成長到青年期時，即開始遠行，可以遊到距家鄉一千六百公里外的海域，可以成長到84公分長，體重在2到5公斤左右。四年後再回游，到達海水及淡水交界處逆流而向上飛躍。在公魚陪伴下產卵，完成使命後即共赴天國。現在鮭魚產卵的地區，已經被列為遊覽勝地，公母魚的殉情壯烈場景，令不少遊人動容。

其他四種鮭魚的種類分別依序為：粉紅鮭魚（Pink Salmon），當地原住民稱之為（Gorbuscha）；

犬鮭魚（Dog Salmon），一般市場上均稱為（Chum），而原住民則稱為（Keta）；奇努克鮭魚（Chinook），原住民稱之為（Tshawytscha），及科赫（Coho）也稱為銀鮭魚（Silver Salmon），原住民稱之為（Kisutch）。

鮭魚的繁殖及捕撈，已經成為阿拉斯加的經濟一大支柱，每年給當地帶來億萬的收入，而用紅鮭魚提煉出來的Omega3製成膠囊，成為遊客購買煙熏鮭魚後第二大熱銷產品。

其實阿拉斯加海產的魅力還不僅僅是鮭魚，當地的巨足蟹更受遊客的青睞。巨足蟹在阿拉斯加共分四種，分別是紅巨足蟹、藍巨足蟹、金巨足蟹及猩紅巨足蟹四大類。其中以紅巨足蟹最受歡迎，它的甲殼身軀約為11英寸，巨腿的跨度可達5英尺，確實是甲殼海產中的佼佼者。

將之稱為「帝皇蟹」，應該是香港食客的傑作。香港人喜歡用傳統但又誇張的形容詞來描述一些珍奇動物。由於紅巨足蟹的龐

阿拉斯加巨蟹餐廳製作蟹腿的現場。

大體型，造就了香港人在餐飲業中將阿拉斯加巨足蟹轉化成「帝皇蟹」的機會。實際上英文的巨足蟹的King本身是形容詞，形容物體的巨大而已，根本沒有絲毫封建的「帝皇」含義。

阿拉斯加的紅巨足蟹科學名詞應該是Paralithodes Camtschaticus，又被稱為Kamchatka King Crab是因為它主要群居在堪姆恰特卡（Kamchatka）而得名，以及諾頓峽灣（Norton Sound）阿拉斯加東南海峽等地區。 每只巨足蟹有五對長腳，第一對生長在前方，是捕捉食物的大鉗子，中間三對主要是為爬行用。最後一對長在身後的甲殼下，母巨足蟹用這對巨足來清潔其子宮的工具，而公性巨足蟹的巨足則具有傳授精卵的功能。

由於氣候的暖化，過分的捕撈，以及海水的污染，導致阿拉斯加紅鮭魚及紅足巨蟹的產量逐年下降，除了引起原住民的生活擔憂外，阿拉斯加的有關部門也為此憂心忡忡，直接影響其財政的收入，也因此造成兩種海產價格的急遽上升。

筆者六次到阿拉斯加旅遊，特別注意到阿拉斯加州政府所在地裘諾上山纜車站旁邊的一家海產餐廳，它最初在碼頭旁經營露天小吃攤位的時候，一隻煮熟的巨足蟹腿15美元，由於經營得法，該餐

筆者在從小攤販發展成的巨蟹餐廳前留影。

廳主人將露天攤位移到現在的室內餐廳，在旅遊季節，要一嘗巨足蟹腿，需要耐心地排隊等候半小時左右，才能一飽口福。單價已經上漲到27.75美元。

在眾多的人為破壞生活環境中，阿拉斯加的紅鮭魚和紅巨足蟹產量的下降，已不是單個的現象，更不是一個用「憂慮」兩字就能打發的危機。

墨西哥的巧克力蛤蜊

提起蛤蜊，幾乎所有的人都會有一個共同概念，那就是一種不起眼，也端不上正餐桌的海味。

尤其是遇到吃一口蛤蜊，嘴裡立即布滿了沙子時，對這個海裡的貝殼，更是不敢領教。假如將蛤蜊和海參、龍蝦、鮑魚等所謂的一流海產放在一起，那肯定沒有它的一席之地。

在墨西哥臨近美國邊界的下加利福尼亞（Baja California），有一個小城羅雷多（Loreto），是當地政府極力開發的旅遊城市。由於地處偏僻，能提供給旅客的內容除了高爾夫球場之外，乏善可陳，然而高爾夫球不是一般遊客所能承受的熱衷，所以旅遊機構就從土特產巧克力蛤蜊方面動腦筋了。

眾所周知，下加利福尼亞是一條狹長的半島，位於美國聖地牙哥的南邊，它的東邊是科爾特斯海灣（Sea of Cortes），西鄰太平洋，但土地荒蕪貧瘠，是美國歷史上搶佔了加利福尼亞後，留給墨西哥的一點甜頭。羅雷多就位在下加利福尼亞東邊濱海的一個小鎮。

因為天氣乾熱，在無工業發展的情況下，唯一的出路就是發展旅遊。經過多年的努力，下加利福尼亞因為陽光充足，終年氣溫舒適，受到西海岸加拿大人的青睞，而逐漸成為候鳥式的定居點，加拿大人到這裡停留三到六個月，無形中為當地旅遊發展提供了有力的支撐。而半島的南端也成為國際郵輪停靠的旅遊港口。

由於地近海洋，氣候溫和，海產極為豐富，羅雷多的海灘有豐富而與眾不同的蛤蜊品種，它的貝殼顏色呈棕褐色，而且花紋極為美麗。也不知是誰給它取了個「藝名」巧克力蛤蜊（Almejas Chocolatas）。

1 2

1 墨西哥著名的巧克力蛤蜊。
2 當地的小餐館供應絕對鮮美的蛤蜊。

這種奇異的蛤蜊生活在約六英寸深的沙灘裡，所以極為容易挖掘到。它成長後，體型非常吸引人，可以說是蛤蜊裡雄赳赳的群體，只要一見到它，就不免垂涎。

我和妻子在羅雷多停留兩周，欣賞那些生長在岩石群裡挺拔而茁壯的仙人掌，有的超過人的高度，有的卻是依存在灰白的岩石邊。一片沙漠的景象，配上蔚藍的天空和深邃的海洋，給人的感覺是寧靜悠閒。

我們從高爾夫球場的度假村，搭乘班車經過16公里左右的山區公路，到達市中心，順著地圖，在一個偏僻的街邊，找到一家形同草舍的小餐館，規模不大。墨西哥店主見到我們，熱情接待。我即開門見山說明要嘗試他們的一道特色菜，烤箱焗巧克力蛤蜊。

他高興地告訴我們，廚房裡正好有剛從海灘挖到的新鮮巧克力蛤蜊，於是我們要了一打，按照墨西哥的比索兌換，約在六個美元左右。同樣的數量一盤巧克力蛤蜊，在美國的餐館價格是墨西哥的三倍，而且新鮮度還不一定令食客滿意。

除了烤箱焗巧克力蛤蜊外，我們還要了一份海鮮湯。他微微害羞地說，廚房裡只有一條新鮮魚，剛好夠烹製一份海鮮湯。假如我們還要吃魚，他只能抱歉地讓我們失望了。我們很喜歡他直截了當的待客態度。為了滿足食慾，我們特地點了一份墨西哥玉米餅，另外還要了當地著名的皇冠啤酒（Corona），在炎熱的沙漠氣候裡，低度啤酒佐以新鮮味美的巧克力蛤蜊和海鮮湯，真是神仙般的享受。

烹製巧克力蛤蜊非常簡單，先將蛤蜊的貝殼撬開，用小刀將蛤蜊肉挖脫後，仍然放置在貝殼裡，然後撒上切碎的番茄，當地的香料，還鋪上一些乳酪，烤約五到十分鐘即可上桌。

蛤蜊在中國菜餚裡，只能排列在家常菜的地位，如閩南菜餚裡的蛤蜊湯，炒蛤蜊，還有廣東人的薑蔥炒蛤蜊（粵語中稱為蜆），都是普羅大眾喜愛的佳餚，但在正式的宴會上就沒有登大雅之堂的福份了。

因為觀念的不同，在西餐中，墨西哥的巧克力蛤蜊，早已成為凡是到墨西哥做客的世界各國人士的必點佳餚。就如同義大利的蛤肉麵條（Spaguetti alle vongole），已經是國際上家喻戶曉的一道名菜。既是家庭用餐，也是宴會上正餐前的選擇。

說到義大利的蛤肉麵條，看似簡單，但要能令食客滿意，烹調的過程並不是那麼簡單。義大利麵條的製作和東方人的麵條迥然不同，它需要添加糖、雞蛋等材料和成麵團再製作麵條。所以義大利的麵條比較有韌勁，一般需要6到12分鐘烹製，義大利人更為喜歡煮好的麵條必須有嚼勁（義大利人稱之為al dente），也是臺灣流行的用QQ來形容食物的彈性。

可口的義大利蛤肉麵條，最大的秘訣是在麵條煮到八成熟之後，還要放在海鮮高湯中再烹製三五分鐘。海鮮高湯的好壞，全在廚師的經驗和手藝了。

在義大利本地吃蛤肉麵條，幾乎都是將帶貝殼的蛤蜊和麵條一同烹製，這才是地道的蛤肉麵條，如果餐館端上蛤肉麵條時，餐盤中看不到完整蛤蜊，那就是用了罐頭蛤肉來充數，味道好壞不言而喻了。這樣的蛤肉麵條都會出現在世界各地打著義大利招牌的餐館，甚至在義大利本國，也經常會遇到罐頭肉製作的麵條。

回憶起上世紀七十年代，我曾經駕車從紐約回多倫多，大約有五百公里的路程。中午時分在高速公路上看到一個「我的媽呀」（Mama Mia）義大利餐館的大招牌，欣喜萬分，從菜單上選了一份義大利麵條。就在服務生端上來那一刻，看到那已經浸泡得如同小蚯蚓般的麵條，混在濃濃的番茄醬裡，我已經完全沒有了食慾。為了充饑我吃了一口就難以嚥下，只得付了帳，失望地繼續我的路程。

由於旅遊的發展，為了給旅客提供價廉的快速服務，原來聞名遐邇的國際烹調，如今都已經墮落到用旅遊餐來哄騙遊客了。如法國里昂、巴黎等著名城市，過去的餐飲輝煌似乎已經風光不再。我和妻子曾在威尼斯有過一次不凡的經驗。

我們沿著運河旁漫步，沿街餐館都在那裡使勁招攬過路遊客。好不容易看到一家感覺上還可以一試的餐館，我們進去剛坐下，服務員即拿來菜單。我看了一眼。立即告訴他，我們要看本地人的菜單。

他望了我一眼，還未開腔，我接著說，這份菜單是為遊客提供的，幾乎全是油炸食物，如同速食店的垃圾食品。我帶著玩笑的口吻說，我們是從羅馬來的。他聽後，表面上仍然很客氣，回答時卻帶著些微尷尬的口吻。當然結果是我們滿足了腸胃的期待，而價格比旅遊餐更令人舒暢。

墨西哥的巧克力蛤蜊也好，義大利的蛤肉麵條也罷，在他們的國度裡，並不需要到那些裝潢華麗、餐具精美的大餐館去尋找。在街邊一些不起眼的小餐廳，也許能捕捉到正宗的烹調。我們在羅雷多光臨的餐館就是闊佬們不屑一顧的小茅草棚戶，但吃到比在美國堂皇富麗餐館裡更為可口的巧克力蛤蜊。而在義大利文化古都翡冷翠，也曾在一間坐滿了當地人的小餐館裡，品嘗過終身難忘的蛤肉麵條。

其實世界各國都有當地的特產。沒有必要讓那些冒牌貨，影響自己的情緒。如果吃不到正宗的巧克力蛤蜊，或是義大利的蛤肉麵條。還不如到當地餐館，要一份閩南式的蛤蜊湯，或是廣東人的薑蔥炒蛤蜊，還來得實惠。也許臺灣的牛肉麵更能滿足每個人的食慾！

貝聿銘給中國和日本留下的建築遺產

去年五月從美國傳來當代著名建築大師貝聿銘先生于十六日在家中去世消息，享年102歲，生前是一位樂觀謙虛的人瑞。

貝氏所設計的諸多公共建築都會引起不少爭論。這很正常，舉凡聞名於世的建築大師，幾乎都有類似的經歷，關鍵是他們在許多人還在建築學中摸索的階段時，就已經走在建築設計的前沿，也因此貝氏的作品引起很多的關注。

貝氏出自顯達家庭，父親貝祖貽是中國銀行的創辦人。堂叔在蘇州曾擁有著名林園「獅子林」，貝氏少年時每次返回蘇州老家探視祖父，必定會在那幽靜的林園中生活一段時間，無形中對他日後進入建築設計行業起到潛移默化的薰陶作用。

由於貝氏在臺灣頤養天年，也給貝氏造就經常往來的機遇，從而在臺灣留下了幾座膾炙人口的建築，如台中東海大學校園裡的路思義教堂。據瞭解，這座教堂的外觀造型猶如虔誠教徒雙手合十的姿態，是為對其父感恩而設計的不朽之作。另外在新北市八里及新竹市分別設計了焚化廠，相信至今仍然在使用。

我和妻子對他的建築設計具有濃厚的觀賞興趣。在巴黎的羅浮宮觀賞到其設計的玻璃金字塔，這座別出心裁的建築落成後，即引起全球建築業的廣泛評論，幾乎大多數都是負面的。時隔二十年之後，這座附設在歷史悠久的羅浮宮裡的現代化玻璃金字塔，逐漸為人們所接受，而且對他的創新給予了高度的評價。

地處香港金融中心的中國銀行大樓也是出自貝氏的手筆，這棟高聳入雲的大廈設計靈感源自於竹子，有「節節高升」的寓意。基於香港社會對中國意識形態的牴觸，中國銀行的設計美感，居然被詮釋成為一把尖刀造型，理由是中國政府要控制香港的金融，所以在熱鬧的商業領域裡，設計了這麼一把直沖雲霄的尖刀，要將香港的市場斬盡殺絕！而這樣無知的流言居然還流傳了一段時間，也只有造謠生事不斷的香港社會，才會出現將建築造型美學觀念和乾巴巴的政治意識形態糾結一起成為啼笑皆非的幼稚傳言。

貝聿銘第一次到北京，是1978年應當局的邀請，在北京和時任副總理的谷牧會面。當時中國剛結束文化大革命，如何推動現代化的建設是重要的決策，興建具有現代化氣息的大樓也就是政府的決策之一了，於是有意給貝氏在中心區的長安街上撥地興建大樓。然而作為一個具有深厚現代主義意識及中國傳統建築思維交相融匯的國際建築設計師，他不認為在具有千年文化歷史的北京，鄰近故宮的地段應該出現鶴立雞群的高樓，這不僅破壞了歷史的整體美感，更將令北京成為一個不倫不類的都市。

為此他最後選擇了離北京二十多公里的香山公園，就如同世界各地的作品，貝氏使用了他一貫的鋼筋水泥、玻璃材料，設計了蘇州庭園和長春四合院相結合的酒店。該酒店是在1983年落成的，次年，我前往北京公幹特地利用空餘時間，前往北京香山參觀這座引起爭議的建築。

映入眼簾的第一印象是，這難道真的是國際建築大師的傑作？首先整個酒店的管理水準令我吃驚，即便是被列入為四星級酒店，工作人員待人接物的態度就令人懷疑，大廳及周邊的衛生環境也不敢領教。雖然大廳中懸掛了旅居法國藝術家趙無極的作品，我深深感受到這是對一位世界級藝術家的褻瀆。

後來瞭解到，我當初心中對這位藝術家的懸念沒有錯。那不是貝氏和北京的合作對象主動從趙無極藝術家那裡購買來的作品，而是通過貝氏和趙無極的私人交情獲得的無償奉獻。而且趙無極赴京的所有費用都由貝氏承擔。鑒於當時中國的外匯緊缺，貝氏為趙無極承擔旅費及在京的費用可以理解。但是北京方面與貝氏合作官員的藝術水準之低落，在欣賞趙無極的作品時暴露無遺。

從酒店中流出的傳言是，當貝氏向酒店管理高層展示趙無極的作品時，這位高層大言不慚地說，這樣的畫我也能幾筆就做出來了。當時趙無極也在場，為了不讓這位高層尷尬，貝氏只向趙無極使了個眼神，就打發過去了。

從這一細微的小節即可體會出，為什麼北京的香山大飯店自落成至今已逾三十年，一所由世界級的建築師設計的飯店，居然仍是四星級的水準，而且連英美等地的網上預定酒店集團中，都找不到「香山大飯店」的名字！這已經不是僅僅用「無知」兩個字就可以來詮釋「香山大飯店」管理層水準了，而是缺乏對一位名震中外的建築師最起碼的尊重。

按理說，這家飯店早應該提升管理水準，而且因為北京香山公園的歷史文化淵源，在中國許多城市不入格的酒店都可以因為政治背景而提升為五星級水準，這座由貝聿銘親自設計，而且融入了蘇州林園及北方長春四合院交相輝印的文化情節，提升為五星級飯店應該是刻不容緩的思考。

好了，因為這些年來，北京旅遊及文化部門對香山大飯店的漠視，算是為貝氏抱不平而發抒的牢騷也就此打住。

這次的日本及中國行，我和妻子擬就了一個專題，就是專程參觀貝聿銘在兩處留下的建築遺產。

一處是在離日本京都七十公里的山區，位於滋賀縣（Shiga）的奧志摩（Shigaraki）近郊。

從京都出發最便捷的交通是從火車站的西入口，搭乘日本鐵路（JR）琵琶線（Biwako Line）火車前往歧阜站（Ishiyama Station），車程大約二十分鐘，然後在車站前轉換150號巴士，車程為五十分鐘即可直達秀美博物館。（注：日本火車站的所有資訊都有日文、中文及英文三種語言的介紹，所以要瞭解如何乘坐火車易如反掌。）

貝氏採用了一貫使用的西方現代主義及中國傳統庭院的結合，為當代日本女富翁小山美秀子（Mihoko Koyama）設計了這座私人博物館，為此小山美秀子特地將整座山區購入，貝聿銘則用了中國晉代詩人陶淵明的「桃花源記」內容作為依據，鑿穿了一條隧道，整個隧道就是一座充滿藝術燈光的場所，在隧道的另一端出口處，建造了一座鋼筋吊橋，與山谷的另一邊相連接，佇立在橋上極目四望，就真如同身處世外桃源中。博物館就建造在山谷中，順著橋面直行，再順石級而上，即可進入館內參觀。

從進入隧道，穿過大橋，直入博物館，無論是地勢、環境，可謂與「桃花源記」中的描述相結合：「……林盡水源，便得一山，山有小口，彷彿若有光。便舍船，從口入，初極狹，才通人。復行數十步，豁然開朗，土地平曠，屋舍儼然……」不得不佩服貝聿銘及日本女富翁在現代建築中，充分體現了中國逾千年的「香格里拉」憧憬。

如果真要按照宣傳冊子上的描述，冀望能一探陳列的歷史文物，經過瀏覽之後，對館裡的所見所聞可能會有「乏善可陳」的感懷，但從私人收藏的角度來衡量，仍然是值得尊重的文化結晶。

參觀結束後，我和妻子得出了一個共同的結論，秀美博物館有兩個亮點，使得我們的參訪不虛此行。一是貝聿銘的設計整體，與整座山野的自然環境融為一體，大器而幽靜。他一貫的玻璃通透房頂，使得整個博物館內部融進了大自然的光色，柔軟而舒適。

更值得一提的是，日本這個民族幾乎在所有對外開放的景觀或者是博物館，都不會忽略對其文化的宣傳，而這些宣傳不是來自乾巴巴的教條，而是從日常生活中的點滴來反映其文化的習性。

通過大橋後，左邊直通博物館，右手邊則是一家麵館、咖啡館及銷售禮品部門。在參訪者抵達之前，從網站上就可以搜尋到這家麵館的資訊。它的特點是所有食材均來自當地種植的有機菜蔬，而且都是素食。值得推崇的是他們自製的有機豆腐，為了保證品質，每天都限量出售。

我和妻子特地安排好參觀時間，配合下午一點可以到麵館一嚐其有機麵食物，果然是物有所值！而且價格合適，日本近年來可能是受到之前的金融危機，加上為了推展旅遊業，當地的物價和酒店房價基本上和其他國家不相上下。

結束了日本之行後，我們抵達蘇州，之前我們對這個擁有歷史的姑蘇文化小城曾經多次參訪，這次就是專程為參觀貝聿銘設計的「蘇州博物館」而且被評為中國一級博物館，展現了對貝氏的尊崇和敬仰。

現在的蘇州博物館是在1960年創辦的蘇州博物館原址建造的，原來的博物館是建造在太平天國李秀成的忠王府的旁邊，是迄今為止在神州大地保持最為完整的太平天國歷史遺址。

貝聿銘是在1999年應蘇州的邀請前往故鄉接下了建造新博物館的重任，經過近七年的施工，煥然一新的蘇州博物館終於在2006年10月6日正式對外開放。全館建築面積為19000平方米，加上修繕保存的忠王府，整體面積為26500平方米。

一抵達博物館，迎面而來的印象就是入口處和日本的秀美博物館有異曲同工的效果。貝氏使用了中國「外圓內方」的傳統思維設計了入口的大門，從屋頂到基層，整個造型可以用中國字「舍」來比喻極為傳神。和日本的秀美博物館入口設計，如同孿生兄弟。

尤其令參觀者激動的是，館裡收藏的歷史文物精彩紛呈，庭院的設計充分展現了蘇州的傳統林園布局，竹林和小橋流水，加上池塘中映出的建築和自然風光的倒影，給參觀者提供臆想的機會。日本博物館是私人珍藏的文物，無論從規模和年代的不同角度觀賞，兩者

1 2
1 蘇州博物館入口處的設計，和日本博物館有異曲同工的美感。
2 蘇州博物館入口，用玻璃的國畫作為傳統的影壁。

之間無法平衡比擬，但是兩座博物館對貝氏的敬仰是毋庸置疑的。

在接待參觀者的安排上，日本對所有參觀者一律收費，年長者也不例外，而蘇州博物館對年逾75歲的長者，特地開設了綠色通道，不必受到預約的限制，隨時可以入內參觀。蘇州博物館免費接待所有參觀者，為避免過分的擁擠影響，每天限制六百名參觀者入內，而且要在網上預約，參觀團體也必須先申請預約，否則無法入內參觀。

蘇州博物館裡有一個茶座供參觀者休息，令人費解的是，蘇州的點心有悠久的歷史，而且廣為群眾喜愛，但是在這座國家級的博物館裡，卻找不到絲毫的地方餐飲痕跡，除了義大利咖啡之外，所有的甜點幾乎是清一色的日本「料理」，如北海道乳酪蛋糕，日本傳統的茶抹蛋糕等。

在沒有選擇的條件下，我和妻子無奈只得各選一件作為午茶點心，但還沒有吃完，即感到食道裡滿布膩人的奶油重量，完全沒有北海道乳酪的細微爽口。無疑是給日本甜點作了免費的宣傳廣告！

還有博物館前的交通問題亟待改善。旅客在抵達日本前，從網站上即已充分掌握在日本的交通設施，而且細緻到從一地到另一地的準確距離和路程時間。我和妻子在下了火車後，到達公車站時，有一個極為狹窄的售票處，一位中年男士雖然不諳英語，卻用手勢給予了細心的協助。原來售賣公車票的小亭子，連帶將博物館的入場券也一併安排好，而且對排隊候車的地方也認真地指點妥當。

然而在蘇州，雖然宣傳冊子裡標明有數個公車可以直達博物館，這對中國旅客毫無疑問是極好的安排，但是對不懂中文的外國旅客就不知所措。我注意到在博物館的周邊，不僅找不到公車站，就連世界各國旅遊景點通行的路標指示牌也不見蹤影。尤其是博物館閉館時天色已黑，在夜間尋找方向更是困難重重。

這時候計程車的司機就利用外國旅客摸不清回酒店的方向時，用獅子大開口的手段漫天要價，而且態度之差令人髮指，他們不僅令遊客憤怒，也間接令素有姑蘇文化之稱的蘇州蒙羞。

地方旅遊部門似乎應該在博物館前設立計程車站，尤其是在博物館閉館那一段時間，派遣工作人員就地管治，嚴控司機的漫天要價，同時也協助外國遊客解決乘車的困難。

這次的日本和中國之行，對貝聿銘建築大師留下的建築遺產印象深刻，加上他在臺灣和香港設計的幾處建築，可以看出他雖然大半生生活在海外，但通過他留下的眾多建築遺產，可以體會出他對故鄉的深情和對民族文化傳統的矜持。

需要重申的是，北京方面應拿出勇氣，排除歧見，將香山大飯店提升為五星級酒店，並加以適當宣傳，使得這座隱藏在香山有著濃郁的姑蘇文化建築名傳國際，也算是對貝聿銘在天之靈的一種補償。

日本人心目中的神祇

我一輩子就領略過一次溫泉的洗浴，那是隨著父母逃難到臺灣，蟄居臺北，生活極其困難，但不知是什麼原因，竟然有機會跟著家人到北投，「享受」了一次硫磺溫泉浴。說老實話，我對這種「享受」從未產生過任何的興趣，而且在腦海中留下的印象始終是負面的，因為那次的溫泉在我心愛廉價手錶金屬錶帶上裹了一層因硫磺而造成的綠鏽。

1979年，我在前往北京公幹時，下榻頗有年代的新僑飯店，該飯店居然是用溫泉號召客人。那晚因為航班誤點導致我抵達飯店時，已經過了午夜。進入客房，發現牆上有個告示稱，房裡有溫泉供客人享用。由於長途飛行造成身心雙重的疲勞，沒有任何的考慮我就跳進超大的浴池，開啟水龍頭，想藉此熱呼呼的溫泉一掃十多個小時航程上積聚的疲勞。

但躺在浴池中，我始終沒有嗅覺到溫泉的異味，而且水也不是那麼柔滑。不禁起了疑心，再環顧四周，才看到浴池上方牆上另外有一個開關，旁邊註明是提供溫泉水的控制器。我只得重新放水，結果是忙乎了好一陣，那所謂的「溫泉」，似乎和自來水沒有任何分別。

從此我對溫泉除了排斥沒有任何好感。幾次去臺北，朋友邀約上北投洗溫泉，都被我找理由婉拒了。

在臺灣旅行時不知不覺間，發現整個島上不論是大城市或是小鄉鎮，甚至是荒山野嶺，到處都是廟宇。媽祖，觀音，關公……不一而足。特別令我驚喜的是，臺北市的武昌街，有一座香火鼎盛的城隍廟，和左右兩棟現代化的樓座和平相處，相信臨近的居民對此也早已習以為常了。萬華的龍山寺，是我青少年求學時代每天必經之路，而今周邊的環境改善不少，龍山寺的信徒更是絡繹不絕。儘管這裡面包含著宗教迷信，或是虔誠的膜拜，臺灣民眾在宗教信仰方面的虔誠造就了當地社會的和諧及包容。

其實宗教的普及全球各地隨處可見，在中東，在拉丁美洲，在東南亞，寺廟、教堂無處不在。我曾經在歐洲生活多年，寄居在天主教聖城羅馬期間，全城四十多座教堂裡都留有我的足跡，身為天主教徒，固然經常會在聖堂裡作祈禱，但大多數時間我都是將教堂視為藝術殿堂更為恰當，在那裡觀摩取之不盡的藝術珍品，欣賞不同時代的建築風格。在虔誠的教徒眼中會以為我是對宗教的褻瀆。其實通過對藝術的欣賞，更增添我對宗教的崇拜和敬仰。到日本旅遊，兩件當地國寶深入人心，一是舒心調養的溫泉，每年來自世界各地成千上萬的旅客中，亞洲旅客幾乎對充滿日本情調的溫泉躍躍一試，尤其是男女同浴的溫泉池，更是抱著滿腔的好奇與期盼。

旅客們到日本後，當看到遍佈各地的神宮或神社。無論是湖泊中，深山老林裡，或是人口密集的大城市，門前都有一座猶如中國牌坊式的入口處。兩根木柱，上面橫架著方形的木樑，看似簡單，卻不論客人來之何方，立即會對其產生至高無上的宗教敬仰。一開始我對那極其簡單的木樑沒有任何的觀念，總以為這不過是日本人信仰的象徵，但去多了幾次，當看到日本民眾佇立在那裡雙手合十，面對前方虔誠地膜拜和敬禮，漸漸地體會到宗教在日本人心中的絕對崇高地位。

早些年在世界各地旅行時，經常會發現日本花園的設立，其中必定有一座類似的小型「牌坊」安排在花園中，因此我又認為，這應該是日本庭園設計普遍的傳統內容。

在好奇與追根究底的雙重心態交織下，我作了深入的瞭解，終於找到它來龍去脈的歷史根源，這座牌坊形式的建築有個特殊名稱，叫做「鳥居」，日本話是「Torii」。是日本非常神聖的象徵，它建立在神社的外面，代表著「神域」的入口處，作為區分神靈棲身的「神域」和人類居住的世俗界限。它的存在是直接告訴訪者在進入鳥居時，就是進入到神的居所，也就是日本人傳統的稱謂「神域」，要特別注意遵守並端正所有舉止和行為，表示對神的尊重和敬仰。我恍然大悟，在世界各地見到的日本花園裡設計了「鳥居」，也許是當地建築師對「鳥居」真實意義的誤解，只將它當成日本傳統中的一個象徵而已。

日本的神社大體分成三大級別，最高的稱為「神宮」其次是「大社」，再往下則是「神社」。概括而言，應該是「權貴」和「世俗」的區分。

所謂「神宮」，它是和天皇祖先有著密切不可分的關係，因此「神宮」在日本的宗教及政治上具有無可替代的權勢。一般來說日本全國僅有伊勢神宮，名古屋的熱田神宮及東京的明治神宮夠資格被稱為三大神宮，而伊勢神宮又居其首。雖然當前日本的社會中，增添了數間「神宮」，都是因為在管理神宮的法律等條件漸近鬆

筆者夫婦在伊勢神宮入口處的「鳥居」前留影。

懈條件下的產物，但在國民心中，伊勢等三大神宮仍然是神聖不可侵犯的重要聖殿。

這次我和妻子的日本旅程，在參觀了京都近郊貝聿銘先生設計的「秀美博物館」後，主要目標就是伊勢神宮了。由於我們的第一站是京都，從京都到伊勢市的火車行程就比從名古屋更遠些，而且中途需要轉車，如不熟悉日本鐵路的線路，就會增加旅途上的困擾。

對國際旅客而言，在成田或羽田機場入境後就比較方便，可以先搭乘機場到東京的火車，再從東京搭新幹線直達名古屋，只需要一小時二十分鐘。抵達名古屋後，從火車站直接轉搭「近鐵火車」，一小時就抵達伊勢市火車站。

伊勢市很小，人口只有十三萬左右，由於伊勢神宮的佈局，使得這個日本中部地區東南角濱海的城市，不僅是日本家喻戶曉的膜拜聖地，更是世界聞名的絕佳名勝。

我們在火車站附近預定了酒店，從火車站只需步行三分鐘即入住。開啟地圖，伊勢神宮「外宮」及「內宮」的佈局一目瞭然。從我們入住的酒店到「外宮」只需步行五分鐘即抵達。由於我們的日程較緊，所以選擇先參觀比較重要的「內宮」。從酒店到「內宮」距離大約為五公里，可搭乘市公交車，因為好友荒井教授堅持從津市開車來陪我們參觀，也因此節省了不少途中的時間。

我們參觀的日期是10月22日，在抵達「內宮」前，荒井教授一面開車，一面興奮地告訴我們，今天恰逢新天皇登基大典的喜慶日子。我先前安排日程也就將這個部分看成是歪打正著的佈局了。雖然在我安排全部行程時，對新天皇登基一事毫不知情，但在過往的日子裡，對這位新天皇頗有好感，主要是他在和皇后小和田雅子相戀時，曾對當時的戀人許下莊嚴的諾言，即他一生都會保護她。這句諾言尤其在雅子妃子進入皇室後，因為生育的困擾，令她陷入憂鬱症的危機，但是皇子始終堅持他的許諾，保護著備受困擾的皇妃。

所以這次的登基，雖然因為日本的侵華罪行，對其祖父裕仁天皇留下無法磨滅的惡劣印象，卻阻擋不了我對這位年屆花甲的新天皇和皇后正面的觀感。同時對他開啟的新年號「令和」，寄予莫大的期望。我們在伊勢神宮「內宮」臨近中午時刻，聽到二十一響鳴炮，荒井教授告訴我稱，只有東京和伊勢兩地的國民能享受到這份殊榮。我們作為旅客躬逢其盛也是人生的難得。

新天皇的年號「令和」取自日本典籍「萬葉集」，這部日本的古籍地位恰如中國的「詩經」，在日本有著廣泛的影響力。新天皇的年號「令和」，採自該古籍第五卷「初春令月，氣淑風和，梅披鏡前之粉，蘭薰珮後之香」。日本各界報導稱，這是首次日本天皇的年號沒有採自中國的典籍。事實上中國的典籍《離騷》中就有這樣地描寫：「吾令羲和弭節兮」，意思是「我命令日神羲和慢行一步」。儘管如此，日本的文化傳統與中國的淵源是無法脫離的，何況日本神宮的起源，正是中國唐朝興盛的時代。

在參觀的過程中，我被那些稀奇古怪眾多神的名字所困惑，而且在短促的旅途中，要銘記那錯綜複雜的諸神名字本身就不現實。我只能粗略地感受伊勢神宮和日本皇室密不可分的深厚淵源。在「內宮」裡供奉著「天照大神」，也被認為是天皇的祖先神。為了簡化我對日本傳統的理解。我將伊勢神宮比喻為中國的祠堂，這樣就更容易領會其內在的意義。當然我這個念頭只能「自我欣賞」，若是在荒井教授面前隨意放肆，恐有褻瀆對方宗教之嫌。

不過從旅客淺顯的視角來領略，最大的興趣是「內宮」裡廣袤的森林和宮外的「步行街」。進入到「鳥居」之前，根本覺察不到內宮的廣闊面積。我們走過一座約百米長橫跨在五十鈴川（Isuzu）上面的宇治橋（Ugi），即看到一座古樸的「鳥居」，按照傳統，所有的遊客或是參拜者必須從「鳥居」的右側進入，因為「鳥居」的中間通道是神靈的專用。進入後信徒們聚集在水池邊洗手，雙手合十鞠躬表達虔誠的心儀，展現出日本國民對神和天皇的崇敬。接著是被迎面而來的參天大樹所震撼。幾乎在每一座神社周圍，必定有諸多信眾數人合抱的千年老樹。參拜者用雙手將大自然的靈氣朝自己的身上扇動，作為身心健康吸取能量，是進入森林不可或缺的願望。

只有天皇，皇后及皇室的宗親才有權力進入神宮參拜，普羅大眾只能在外面，朝著神社上披蓋著的白色「御幌」仰望，並希冀此刻能得到神助刮來陣風，將「御幌」吹起一角，就可以令他們有機會一窺供奉在內部的「神貌」。

走在那近五千五百公頃的廣袤森林公園裡，能聽到的除了微風扇動樹葉的搖曳之音外，就是訪客們踩在細沙路面有節奏的沙沙聲。參天大樹給人的心靈上灑下一股寧靜的清流，使人忘卻人間的無謂煩惱。整個「內宮」裡供奉著外人永遠無法瞭解的神祇，不過日本國民稻米食物的傳統，卻和這裡的神祇息息相關。

連著「內宮」有一條小街，荒井教授告訴我，在「內宮」另一邊，有一條「御道」，那是專為天皇及皇室宗親們開拓的。這邊的小街就是普通百姓信徒們的道路。原來的古道早已在歷史中消弭，我們此刻的所見是當地商戶們在1993年集資修復的仿古商業街道，作為招攬遊客的手段。

在「內宮」和「外宮」之間，有一個小區名為御蔭町（Okage-yokocho），意思是（神靈保護恩惠），有約一公里長的御祓町（Oharai-machi，即拔除不祥的寓意）又稱為託福小街。起源於江戶時代（Edo）、及明治（Meiji）時代，歷史上漸趨式微終致消失。當前新建設的御祓町，基本上是還原江戶和明治時代的建築造型，遊人行走其中猶如穿梭在歷史時空中。

1 御祓町街景。
2 赤福原來是一種反其道而行的紅色沙團，筆者夫婦參觀後留影。

由於是新天皇登基大典日，全國放假，所以這條狹小的古街道上人頭擁擠，但市面井然有序，沒有嘈雜的人聲喧嘩，只見路人個個喜悅之情表露無遺。行走時，我們可以嗅到令人垂涎的風味，如松阪牛肉的香味隨風撲鼻而來，松阪牛肉享有「肉類中的藝術品」的盛譽，它之所以享譽世界，是因為牛犢被送到三重縣後，要經過驗收，拍照，錄取鼻紋，然後輸入電腦程式中。而且食品公司在出售松阪牛肉後，都會將其耳朵及臀部的毛留存，方便購買者隨時查詢該牛肉的基因組織，以證明其質量正宗與否。

另外餐廳裡還出售伊勢地區的龍蝦和海產。但對我都毫無興趣，天生不喜歡山珍海味大魚大肉的我，每次到世界各地出遊，我和妻子幾乎都是尋找當地的小吃，如墨西哥的烤章魚，馬德里的紅燒牛肚，法國的薄煎餅，義大利翡冷翠的清湯牛肚，還有上海的油燉子和蝦仁豌豆麵等等。因為這些小吃代表了一個民族的文化傳統，是燕窩海蔘鮑魚永遠無法取代的。

在這條傳統小街上，我發現了日本的紅豆沙團，每份兩粒只要價120日元，我們三人買了兩份，就坐在店鋪裡設定的長凳上細嚼，食品店還為客人免費提供熱茶，可謂設想周到。一份小小的紅豆沙團，吃得我們心花怒放，這種喜悅不是用金錢所能換取到的。

滿足了食慾後，行不多遠，看到「赤福」兩個大字招牌，引起了我的注意。自從在伊勢火車站下車後，我即留意到「赤福」的廣告幾乎涵蓋了整個車站四周以及高速公路的兩旁，在前往鳥羽（Toba）的途中，也看到「赤福」廣告懸掛在公路旁的燈柱，廣告箱等地非常顯眼。所以到了御祓町後，才瞭解這原來是一種反其道而行的紅豆沙團。

一般紅豆沙團給人的概念是紅豆沙都是包在糯米糰中間的，就好像我們剛嘗過的伊勢紅豆沙團就是傳統的製作。但是「赤福」的紅豆沙團正好相反，是將糯米糰裹在紅豆沙中，所以展現在眼前的是一個個製作精美的紅豆沙團，非常誘人。日本人稱之為Akafuku。

我們本欲購買後帶到北京贈送好友，但是紙盒上標明保鮮期只有兩天。這個自公元707年即開始製作有著三百年歷史的傳統甜點，始終維繫著他們對產品的新鮮質量，而且保證不參入任何保鮮劑。如以當地每年接待七百五十萬遊客的記錄作保守的估計，每人在當地消費一盒「赤福」紅豆沙團，那全年的銷售量就達到七百五十萬盒。每盒售價為八百日元，其總收入是相當可觀了，而且這還只是就地消費的一個數字。這時候我恍然大悟，為什麼一到達伊勢就感受到「赤福」宣傳的強勢！

在結束古道的參觀活動後，一個特殊的招牌，「百五銀行」，映入眼簾，引起我極大的興趣而停下了腳步，和荒井教授佇立在大門前，聊起了日本銀行的發展歷程。1868年明治維新運動後，日本政府為了發展經濟，曾對銀行的設立採取放任政策，造成銀行多規模小的局面。1890年頒佈《銀行條例》後，鼓勵各城市開設銀行。東京的銀行被稱為是「第一銀行」，然後各地的銀行就以數字順序來命名。

百五銀行是三重縣開設的，列為第一百五十位，所以就稱為「百五銀行」。荒井教授告訴我，當時全國一共開設了一百六十多家銀行，經過了一百多年的社會變化，部分銀行已經不存在，有的就和其他銀行合併而改了名字，現在大概還有兩三家倖存者。他給予的解釋真讓我對日本的銀行結構大開眼界。

筆者與日本荒井教授，在百五銀行前講述日本銀行的發展歷史過程。

日本銀行業的發展和發生在1894年的甲午戰爭有著密切關係，甲午戰爭可以說是中國近代史上的奇恥大辱，清朝海軍艦隊全軍覆沒，除了割讓臺灣澎湖成為日本殖民地之外，還要賠償日本軍費白銀兩萬萬兩，稍後還增補三千萬兩作為對日本的「贖遼費」，導致中國民窮財盡，淪為貧窮落後的國家，日本卻利用這筆來自中國的賠款，為實行金本位制度積累了必要的準備金。

在抵達「內宮」時見到的五十鈴川，其名稱和中國多少有著敵愾同仇的情結。這是一條和天皇家族有著密切關聯的河道，歷來日本國民喜歡拿來作為從事商業的名稱，而許多仕女也用來為自己取名。諷刺的是二次世界大戰時，裕仁天皇的親外甥鈴木川三郎，1944年在侵華戰爭時，曾被當時在山西壽陽、西陽和平定三縣擔任縣大隊大隊長兼武工隊隊長的紅軍劉自雙一行，在正太鐵路上被活捉。這段敵後活捉日軍的故事還被拍攝成電視劇，成為抗日戰爭史中一段振奮人心的記錄。

實際上，早在1939年4月下旬，日本天皇裕仁的親外甥被八路軍逮捕前，其表弟赤本大佐在擔任憲兵隊長時，就遭到晉察冀邊區八路軍包森大隊活捉。日本投降後，兩個天皇的親屬都平安地被遣返日本。

在我一生所有的旅程中，伊勢神宮的參訪是唯一一個既複雜又值得深思回味無窮的經歷。那不是宗教的信仰或是迷信的矛盾，也沒有探討神權和皇權的那份閒情。它只是讓我看到日本國民對神和天皇的恭敬膜拜，從而增添了對日本國民深沉思維的覺醒。更讓我出乎意料地感受到，一座逾千年的古剎，竟然引發了我對中日之間千絲萬縷的歷史糾結，應如何將兩國關係導向正面發展的思慮。

既然在旅程中尋找的是輕鬆、愉快，於是我將沉重的歷史包袱藏在那千年古樹的洞穴中，僅選擇了可口而且外型逗人的「赤福」豆沙糯米糰，作為伊勢的旅程中留下的珍貴記憶。它既是伊勢的歷史象徵，更是人見人愛滿足味蕾的奇葩。

（2019年10月22日寫於伊勢力，11月18日修改完稿於溫哥華）

我和丁玲伉儷的一段交往

1970年時代，我在加拿大執教，開了中國現代文學課，選擇了魯迅、曹禺等左翼作家的作品作為教材，其中我最喜歡的是當代著名女作家丁玲作品《莎菲女士的日記》和《太陽照在桑乾河上》。這兩部作品都是她的代表作和成名作。因為選擇了她的作品，所以對她的生平就有必要作細緻的瞭解。觀看她的一生，在那個時代，她在感情上的開放勇敢，除了大膽更是浪漫。

抗日戰爭時期的丁玲。

她的第一個丈夫胡也頻，因為身分的關係，於1931年在上海被國民黨抓捕，2月7日在龍華司令部被槍決，時年僅29歲。他的被暗殺引起了全國轟動。後來丁玲又有了兩次的感情，但都是無疾而終。最後在延安她遇到了比她小很多的陳明，兩人結成連理感情甚篤，一直相伴到丁玲去世。

對於這樣一位傳奇性的女作家，我曾夢想過，假如有機會一定要認識，而且在文學方面可以向她請益。

萬萬沒想到的是，1980年，我在北京訪問時，居然圓了我的心願。初次和丁玲的見面雖然時間不長，卻留下深刻印象。

那是她剛從山西長治縣老頂山嶂頭村被釋放回京。自1955年以來，丁玲就陷入命運多舛的境遇。由於她被定性為「反黨集團」的主謀而流放到黑龍江北大荒勞改長達八年，後又因為文化大革命，繼續被關押在北京近郊的秦城監獄，為時五年，出獄後即被轉移到山西繼續在農村勞改。一直到1979年才得到平反回到北京。

在這漫長而艱辛的勞改和獄中生涯，她的丈夫陳明始終陪伴在側共甘苦，凡是知道陳明先生的不離不捨，盡情守護著丁玲的精神和堅持，都為之動容。

我是在中國作家協會黨委書記黎辛先生的安排下，一同到丁玲伉儷居住的公寓拜訪。那是座落在北京西城區木樨地的副部長級公寓群，我們到達時，只見到他們的公寓陳設簡單但窗明几淨，非常典雅舒適。

由於是初次造訪，我不便向丁玲問及過去二十年的流放和牢獄生涯，一則是對主人的不禮貌，再則如我提及任何有關她的遭遇，肯定會勾起她無限的傷痛甚至是精神折磨。

所以我們的交談集中在她的文學創作，以及我在加拿大選擇了她的作品作為教材的來龍去脈。她得知自己的作品在加拿大成為教學材料時，臉上露出非常欣慰的笑容。

時隔一年，我因公前往北京，還是經過中國作家協會黨委書記黎辛先生的安排，再度造訪丁玲伉儷。我去拜訪黎辛先生目的是商談中加作家交流活動。在交談時，黎辛先生提及丁玲收到美國愛荷華州大學國際文學交流中心負責人、華裔作家聶華苓邀請，出席九月開始的交流活動。聶華苓主持的這項交流活動已行之有年，邀請大陸、香港和臺灣的作家共聚一堂，目的之一是要打破三地作家長期以來的藩籬。

我立即向黎辛先生提出是否可以再去拜訪丁玲，當面邀請她在愛荷華的活動後，順道到加拿大訪問。經過協調，黎辛先生在六月十一日陪同我去丁玲府上拜訪。

經過一年多在北京的生活調整，她的精神面貌比前一次見到時顯得樂觀爽朗。在交談中我問及她九月份去美國出席文學交流活動，是否有意順道訪問加拿大。

她提高了濃重的湖南口音說：「我很想去啊！但沒有人邀請我。」

出於對丁玲發自內心的尊重和敬仰，能安排她到加拿大作文學交流，應該是我從事文學工作中終身難忘的榮耀。於是我提出：「如果您願意，我可以邀請您和陳明先生去加拿大作十天左右的訪問，在加拿大期間所有的費用由我負擔。同時我會盡力安排好您和陳明先生的訪問日程，而且全程陪同照顧您。」

她聽到後，以極為興奮的口吻說：「那太好了，不過要麻煩你了。」

回到溫哥華後，我立即和聶華苓通了電話，將我在北京和丁玲會面的情況向她做了簡單的敘述。她很高興丁玲在愛荷華訪問結束後，將繼續到加拿大作文學交流。

為此我開始和蒙特利爾大學的加拿大文學教授蓋里先行溝通，他之前曾與我合作進行過加拿大和蘇州友好城市間的文學交流。得悉我聯絡上丁玲，他興奮萬分，於是和我協調後，定下丁玲伉儷抵達加拿大後的日程：

11月23日——由美國紐約抵達蒙特利爾，下榻喜來登大酒店。

11月24日——蒙特利爾：上午參觀景點，下午在麥吉爾大學舉行講座。

11月25日——蓋里教授親自駕車前往首都渥太華，下午在卡爾頓大學舉行文學講座。

11月26日——全天在渥太華參觀重要景點，晚上中國駐加拿大大使王棟先生設宴款待。

11月27日——上午搭機飛往多倫多，下榻約克大學招待所。中午和瑪格麗特．勞倫斯（Margaret Lawrence），艾迪兒．威絲曼

（Adele Wiseman）和傑夫．翰考克（Geoff Hancock）等三位加拿大著名作家共進午餐。下午到威絲曼作家家中，出席她為丁玲安排的歡迎酒會，數十位加拿大文藝及文學界人士熱情地與丁玲交談。

11月28日——上午遊覽尼加拉瀑布，中午由約克大學設午宴歡迎丁玲伉儷，午宴後即舉行兩小時座談會，除了文學界人士外，也吸引多位新聞記者的參與。最興奮的是年已古稀的加拿大重要文學評論家諾史洛布．佛雷（Northrop Frye）親自參加了這個盛會，為座談會增加不少精彩場面。

11月29日——多倫多華人團體聯合宴請丁玲伉儷，一百多位代表出席。宴會結束後，下午在約克大學繼續舉行座談。晚上在CN電視塔晚餐，鳥瞰多倫多城市及安大略湖夜景。

11月30日——前往多倫多北部約180公里的格雷文赫斯特（Gravenhurst）參觀白求恩紀念館，晚上在約克大學觀賞電影《從毛到莫札特》，這是美國著名小提琴家艾沙克．斯頓（Issac Stern）於1979年首次訪問中國，參觀了中央音樂學院和上海音樂學院，並與中國著名指揮李德倫合作指揮了莫札特及勃拉姆斯的作品。斯頓在訪問期間瞭解到中國音樂界人士在文化大革命時代遭受迫害的不幸，從而引發拍攝《從毛到莫札特》的記錄片，轟動全球。

12月1日——上午在接受加拿大國家電視臺訪問後，即搭機前往加拿大中部城市威尼裴克（Winnipeg），出席當地華人團體安排的歡迎宴會。

12月2日——上午拜會曼尼托巴省省督珀諾．麥葛利格（Pearl McGorigal）後，前往印第安原住民博物館參觀，下午在曼尼托巴大學舉行講座。

12月3日——結束加拿大訪問，我親自護送丁玲伉儷回愛荷華Cedar Rapids城。

12月4日——我留在愛荷華，和丁玲詳談了一整天。

1 在酒店客房與丁玲及陳明伉儷合影，中坐者為加拿大作家蓋里。
2 丁玲及陳明伉儷在參觀尼加拉瀑布時與加拿大作家合影。
3 丁玲及陳明伉儷參觀白求恩紀念館後留影。
4 加拿大曼尼托巴省省督與丁玲會見前向丁玲獻花表達敬意。

1	2
3	4

12月5日——和丁玲伉儷依依不捨話別，我搭機返回溫哥華。

在開始安排他們訪問加拿大時，我對當地文學界就她的來訪會有何反應毫無把握。加拿大雖然和中國建立了外交關係，卻因為政治上意識形態的差別，而且美國政府經常就中國事務對加拿大指手劃腳。雖然丁玲遭受過近二十年的磨難，但是在加拿大人的眼中只認為她是一位具有共產主義信仰的作家。

一直到麥吉爾大學的蓋里教授將全部日程發給我之後，我才舒了口氣，覺得所有的安排比我想像的要精彩多了。

丁玲在加拿大幾乎見到了所有的傑出作家，其中我印象最深刻的是，她和瑪格麗特的性格極為相似。經過了交流後，我得出一個她們二位都能欣然接受的比喻，丁玲是中國的瑪格麗特，而瑪格麗特是加拿大的丁玲。瑪格麗特是印第安人血統，個性直爽，寫作堅持不懈。

她原本計畫退休封筆，在和丁玲接觸後，她從丁玲的講話中領悟到「人絕對不能退休」的道理，尤其是作者到了晚年應是爐火純青的人生階段，對寫作更有利。為此瑪格麗特改變了她的退休計畫，願意再寫下去。

不幸的是，與丁玲分別後一年左右，她被診斷出肺癌末期，而且已經擴散到其他臟器，在萬分痛苦中，她選擇了服用過量藥物作為終結自己生命的手段。丁玲在生命重獲自由後，一直奮筆疾書，出版了百萬字的作品，完成她永不退休的使命。

加拿大文學評論家佛雷出席歡迎丁玲的酒會，給她訪問加拿大增添不少交融的氛圍，佛雷不僅在北美洲文學評論界中有重要的一席之地，在歐洲也有不少的推崇。他的文學理論著作，是各大學文學研究生在撰寫論文或作研究時不可或缺的參考文獻。

佛雷在社會活動中是個極端的積極份子，先後參加了反越南戰爭運動，呼籲停止南非種族分離等重要活動，成為加拿大皇家騎警隊關注的重點人物。其中尤其引起皇家騎警隊警惕的是在1966年，多倫多大學舉辦了一場國際教育論壇，主題是取名為「teach-in on China」有關中國事務的討論，佛雷是該論壇的榮譽理事。因此皇家騎警隊開始懷疑他擔任這個席位的企圖。加拿大警方對他的監視所獲取的資料到2011年左右，彙集成為一份142頁的歷史檔案儲存在加拿大的國家檔案館中。

實際上在上世紀冷戰時期，加拿大情治機構大舉滲透在各大學等學術機構，其狀況與美國聯邦調查局的行動幾乎一致，對他們認為有嫌疑的人物加以跟蹤或監視的舉動至今一直普遍存在。

所以丁玲的加拿大訪問，是否遭到加拿大警方的暗中盯梢，很難避免。因為我在進行中美加三國民間文化交流工作時，也很榮幸地得到加拿大警方的青睞。

佛雷先生對丁玲到訪的支援，應該有其歷史的背景。據瞭解，佛雷的著作先後在中國出版了中文翻譯版。足證這位現代文學理論家的成就，得到中國文學界的高度重視。

在我陪同丁玲伉儷抵達加拿大後，加拿大國家通訊社一位黃姓華裔記者，在座談會上向我提出，是否可以跟蹤採訪，以便在丁玲結束訪問前，發一篇全面的報導。我同意她的要求，只是我建議她在寫報導時儘量客觀，不要一味地描寫丁玲在北大荒受苦的境遇，讀者會誤以為丁玲仍然在受苦受難。她欣然同意，而且給我保證她會寫出一篇令我滿意的報導。

在後來十餘天的活動中，她一直很仔細地觀察丁玲所到之處受到的歡迎，以及加拿大各界對她的尊重。我思忖這位記者應該有足夠的素材去發揮。

在訪問的最後一站，我想黃女士的文章今天應該見報了。開啟房門，門把上掛著裝報紙的袋子。我取了後回到房裡，果然她發表了一篇份量應該很強的跨頁報導，丁玲的照片佔了三分之一的版面。我迫不及待地坐下閱讀，心裡盤算在讀完後如何向她表示謝意。

沒有料到我的情緒幾乎成了燃燒的火焰，閱讀完畢後，即給她客房撥了電話，請她到我客房來。她帶著一臉的窘相，用有些顫動的口吻不斷向我表示歉意。她坦率地敘述著這幾天的工作經歷，而且是真心實意地寫了一篇可以刊足三版的長篇報導，她強調說，這幾天受到丁玲的精神感染，給她添增相當的寫作靈感。

然而當她將寫好的報導交給編輯部時，她沒有料到，總編輯竟然將她描寫丁玲當今在北京的生活寫照全部刪除，才出現我看到的不同版本。

聽她講完後，我自忖沒有必要對她加以指責，只是淡淡地說：「你現在應該瞭解，在所謂的民主社會裡，一樣是沒有新聞自由的。加拿大跟在美國屁股後面，只是打著自由民主的招牌，標榜新聞自由。現在你自己的經驗已說明一切。」

當然在我將報紙親手交給丁玲的時候，我只是輕描淡寫地告訴她，加拿大國家新聞通訊社發表了對她的報導，其他我就略過了。

在丁玲訪問加拿大的中部城市威尼裴克時，還發生了一件看似好玩，實際是反映了加拿大在極度寒冷氣候裡的社會現狀。當天氣溫在零下22度，避免丁玲在這樣奇寒的天氣外出，我們就在下榻的酒店餐廳用餐。威尼裴克城市人口不多，市面的結構仍然多少存在十九世紀西部開發的傳統作風，喝酒，色情行業普遍存在。

我們在餐廳坐下不久，突然響起與中午格格不入的音樂，給人的感覺似乎提早了燈紅酒綠的興奮。與此同時餐廳的燈光轉暗，只有聚光燈照射在中間一個小臺上。從側門出現一個穿著性感的黑女人，用輕盈的步伐似飛般地躍上舞臺。手扶著臺上的鋼管，跟著音樂的節奏，在那裡對臺下的男士們作一些挑逗的動作。

我向陪著丁玲伉儷的曼尼托巴大學教授使了個眼神，彼此還做了一個無奈的動作，漸漸地，那個黑女人竟然是一絲不掛地在那裡做猥褻的動作。我暗地觀察丁玲神色，只看到她若無其事地坐在那裡。

等音樂停了後，我不得已用帶著歉意的聲調，就這個突如其來的場面，向丁玲伉儷表示內心的不安，因為我們實在不知道，居然在光天化日的中午，一家星級酒店的餐廳，會給食客們排出這樣不堪入目的「娛樂節目」！

聽了我的解釋，丁玲先爽朗地笑了笑，隨即說：「那不就是一條大母豬在那裡晃著大屁股，沒什麼值得大驚小怪的！」她的隨性令曼尼托巴大學教授和我不禁宛然一笑，這個沒有預先安排的「節目」，也算是給丁玲作為了解加拿大社會實況的一個參考。

經過十多天緊湊的訪問日程，我陪著丁玲伉儷飛回愛荷華，抵達時已經是下午四點，聶華苓女士安排了大學學生開車到機場接我們，安頓好丁玲伉儷，我和聶華苓及其夫婿交談了好一會，並將丁玲訪問加拿大的經過給她做了簡單的介紹。

第二天我留在那裡，和丁玲伉儷度過沒有節目非常平靜的一天，重溫著過去十多天的緊張生活。總而言之，加拿大給丁玲留下的印象還是正面的，尤其是她接觸到那麼多的加拿大作家和訪問城市的華裔代表，他們的真誠和熱情給丁玲的是難忘而回味無窮的記憶。

12月5日我辭別丁玲伉儷和聶華苓及其夫婿回到溫哥華。後來每次我前往北京公幹時，總會抽出時間去探望丁玲，而且她也願意我用「丁阿姨」稱呼她，這樣更為親切而溫暖。閒談中瞭解到她仍然勤奮地筆耕不輟，也積極參加各種文學活動，似乎又回到她在延安時代的活躍。

後來聽聞她身體欠佳，我就不方便去打擾，只能從側旁瞭解她的健康情況。但是每次得到的資訊總是比之前更差，最後得知她進了協和醫院，而且病情嚴重。

在1986年3月6日那天，我從外地乘飛機到北京，飛機降落後，腦海中情不自禁地出現對丁玲的關切，而且似乎有股不祥的感覺令我踟躕不安，而出現從未有過在機場找報紙的奇特動作。下機後我就四處張望，終於看到一位中年模樣的女子，推著一輛小車，上面放滿了不同的報紙雜誌，我急步上去買了當天的《人民日報》，迫不及待地翻閱著，一則只有豆腐塊大小的新聞令我反覆地看著，似乎不相信刊登的訊息。

那是一則宣布丁玲3月5日去世的訃告，我拿著報紙呆呆地站在那裡好一會，心裡一直不敢相信，丁玲真的走了！

丁玲駕鶴西去，留給後人的不僅是她的傑出作品，更多的是她那從青年時期即已展現的堅毅不屈個性，給她帶來無情的災難，但也贏得國際間的尊重和敬愛。

她在加拿大認識的瑪格麗特·勞倫斯，曾經為參與中國事務討論而遭致加拿大皇家騎警隊監視的文學評論家佛雷，後人都為他們在自己的家鄉和多倫多大學建立了研究中心，來紀念他們一生的成就。為了敬仰她的成就，丁玲在湖南的家鄉也建立了一座紀念館，但她更多的毅力是在晚年完成了百萬字的作品。

結識這三位聲譽卓越的文學界前輩，留給我的是無限的記憶和人生的奮鬥動力。更值得回味的是，丁玲在加拿大訪問時，無論是在電視塔乘電梯上到塔頂時，或者是在尼加拉瀑布邊漫步，還是在白求恩紀念館參館上樓時，她丈夫陳明先生無微不至小心翼翼地呵護著她，攙扶著她。每當乘車從一地到另一地，丁玲總會利用那短暫的路程閉目養神，有時還會發出輕鬆的鼻鼾聲。此時陳明先生一定會將手搭在丁玲的肩上，並讓她的頭依在他肩上，令她得到舒適的休息。

近二十年的北大荒流放生涯及牢獄之災，陳明先生始終如一地陪著她度過那漫長的苦難生活。他們堅貞不屈的愛情令人動容落淚。朋友如我，對這對患難夫妻，所能表達的就是永不變的「敬重」。

（2019年12月5日完稿於溫哥華）

和劫後餘生的曹禺相敘

1978年12月，我終於實現夢寐以求多年前往北京的意願，真可謂來自不易！在此之前，我曾數度申請簽證，但都在沒有給予理由的情況下被拒絕，甚至在1975年前後和妻子帶著兩個孩子前往亞洲旅遊，途經香港，得悉中國旅行社接受外國旅客申請旅遊簽證，於是抱著滿懷希望，能成功獲得簽證，跨過邊界即可進入大陸。

但我的夢想仍成了泡影。當時近中午，中國旅行社只有一位胖胖的中年男士，坐在那裡閱報。我輕步上前，問他是否可以申請前往北京的簽證，他將報紙拉下到胸前，用不信任的眼光瞧了我一眼，只冷淡地問道：「你們是哪兒來的？」

我簡單地回答道：「加拿大。」

他用帶有訓斥的口吻說：「回加拿大去申請。」講完就只顧看他的報紙。

我仍然期盼有轉圜的機會：「我們一家已經到了香港，就請你行個方便。」

他對我的要求似乎沒有聽見，或是根本不予理會，無奈之下，只得和妻子帶著兩個孩子走出旅行社。但我仍心有不甘。得悉澳門和大陸近鄉為鄰，也許還有一線機會。於是一家人乘渡輪前往澳門，抵達後，對當地的葡萄牙風光興味索然，我們到達緊鄰大陸的分界線，「有家歸不得」的悲哀情結隨即出現。我只能佇立在那裡，讓妻子給我拍一張有五星紅旗的背景照片留作紀念。卻在這時守衛邊防的解放軍士兵高聲向我們大吼：「這裡不許拍照！」

香港和澳門之行的結果，也就帶著「敗興而歸」的低落情緒而結束。

1978年，我抱著最後的一絲希望對妻子說：「我要再試一次，如果真拿不到去中國簽證，這一輩子就只好終老在加拿大了。」

事情的轉圜令我不解更是吃驚。中國駐溫哥華總領事館負責接受簽證申請的領事，很和善地告訴我：「五天後來取回你的護照。」

和之前遭到的待遇迥然不同，那時候在小格子窗戶後的領事，帶著一張冷冰冰的面孔，乾巴巴地將申請表遞給我，看到表格上註明申請人要填寫家中五代的歷史。我無奈地問他：「領事先生，先祖父在我一歲的時候就去世了，先曾祖父從未見過，這表格很難填。」

不料他只扔給我三個字：「隨便填。」我也就只好胡亂地填寫完畢後遞交給他。結果是等了一個月，通知我去領取護照，卻沒有簽證的核發。

從經歷了那段時間數度申請中國簽證的奢望，以及被拒絕的失落，到最終獲得簽證的喜悅，我第一次的中國之行只能用「篳路藍縷」來刻畫。更感到來之不易的珍貴！

12月21日抵達北京，來接機的是負責外國旅遊者的中國國際旅行社陪同「小劉」，小劉是上海人，因為我是在上海出生的。所以一路上，我就用經過了那麼多年仍未忘記的上海方言和他交談，一時間我們就從陌路人成為似乎是相識多年的知己而無話不談。

交談中，他問我這次的中國行，有沒有計畫見什麼人。我告訴他，此行有一個任務，就是攜帶了一封加拿大國會議員的信件，是為生活在加拿大的一位華裔向中國政府請命，能批准他仍生活在大陸的妻室兒女前往加拿大團聚。所以我希望能拜見中國國務院僑務辦公室主任廖承志先生。為了讓小劉進一步瞭解我的背景，於是將廖承志前輩和先伯岳父的同窗關係等情簡單地給他介紹。

另外我在從東京到北京的航班上，得悉曹禺回到北京，我在加拿大執教多年，一直選用了曹禺先生的劇作作為教材，因此希望有機會能拜會曹禺先生，純粹是文學的交流。

第二天一大早，小劉就給我傳來了喜訊，廖承志先生和夫人經普椿約我24日在北京飯店共進早餐。而在當天（22日）上午，小劉在陪著我率領的20位加拿大訪問團，先前往天安門廣場的毛澤東紀念館瞻仰毛主席遺體。接著小劉安排了另一位陪同帶著我的訪問團繼續他們的行程。

小劉則陪著我直奔三里屯，因為從來沒到過北京，認不清方向去處，只能跟著小劉亦步亦趨。由於在歐洲生活多年，接觸過不少西班牙和義大利的作家和藝術家。他們有一個共同點，就是生活在優越但不豪華的環境裡，每當我去拜訪他們的時候，總是坐在他們的書房中或是畫室裡，一杯咖啡暢談文學藝術。

所以我坐在車裡，向曹禺住所前行的時候，我腦海中閃爍著他的居住，是北京的傳統四合院，還是山明水秀的農莊佈局？以他在文學界顯赫地位，這些都是理所當然的。那麼我也能有機會，和他品茗著中國的名茶，暢談他的寫作經歷。

今天的三里屯是北京的大使館區，還有很多現代商場和住宅。可是在1978年，似乎是北京城邊的農村。當車停下後，出現在我眼前的只是好幾排紅磚兩層樓的平民房舍。樓房之間留下一排空地，看上去是為栽種樹木或是花卉的綠化地帶，因為是冬天，除了一塊塊的黃土之外，別無他物，看上去有點蕭瑟感。

小劉帶我上到二樓，因為在教授曹禺的作品多年，從教材和參考書中，多次看過他的照片，所以一見面即認出他來。我們緊緊地握了手後，他一一介紹客廳裡的幾位朋友。有出版了《班主任》一舉成名的作家劉心武，還有中國作家協會黨委書記林紹綱先生，以及曹禺的三女兒萬方。

曹禺請我在靠窗的手把椅子坐定，他自己則坐在茶几的另一

1 筆者與曹禺會面後在其寓所合影留念。
2 與會者還有著名作家劉心武（後右一）及中國作家協會黨委書記林紹綱（後左二）及曹禺三女兒萬方（後右二）。

邊。幾位朋友圍坐在我們的對面，形成一個圓圈便於交談。坐定後，曹禺先生指著牆上掛著的兩幅字畫說：「為了歡迎你的光臨，我特地從友人處借了兩幅藝術品掛在牆上，不然就顯得太寒酸了些。」他隨即指著其中一幅介紹稱：「這是國家副主席董必武的書法，另一幅是任伯年的花卉。等會兒你走後，我就要將這兩幅作品物歸原主。」

一邊聽他的描述，一邊趁機向客廳四周掃了一遍，只見整間客廳，建築一般，白牆是用灰水簡單地刷過。靠窗邊就是曹禺和我坐的兩張座椅和中間的一張小茶几，另外就是幾位朋友坐的椅子，加上牆上懸掛著曹禺剛解釋的兩幅藝術作品，和他這樣一位名震中外的戲劇作家身分極其不協調，用「家徒四壁」來形容一點都不為過。我心裡不免反覆地琢磨，難道曹禺遇到過難以言表的困境？

接著曹禺拿起一罈酒，先給我斟了一杯，又給自己的酒杯斟滿，然後將酒罈交給小劉，給在場的賓客一一斟酒。他向我說：

「今天因為你的光臨，我特地請人去買了一罈江南地區的『女兒紅』，另外備了幾樣不成敬意的小吃。」他說話時還將眼神注視著茶几上放著的幾個小碟子，我也注視了一下，有花生米，肉鬆……

接著他舉起酒杯，向我說；「歡迎你，乾杯。」說完後將酒一飲而盡。我也只得舉杯喝盡。他指著其中的一個小碟說：「這是我自己做的泡菜，你試試看會喜歡不。」

為了表達對曹禺的接待，也是出於我對他真心實意的崇敬，我說：「曹先生，您是我最敬仰的中國話劇泰斗，也是中國話劇的奠基者。您把歐洲近代的戲劇寫作技巧運用在中國話劇寫作中，深刻地表現了中國的現代社會現實。」

聽我這麼一說，曹禺先生面露笑容：「你對我過獎了。中國的作家藝術家以及所有的文化人一直在鬥爭，在奮鬥。即便在黑暗的日子裡文化人也沒有停止過吶喊和奮爭，我們終於迎來了今天。文學藝術的天地比過去寬闊了，作家藝術家的眼界也比過去寬闊多了。」

當曹禺在敘述著時，我似懂非懂地只能附和著不斷地點頭。自1949年全國解放後，直至當時坐在北京，三十年裡我沒有家鄉點滴資訊，獲得的只是外界所賦予令人將信將疑的道聽途說。面對曹禺，一時間我似乎是個肚子裡沒有半滴墨水的「白痴」。他這段話是我在1980年到上海執教後，慢慢地從回憶中才領悟出他當時的心境，以及他為什麼會用含蓄的言表道出他和眾多同行十多年裡所遭受寫作權利被剝奪的悲傷。

我在交談中，給他簡略地介紹了當前西方世界的小說和戲劇情況。特別是因為我長期的歐洲生活經歷，所以談話內容也較側重在歐洲的文學和藝術。

聽過我的介紹後，曹禺接著說：「我們歷來重視同外國的文化交流，我們想了解外國，他們也想知道中國，交流是一個文化的契合點，希望互相增加文化交流。」

我們的暢談經歷了一個半小時，感到應該向他告辭。曹禺先生這時的情緒從我剛進入時的拘謹，轉換成略帶興奮。這時他起身要送我，突然他的身子還沒有站穩就跌坐在椅子上。他女兒萬方一個箭步衝上前，扶住了父親。

曹禺尷尬地表述：「真是抱歉，年紀大了，不勝酒意。」

然後由萬方攙扶著慢慢起立，準備送我出門。雖然我一直握著他手就在客廳門首告別，但他堅持一定要送我下樓。在萬方扶持下，他慢慢地走下樓梯。到了大門口，萬方輕聲告訴我，原來他父親患有腦血拴多年，醫生告誡他不能飲酒。但是今天看到我，心情萬分高興，特別是他剛從外地回到北京，是被「平反」後第一次會見外賓，所以就破了戒。

當我聽到萬方說，我是曹禺先生回北京後第一個會見的「外賓」時，內心也是興奮不已，但對她提到所謂曹禺被「平反」兩字，就如同他之前談到中國作家，藝術家的黑暗時代……一樣，我根本沒有明白它的真實意義。經過了在大陸生活一段時間後，才逐漸領悟出這兩個字對千萬人心路歷程中所包含的無限心酸。

告別了曹禺，我坐在車裡，不時回頭，只見他手持著枴杖，萬方一邊扶著他，他用另一隻手不停地朝我乘坐的汽車方向揮動。我心頭湧現出的喜悅裡卻含有幾分無法解釋的惆悵！

也許是巧合，更是緣分，我和曹禺再度在北京相會，那是一年多後，在北京人民劇院的後臺。我是受到邀請前往觀賞中國戲劇界的傑出演員英若誠所演出的《推銷員之死》。這是根據美國當代著名劇作家阿瑟・米勒（Arthur Miller）的作品（Death of Salesman）改編而搬上舞臺的名著。劇本是由英若誠親自翻譯成中文。

我和英若誠的相遇很偶然，在交談中瞭解到他是中國教育界前輩英千里教授的兒子，我真是喜出望外。他得知我是他父親的學生後也倍感親切。所以他主動請我到人民劇院觀賞他擔任主角的演出。

演出結束後，我到後臺向他祝賀。這時候看到曹禺先生從另一房間走出來，再次相見，已沒有第一次見面時的拘束了。此時他已經恢復了曾經擔任過的人民劇院院長重作馮婦。我們在交談時，發現他的臉色較我們初次會面時紅潤多了，而且精神上也有了天淵之別。

此後我就沒有再見過他，但是和他第一次的會面給我留下不僅是深刻印象，更為重要的是，他曾經說過的那一段話竟然成為我推動和加拿大文學交流的動力。他說過：「我們歷來重視同外國的文化交流，我們想了解外國，他們也想知道中國，交流是一個文化的契合點，希望互相增加文化交流。」

因此我有了邀請丁玲和先生陳明的加拿大訪問，以後又逐年邀請過馮牧，劉亞洲，鮑昌多位作家到訪，也安排了加拿大作家去中國做客。

最後讓我中斷文學交流的主因是，在我接待作家訪問團的時候，我都會竭盡全力招待他們，企使他們的訪問能達到交流的作用。但是奇怪的情形出現在一次的訪問行程中。我預定了溫哥華最知名的海鮮餐廳給他們接風，當主菜結束後，要上甜餅的時候，訪問團的團長突然起立說，他們另外還有一個應酬，所以要提前告辭。言語中居然沒有找到一個表達歉意的詞藻。我茫然地結了帳，所有的甜餅也只好擱置在餐桌上了。

不久我在接待另一個作家訪問團時，同樣的情況居然成了複製版。幾經多方瞭解，方知他們在到訪以前，就已經和當地來自中國的新移民有所接觸，當然他們之間的關係我就不必去深入瞭解，但他們晚間有什麼節目我也沒有權利去探詢。

只是每次我回憶起和曹禺相敘時所談到的中外之間的彼此瞭

解，不免會聯想起我曾接待過的中國作家訪問團而解嘲地得出這樣的結論：他們在加拿大瞭解晚間活動，也許是尋找中加寫作題材的靈感泉源！

（2019年12月16日完稿於溫哥華）

巴黎聖母院熊熊烈火中的領悟

2019年4月15日，巴黎一場大火燒掉了法國人的傲氣，摧毀了法國人的浪漫，享有八百年歷史的巴黎聖母院（Notre Dame Cathedral）在大火中付之一炬，面目全非。

我從YouTube中看到熊熊大火正將高聳入雲的尖塔吞沒時，心頭的確有股難言的悲哀。這是一座不凡的宗教場所，也是不朽的歷史藝術殿堂。

我是在1960年時代就讀馬德里大學時，在我最喜愛的課程「世界藝術史」裡，初次接觸到這座歌德式建築的典型代表作。從那時起就始終醞釀著一探該建築真面目的憧憬。

幾次的巴黎行，都是因為巴黎聖母院的人潮擁擠，使我踟躕不前。去教堂原本就是要將世俗的心境安靜下來，仰望釘在十字架上耶穌受難的聖體，牽動內心檢測自我靈魂的罪孽。然而在擠滿遊客人聲嘈雜的境遇中，卻益增心緒的煩躁。多年來歐洲各國的教堂，早已成為沒有目的的「遊客」休閒場所，儼然是一個喧嘩的聚集地。

記得1960年時代，我在羅馬工作，每逢週末或是公共假期，唯一令我嚮往的去處就是教堂，或是地下古墓。那時候參觀的遊客寥寥無幾，在教堂裡見到的「遊客」，幾乎都是人手一冊學習那精湛的壁畫、沉厚的雕塑，以及石棺上銘刻的文字記載，處處都是歷史和文化。然好景不常，不知從何時開始，教堂裡塞滿了蜂擁而至的遊客，到了週末更是水洩不通，也因此我對參觀教堂的意願開始衰退。唯有在小城市或是鄉村，仍然可以滿足在教堂裡自我省察的機會。

記得在義大利米蘭，每次去那裡，我肯定會去另一座歌德式的大主保大教堂參拜。有一天遊人雖多，教堂裡還保持著肅穆的氣氛。在眾多人潮中，我看到一群約三十多位日本旅遊團。他們都安靜地用同一個姿態，同一個方向，仰望著教堂的頂端，不時轉頭觀望。

在好奇心的驅使下，我趨前靠近他們注意了一會，才發現，原來他們的導遊，用一個極其小巧的麥克風，輕聲地解說。而每個日本遊客的耳朵上都掛著一個耳機。在不打擾其他遊客的前提下，又尊重教堂不準喧嘩的規定，履行了旅遊團導遊的職責。

2017年10月，我和妻子正在歐洲遊覽，再次到了巴黎，這個我們已經多次造訪的城市，一切都是那麼地熟悉，唯獨聞名全球的巴黎聖母院，居然還沒有踏入一窺究竟。但一看到門口仍如往日一般，遊客排著長龍，我幾乎又要打退堂鼓。

妻子用堅定卻又帶有幾分建議的口吻說，我們的年齡不容許再等待，再不進去參觀，以後可能就沒有機會了。她說得很對，全球在聯合國世界旅遊組織的積極推動下，觀光活動只會有增無減。要想教堂恢復從前的寧靜幾乎是不可能的奢求了。於是買了入場券，教堂售票處給我們預定了入場的時間。

為了限制遊客人數同時進入教堂，幾乎在所有對遊客具有吸引力的歐洲各國大教堂，現在都已開始對外售票，免費入場的光景早已一去不復返。買了票還要等指定時間方能進場。我們在西班牙南部格納拉達城市，就遇到過逾時不得進入的尷尬。

那是西班牙1492年最後一個阿拉伯摩爾王室的遺蹟，其中有一個代表摩爾藝術的大廳，需要單獨購買入場券。我早在三個月前即已經訂妥。準備參觀完其他部分後趕過去欣賞摩爾藝術。不料因為整個王室遺蹟太過豐富，我們竟然忘了時間，等想起來時已經晚了二十分鐘。

抵達那座藝術殿堂，守門的女士看到我們的票已經過時，怎麼說好說歹都一口拒絕我們的要求，只得敗興而回。

有了這次的痛苦經驗，之後不論去哪裡參觀，就只得安分守己。所以來到巴黎聖母院，距離我們入場還有半小時，卻不敢輕舉妄動，就在正門首的廣場上拍照消磨時間。

之所以我對巴黎聖母院如此地執著，除了它的建築造型藝術文化吸引力外，還有文學的影響。法國十九世紀的偉大作家雨果（Victor Hugo 1802-1885）兩本作品勾起我的興趣。《孤星淚》（Les Miserables）是1862年出版的不朽之作，迄今為止，美國等地仍然將其編製成舞臺劇在各地上演。但和巴黎聖母院更有關聯的是他在1831年出版的《鐘樓怪人》（The Hunchback of Norte Dame）。

就是因為這部小說的情節發生在巴黎聖母院的鐘樓裡，所以至今許多歐美國家的旅客到巴黎聖母院，無論如何都要上到鐘樓一睹為快。所以在購買了巴黎聖母院的入場券後，另外還得購買專為參

1 筆者夫婦在巴黎聖母院的正門首留影。
2 聖母院未遭火災前拍攝的木質浮雕，如今可能已經成為灰燼。

觀鐘樓的「上樓費」！

看到眾多擁擠的旅客，我決定放棄參觀的願望，也許將鐘樓的印象留在腦海中增加想像力更為有情趣。然而我錯了，今年四月的一場大火，將我對該鐘樓的想像力澈底「毀滅」！

其實在巴黎聖母院中有一段中國淒涼的歷史不為現代人所知，更不會引起來自世界各國遊客的注意，因為這段歷史與他們毫無關聯。我在參觀期間，曾看到不少的華夏同胞，他們在經過那段歷史的記載時，並沒有駐足細看，而是一閃而過。

說到這段歷史，應該回溯到發生在滿清咸豐年間一場震驚中外的「青巖教案」，也是當時發生在中國貴州的第一個教案。法國在中國傳教工作應該是自明代開始，其中對在貴州傳教工作的開展不遺餘力。二次鴉片戰爭後，滿清和西方簽訂喪權辱國的《天津條約》和《北京條約》，法國在貴州的主教胡縛理利用條約中的條款，在貴州擴張法國宗教勢力範圍。一方面向當地地方官員施加壓力，一方面又分庭抗禮。

1856年（咸豐六年），時任貴州第二任法國主教胡縛理擔任貴陽小修道院院長職務，為了培養本地的神職人員，他選擇了青巖鎮的姚家關，於咸豐九年（1859）籌建了小修道院，任命傳教士白伯多祿擔任院長一職，同時招收了十多位修士。

由於法國在貴州的傳教區，傳教士和教會始終是以征服者的姿態出現，藐視清廷官府，還欺壓當地百姓，暗地勾結不良份子在地方製造事端，並霸佔土地，導致百姓反洋的情緒高漲，滿清地方官府對外國宗教的排斥也因此浮上檯面。

咸豐11年（1861）4月，法國主教胡縛理，在法國傳教士任國柱陪同下，趾高氣揚地去見貴州巡撫何冠英和提督田興恕，卻遭到始料不及的冷遇和拒見。田興恕還警告該主教，貴州沒有必要再增加教門。並嚴辭告以，如今後教徒中有違法亂紀情事發生，法國教會難辭其咎。

與此同時，田興恕先後指令青巖團務道趙國澍領兵到貴陽北天主堂驅趕教徒，並沒收宗教用品。兩位清吏還祕密函知各府、州、縣，一旦發現有傳播天主教義蠱惑人心者，絕不能姑息並以外來盜匪看待。

這一年端午佳節，貴州古城青巖鎮百姓按傳統上街「遊百病」作為慶祝，一部分群眾途經姚家關大修院時，有孩子們高聲朗誦民謠：「火燒天主堂，洋人坐班房。」引起修院不滿。當時守門人連同四名修士出面驅趕，並與群眾發生衝突。青巖鎮團務道趙國澍將這批修道士拘捕後加以訓斥，並告誡他們要向官府保證，如不放棄洋教，也不脫離洋人者將予處死。

修士們回去後，即向院長白伯多祿報告所發生的經過，他只得帶領全體逃往附近楊梅高寨教徒家暫避。清廷地方官府等了五天，沒有得到教會的任何答覆，田興恕下令趙國澍將修道院鬧事的守門人羅廷蔭（John Baptist Luo Ting-yin），及兩位修士張如祥（Joseph Zhang Wen-nien）和陳昌平（Paul Chen Changpin）一同關押在團務署，並查抄修道院，最後將該院燒燬。

由於三人誓不甘休，趙國澍一怒之下，在7月29日將他們三人祕密押至青巖鎮北謝家坡準備行刑。不料途中見到修道院女廚工王瑪兒（Martha Wang-luo Mande），擔心其會走漏風聲，於是將王瑪兒逮捕一併斬首。

訊息傳出後，法國教會當然不會就此罷休。於是前往北京和清廷代表勞崇光談判，結果是貴陽府要張貼天津條約二十份，貴州巡撫向胡傅理主教賠償被沒收的書籍，宗教用品及房舍等已損毀的財物五千兩銀。

至於被殺的四個修士及工人，賠款建造四座豪華墓地將其安葬。清朝廷萬般無奈下，將田興恕革職併發配到新疆，何冠英和趙國澍因已經去世則不再追究。至於被焚燬的修道院，清廷賠償白銀一萬兩千兩，糾纏了四年的「青巖教案」始得以平息。

「青巖教案」是發生在清廷的第一個教案，影響著其他教區隨後接連發生「開州教案」和「遵義教案」，世稱貴州三大教案，並且蔓延到四川發生「酉陽教案」和安徽的「安慶教案」，反洋鬥爭形同烈火焚燒。

時隔幾乎近百年，中國解放後前半段日子裡，生活在深山重嶺中的貴州老百姓，只要一提到外籍人，必然會產生恐懼和厭惡的心情。原來法國教會在貴州肆無忌憚地徵收土地時，經常會用「一張牛皮」作為圈地範圍的要求。「牛皮圈地」是歷史上的怪現象，早在公元前八世紀，就發生腓尼基人在非洲用牛皮圈地不勞而獲的卑鄙行徑。

所謂的「牛皮圈地」完全是欺騙的手段，他們以為一張牛皮大小的土地非常有限，作為糊弄當地百姓的手段。一旦達成協議，獲得者即將牛皮沿著邊剪成細線再用來圈地，當地百姓此時已經無可奈何。

據說貴州百姓也曾遭到相似的命運，所以後來只要一聽到外籍人，必定會咬牙切齒。不管此傳說是否屬實，法國教會在貴州的為非作歹是不爭的事實。

所以這一起本來就是西方宗教在中國仗勢欺人，受到法國培養的本地修士，也就難免會對當地百姓表現出狐假虎威的嘴臉，導致雙方的矛盾並因此而引發教案。在積弱無能的清朝，因洋人的氣勢凌人，結果反要清廷出面賠禮道歉，是中華民族歷史上最屈辱的一頁。在青巖教案中被殺的兩個修士其中一位陳昌平（Paul Chen Changpin），被教廷冊封為殉道聖人後，還大張旗鼓地將其遺骸從中國遷移到巴黎聖母院中安葬。

陳昌平是1838年出生在貴州一個窮鄉僻壤村莊裡的貧窮家庭，

雙親早亡故，被法國神父收養，15歲（1853年）進入初級神學院，同年接受領洗，第二年首次領了聖體。1860年升級進入高階神學院，時年22歲。

1861年6月12日，貴州團務署將其與其他修士一併逮捕後釋放，但要他們和洋人脫離關係。因為沒有回覆，團務署趙國澍在提督田興恕的指示下，將其祕密處死。

1879年教宗雷奧十三世（Leon XIII）為陳昌平賜福，換言之，就是梵蒂岡認同陳昌平是為教會殉道的。到了1908年，教宗庇烏斯十世（Pius X）為其行宣福禮，這說明梵蒂岡進一步承認陳昌平在中國天主教的發展過程中具有極其重要的影響力。

經過了十二年，法國天主教決定在1920年6月10日，將陳昌平的遺骸及一些他曾經使用過的宗教遺物運到巴黎，安置在聖母院的聖嬰堂內。2000年教宗約翰・保羅二世（John Paul II）為包括陳昌平在內的120位中國傳教士封聖。意味著這些在西方傳教士培養下的中國傳教士及修士都進入天主教裡最高的神聖地位。巴黎主教傑羅姆・波（Jerome Beau）於2010年6月10日在巴黎聖母院中舉行了一場特殊的彌撒，紀念陳昌平遺骸遷移到巴黎聖母院九十週年。

巴黎聖母院的地下室有一個特殊的布置，環繞地下室設計了不同的小聖母堂。每一個聖堂裡的聖母像膚色各異，有黑人的造型代表著來自非洲的聖母。有印度婦女的臉型代表著聖母來自印度……

其中有一個中國聖母堂，聖母的形象就是一個典型的中國婦女。手裡抱著酷似中國嬰兒臉龐的聖嬰，代表這位聖母來自中國。表面看來似乎教會在宣揚聖母瑪麗亞的無處不在，實際上隱藏著西方的宗教勢力遍及地球的每個角落。陳昌平就埋葬在這個「聖神的中國聖母堂」裡。

進入聖母院參觀時，我跟著人群，徐徐地從右邊向祭臺方向行走，中間一排絢麗的浮雕深深吸引著我的視線，於是駐足細心欣賞每一個浮雕的造型及其藝術感。其中一塊棕色的匾額吸住了我的眼神。匾額上的描述是用法文書寫，每一段文字後有中文翻譯。匾額頂上刻著「天主賜福」四個中文字，第二段為：「聖陳昌平保祿修士」。後面兩段的中文翻譯就出現了一些語病，令人發笑。但我站在那裡反覆觀看，深感一個中國籍的修士，因為教案而「殉道」，居然受到法國教會如此地重視，不僅安葬在歷史悠久的大教堂裡，而且還有旅居法國的畫家為其畫像。作為一個虔誠的天主教徒，我久久無法理解這眼前的一切。

就在這頃刻間我的思潮回到求學時代，在歷史課中讀到腐敗滿清時代教案時義憤填膺的心緒。萬沒有料到經歷了逾半個世紀，居然在巴黎聖母院我看到中國這一段滄桑史的延續！

法國教會在滿清時代對中華大地肆無忌憚地滲透，其目的不外試圖用宗教來改變中華悠久的歷史文化和社會背景。這和西班牙人在拉丁美洲大肆殺戮原住民導致最後種族滅絕，幾乎是「殊途同歸」。宗教原本是勸人為善，造福社會。但是千百年來宗教偏離正途，為其政府助紂為虐的斑斑

1 懸掛在聖母院地下室中國修士安葬處的中國式聖母聖嬰油畫。

2 原來設置在聖母院大堂左側的紀念殉教的中國修士匾額。

劣跡，煽動人種之間的矛盾甚至是相互猜忌，導致掠奪併吞，至令宗教蒙上陰影。

我慶幸斟酌了近三十年才到巴黎聖母院參拜，因此親眼目睹法國教會對中國教案時過境遷已經百年，但對這千絲萬縷的情結似乎並沒有忘卻甚至妄言放棄。反而鍥而不捨地通過三位教宗先後予以褒獎、施福，終至封聖。

不知今年四月的一場大火燒燬了巴黎聖母院，是否會連帶將法國教會對中國教案的「念念不忘」與那熊熊烈火一併化成灰燼隨風而逝？在參觀時，我不經心地將中國畫家繪製的油畫，以及法國教會製作的天主賜福匾額等攝入鏡頭，無形中成為歷史見證的意外收穫，因為所有的原件都可能已化為灰燼！

明年是陳昌平修士遺骸遷移到巴黎聖母院的百週年，由於聖母院已經毀於烈火成為一片廢墟。那麼法國主教府是否會想方設法，另闢聖堂為法國教會獻身犧牲的中國籍修士作一場別開生面的彌撒？假如真成為事實，那我就有理由得出一個道理，法國教會仍然懷著夢迴魂牽捲土重來卻永遠達不到的空想！

（2019年12月12日完稿於溫哥華）

于焌吉大使最後的歲月留給我們的啟示

台灣2020年的選舉終於落幕，國民黨慘敗，引起社會不同的反響，抱怨，嘆息，謾罵，詆毀層出不窮。歸罪於韓國瑜素人剛獲得高雄市長寶座，卻貪心不足要涉足更高層的政治地位，導致嚴重失敗。也有人跳出來高呼，國民黨缺乏對年輕人的培養，造成一面倒的態勢。

其實，國民黨的這次失敗，只是長期以來高層的自私心態，特別是內鬥猜疑等低劣勢態所導致的危機集中爆發了出來。而執政黨在去除己見，統一思想，全力支持一個他們並不滿意的領導人，目的就是為了能打勝選戰繼續執政。

國民黨竟然在投票前夕，仍然在相互傾軋，地方大老為了參選失敗，擺出對政黨推出的候選人不滿情緒；而生意場合中春風得意的商人，竟然要以美國奸商獲勝當選總統為榜樣冒出來攪和，因未能獲得候選人的資格，也就大言不慚地在螢幕上擺出不可一世的姿態。

筆者在台灣投票的一個月前即已預言，這次的選舉，國民黨必敗無疑，而且有可能從此再難以翻身。台灣政壇和社會各界，只是從當前的台灣情勢分析國民黨落敗的因素。但忽略了，要看國民黨今天的敗相，必須從歷史角度審視國民黨的基因來看問題。

自國父孫中山創建中國國民黨以來，其內部就從未出現過統一領導的局面。民國元年，北京剛成立的國會即被袁世凱霸佔繼而篡位，甚至有復辟的野心。自此之後，國民黨就陷入分裂內鬥的局面。自1925年國民政府在廣州成立至1948年，國民黨就經歷了四次大分裂。其中有最為嚴重的寧漢分裂，和1940年汪精衛在南京另起爐灶成立偽國民政府的歷史。

但是國民黨並沒有以此為鑑。1948年在南京行憲後，蔣介石為了獨攬大權，和李宗仁的明爭暗鬥，與後來敗退台灣不無關聯。

由於蔣介石的私心過重，對周邊軍政人物始終抱著猜忌懷疑的心態。而在與共產黨鬥爭時期，對自己的心腹也是疑心重重。和共產黨率領的解放軍在瀋遼，淮海和平津三大戰役中慘敗。尤其是在淮海戰役中，黃伯韜，王維，杜聿明，李彌，邱清泉幾個兵團之間互相牴制不予支援，終於走向滅亡。

在歷時142天的三大戰役中，國民黨國軍向共產黨解放軍起義，投誠，接受和平談判解放及被殲滅的正規軍計有144個師，非正規軍29個師，總共為154萬餘人，用兵敗如山倒來形容一點都不過分。

帶著潰退的情緒遷到台灣，雖然引用了越王勾踐「臥薪嘗膽」歷史歸屬作為改革的殷鑑，久存在國民黨基因裡的內鬥習性時有復發的症狀產生，其中對年輕人的不信賴尤其突出。

筆者在臺北求學時代，是國民黨爭取入黨的青年對象。一次國民黨召集了全台灣所有大專院校的優秀學生代表，集中在陽明山培訓灌輸國民黨的理論，筆者有幸成為被召集的對象。在集中培訓期間，得到蔣介石總統的召見，並陪同老人家和夫人共同觀賞豫劇的演出。

在結束培訓前，國民黨第一組倪文亞主任召集各校代表，舉行了一場討論會。他向我們轉達了蔣總統的關切之意，並且要求與會代表就幾天來的培訓心得，或是對黨有任何的建議暢所欲言，他會匯集所有的意見呈獻給蔣總統作為參考。

倪主任話音剛落，台灣一流學府如國立台灣大學，政治大學的代表立即爭先恐後地搶著發言。我坐在那裡期待這些優秀高材生會給蔣總統獻上什麼精彩的建議。不料第一位站了起來，理直氣壯地先感謝黨對與會學生的熱情接待，接著他就拿每天的早餐做了話題。描述了早餐的可口，但希望今後在舉行類似的集會時，應該適當地增加饅頭的供應量。

接著另一位代表起立，建議的內容與前一位相差無幾。我坐在那裡開始有點不耐煩了。於是在第三位代表正舉手準備發言時，我在沒有獲得倪主任的同意下，立刻站了起來，不假思索地就侃侃而談。

我說的內容是有關「中國青年反共救國團」組織章程，我表達自己是跟著父親從大陸逃到香港再來到台灣的，很希望早日能回到大陸去。作為救國團的成員，總會有如何為團裡做些貢獻的願望。從這個組織的名字上來分析，這是一個屬於青年的組織，但是我們看到的領導層幾乎是清一色的年長者，而且有的都已經是步入老年期了，請問哪裡是我們青年人的未來？

我說完後即坐下，兩眼注視著倪主任，只見他雙眉緊鎖，表情木然，他並沒有作紀錄，只是沉默地坐在那裡，對我的發言也沒有給任何的評語。我再向會場四周掃了一眼，只見與會的代表們嚴肅地坐在那裡文風未動。突然間我似乎從夢中醒了過來，感到對剛才的發言似乎有點過頭了，由此引起心頭快速的跳動。

稍停片刻倪主任宣布散會，看上去他走出會場時，面上的神色有點悻悻然，與會的學生也沒有和我搭訕，更增加了我內心的忐忑。

晚上熄燈後，我躺在床上，開始胡思亂想，自己是否會在半夜被送往無人知曉的地方，或者會出現意想不到的遭遇。那一晚我失眠了，但是清晨當我們再次進入膳堂時，那兩位曾發言的學生，若無其事地在那裡享受著熱呼呼的大饅頭。

自那次座談會後，我對國民黨在培養青年幹部的任務不再存任何的幻想，1963年我離開了台灣，負笈歐洲，就在中國人極少的馬

1 羅馬古老的五星級大飯店（The Grand Hotel），每年雙十節于大使均在這座大飯店裡舉行慶祝酒會，招待義大利政府要員及使節團的代表們，可謂是費盡心機展現臺灣的國際形象和地位。

2 1964年在羅馬雙十酒會中拍攝，自左至右為筆者、臺北教區郭若望總主教、于焌吉大使和駐義大利武官。

德里，也經驗了在幾個留學生中，為了爭奪回台灣參加國民黨會議的一張往返機票，彼此間的明爭暗鬥，讓我親眼目睹了一齣黨內爭鋒的戲劇場面。

到了義大利，我有幸認識了駐義大利的于焌吉大使。初次見面給我的印象，他是一位溫文儒雅的君子，言語舉止落落大方儀態得體的外交官風度。在日後的交往中，當他得知我是他哥倫比亞大學同學，又是外交部條約委員會多年同事的姪兒時，更是以長輩的身分對我愛護有加。而且隨著時間的轉移，我們也成為無話不談的忘年之交。

他數度對我表達有延攬我進入大使館工作的意願，主要是他看中我的外語能力。但對政治一直持冷感的我，對政治場合興味索然，因此我們的交談也就侷限在義大利的文化歷史音樂和藝術。但每逢聖誕佳節來臨之前，他總會準時給我電話，給我的任務是陪他到義大利政府的總理及總統等官府專程賀節，當然少不了要獻上一份禮物。

每次我都會感受到他在大使任內的艱辛和無奈。因為從1965年起，北京方面已經和義大利政府有了接觸，開辦貿易辦事處。無形中對這位學貫中西經驗豐富的于大使，在外交工作上平添許多難以紓解的困擾。

從和他的交往中，我看到他隻身一人無親無故，也沒有大使的官邸，只是在已經顯得極其侷促的大使館後面，闢了一室作為大使辦公室兼臥室，但他從未因為這樣的寒酸境遇而有任何的抱怨。

他是在家鄉媒妁之言的撮合下，和一位素未謀面的女子成婚。為了完成家庭賦予的娶妻養子的任務，當他的妻子有了身孕後，即獨自一人離開了家鄉，從此埋首苦讀，先後在美國丹尼森大學獲得學士，紐約大學獲得碩士及博士學位，繼續在哥倫比亞大學再次獲得碩士及博士學位。

1928年回國即進入外交部條約委員會出任專任委員，1929年即外放到古巴擔任駐古巴大使館二等秘書。從此平步青雲先後出任過駐紐約總領事，聯合國副代表等要職。

1946年5月25日，他奉命出使駐義大利大使，稍後在1952年曾一度兼任駐西班牙大使，一直到1966年回台灣。在這二十年任職期間，于大使不遺餘力地用他傑出的外交手腕，維繫住義大利和台灣的外交關係。他數次用帶著嘆息的口吻，向我敘述其中的艱苦和忐忑，對他孤軍奮戰的勇氣，我只能帶著無奈和同情的心態，珍藏著對他的尊重和敬佩。

于大使除了要使出渾身解數來應對北京方面的壓力和義大利政府的曖昧態度外，還得防備使館內部不時出現的「背後捅刀」。同為大使館的官員，對於于大使的應酬認為是亂用公款吃喝玩樂，就難免向臺北外交部密報這些的「不當」。其實明眼人一看便知，他們無非是希望早日將這位年近古稀的老人踢走，就多一分自己進入狀態的機會。

1966年的10月初，于大使約了我一同晚餐，在餐桌上，他告訴我，日內即啟程返台述職。就那一刻我腦海中出現的卻是對他此行的反對，意識中夾雜著無法解釋的不祥徵兆。早在1965年，我極力要求于大使協助剛在紐約獲得國際青年交響樂指揮金獎的郭美貞，到台灣發展，于大使不僅滿口允諾，還親自帶著郭美貞到台灣一舉成名。

而這次我卻極力阻止他回台灣，不經心地突然吐出一句連我自己都無法相信的話：「于伯伯，你能不能考慮一下，暫緩回台灣？」

他看了我一眼問道：「為什麼？」

我沒有稍加思考，用急躁的語氣說：「我似乎感到你如果這次回去，可能外交部不會讓你回來！」

于大使卻輕鬆地帶著幾分信心地笑了笑：「不會有問題。」

我們就這樣結束了一頓令我感到似乎是「最後的晚餐」。過了幾天，他終於啟程回臺北了。我沒去機場送行，因為他沒有驚動任何人，只讓跟了他多年的義大利司機菲魯屈（Ferruccio）開車送他去機場。當我從跟隨他多年的法籍秘書李莉安（Lillian）那裡得知他已走了後，我的心情空空洞洞若有所失。

果不其然，1966年12月20日，台灣派遣劉達人到義大利暫時主持使館日常工作，于大使的行蹤卻是音訊渺然。我又不便向使館追根究底地詢問，只能從李莉安那裡得到一絲資訊，那就是于大使極有可能不再返回任所。後來我一直反覆回憶著，為什麼沒有堅持在和于大使晚餐時力阻他不要回臺北的那股不知從何而來的勇氣，為此而感到自責和後悔。

劉達人在羅馬一年後，1967年臺北委派了另一位外交官吳文輝以公使銜參贊到羅馬，吳文輝曾擔任過沈昌煥的秘書，1967年時代在里斯本擔任駐葡萄牙大使館代辦，後因為澳門葡萄牙政府將台灣的特工遣送回大陸，吳文輝被召回臺北，不久即派駐羅馬。

最後在1968年3月7日，我在羅馬見到了正式接替于大使的許紹昌大使，這也說明于焌吉大使駐義大利的外交生涯就此終結。

可是從臺北接踵而來令人震驚的噩耗是于焌吉大使早在2月25日即已去世。更令人費解的是，從于焌吉大使在1966年返回臺北述職後，到1968年2月的辭世，究竟是什麼理由致使臺北外交部在對義大利政府之間的外交關係上出現模糊不清的局面？

據後來的瞭解，于大使在抵達臺北後，他的外交護照即被當時在外交部掌權的楊西崑沒收，足證于大使的被召回述職是逼使他退位早有的預謀安排。問題是臺北方面理應將大使的調換即刻照會義大利政府，然當時的安排卻是在兩年之內，先後委派劉達人和吳文輝以參贊的名義到羅馬履新。直到于大使去世後，才公開發表許紹昌為駐義大利全權大使。

更為奇怪的是，既然于大使的護照早在1966年即被沒收，理應被認為他的大使一職就被解除，但根據外交部後來對外公佈的資訊是，于大使在1966年10月20日離任。我也是在得悉這一消息後才恍然大悟，原來在1966年12月20日劉達人抵達羅馬履新的那天，于大使就已經離任了。

最為令人不解的是，既然于大使早在1966年即已離任，為何他被免職的日期竟然是1968年1月10日才公佈？而就在他被免職一個半月之後即去世？當時操掌大權的楊西崑到底在玩弄什麼把戲？

這位曾有「非洲先生」尊稱的外交官，在他的外交生涯中不乏驚天動地的傑作。他也是倡導台灣獨立的第一人，1971年聯合國通過恢復中華人民共和國席位後，楊西崑直接上書蔣介石，提出革新保台的方案，建議向全世界宣布台灣和北京分屬兩個合法政權，台灣應該改名為「中華台灣共和國」，舉行公投，並解散國會，建立新的臨時民意代表機構，由2／3台灣人和1／3大陸人組成。與此同時要大力培養台灣人和年輕人作為接班人。當然這樣公開將台灣從中華民族領土上分割出去的謬論，因蔣介石的反對而胎死腹中。

于大使去世後，他唯一的兒子從美國趕往羅馬處理于大使生前留置在使館的私人物品，旅居義大利的僑胞對臺北方面剝奪于大使返回任所向義大利政府辭行，以及清理私人物件等權利一節產生強烈的非議。事實上這是國民黨對官員懲處的一貫作風。後來葉公超在擔任駐美大使時期，出席聯合國大會，因為對外蒙古的立場與蔣介石相左而被召回臺北，葉公超以為很快就能返回任所，所以只帶了幾件換洗衣服，不料卻是一去不復返，在臺北鬱鬱而終。

當于大使的兒子打開父親的保險箱時，除了一大疊欠條之外，空無一物。在這些欠條中，大部分都是在當地一家名叫「中華園」的中餐館招待義大利政府官員及來自台灣的民意代表、政府代表團的費用，見到這些欠條的僑胞每個人心中都有著沈重的感慨！

于大使一生奉公守法清廉自律，一位堂堂大使，卻回到臺北後沒有固定住所。還是他在外交部早期的同事好友，台灣省議會議長黃朝琴先生在他開業不久的國賓飯店裡，給他提供了一間套房。居住了一段時間，于大使覺得過意不去，最後自行在外租賃了簡陋的居所作為棲身之處。

于大使在二十年駐義大利外交生涯中的經濟環境每況愈下，但他還要竭盡全力維繫台灣和義大利關係的苦心，卻不為外交部所體諒。

我在加拿大經營旅遊業務時，加拿大洛磯山脈的旅遊部門有意開拓和中國的交流，深知我和中國的旅遊機構有密切往來，於是邀請我設法安排中國國家旅遊局的高層到加拿大作旅遊設施的考察。在中國國家旅遊局的積極配合下，安排了由程文棟副局長率領一個代表團到加拿大考察，我也就義不容辭地陪同代表團在訪問期間一路隨行。

在幾天的訪問日程裡，我瞭解到程副局長會說流利的義大利文，而且和義大利有深厚淵源。巧合的是我們兩人居然在1960年代，同時生活在義大利，而因為政治因素從無往來，所以我們在北京的相識居然是在三十多年後，頗有相見恨晚的感觸。

程文棟是1944年出生在天津一個普通農民家庭，憑藉自身的努力進入到北京外國語學院。1965年赴羅馬留學，1968年結束後即進入到中國駐義大利商務辦事處工作。1970年回國進入外交部，1970年以最年輕的外交部科員職位，參加了與義大利談判建交的過程，那時候他才26歲。

1971年兩國建交後，即被派往駐義大利大使館工作，1974年升任為大使館黨委委員，受到政府的重用，一直工作到1980年才回國。回國後不久即進入中國國家旅遊局任職，到1986年出任副局長要職。1999年被任命為駐義大利大使，歷時六年，至2005年才卸任。

程文棟在擔任駐義大利大使時，對兩國的關係不遺餘力地推動，並圓滿完成朱鎔基和溫家寶兩位總理出訪義大利，由此增進了兩國外交經貿的融洽關係。在卸任前，義大利總統錢皮特地為程文棟大使頒授了義大利共和國功勳一級大十字架騎士勳章。

從于大使坎坷不平在義大利嘔心瀝血地掙扎，到程文棟順利的仕途，充分體現國民黨為了自身私心置國家安危不顧的基因延續，也反映出共產黨以黨國利益為先的長期人才培養計畫，展現出雙方今天優勝劣敗的局面。

于焌吉大使生前可能患有痛風病症，所以他在飲食方面甚為注意。從交往中，我注意到他從不沾烈酒，也不吃四腳動物的肉。每逢應酬時，他對葡萄酒也只是淺酌而已。

當我看到臺北外交部發布他因病去世的消息後不久，另外從臺北傳來的資訊，得知于大使突然改變了他的飲食習慣，幾乎是手不離威士忌，而且用牛排來「大快朵頤」！兩相對比，我立即意識到，于大使最後選擇了這樣令友人無不唏噓的方式，結束了他的外交生涯！

台灣選舉後，國民黨痛定思痛，力求改革，不禁產生啼笑皆非的感嘆。回憶往日，撫今思昔，在一幕幕搬上政治舞臺的表演中，領銜的演員們如潮水般時漲時落，但所有的劇本都是那麼的拙劣。

改革非三言兩語就能完成，培養青年人也不是一朝一夕就可以實現。當務之急是要解決黨內團結一致和去除私心的癥結所在，也許應該從國民黨基因方面刻不容緩地實行澈底改造。

過往的歷史悲劇可以落幕了，未來的新戲等待著後起之秀們去編寫，讓座無虛席的劇院中，向著傑出的舞臺獻上雷鳴般的掌聲！

我第一次赴北京的「政治任務」

1979年我以「外國專家」的身分，到達上海，服務於上海外國語學院西班牙系。那是我在1978年首次回到大陸參觀旅遊時，目睹大好江山滿目瘡痍，但從社會上朝陽般的氣氛觀察，第六感告訴我，中國的前途是可預期的，但需要教育和經濟的改革發展，這兩者之間，教育尤為重要。那麼海外的華人是否也應該盡己所能，奉獻一份力量呢？

帶著這樣的心情回到溫哥華，經過深思熟慮，我給中國駐溫哥華總領事館寫了一封信，闡述了我首次回到大陸的觀感，並希望有機會到北京外國語學院教書。大概等了不到兩個月，我收到了回信，原則上批准了我的請求，只是將我教書的城市改為上海。理由是上海是我的出生地，再則我失聯近三十年的二姐，經過多方探尋找到了她。所以有關部門建議我在上海教書，也給二姐提供適當的照顧。

接受了這個安排，我欣然應命，在上海開展了我的教學工作。雖然生活條件無法與加拿大相比，但是我去上海的目的不是尋找舒適的生活。親身體驗到學生們在極為艱苦的條件下，專心致志的學習令我感動。

有一天晚上我陪二姐晚餐，在餐桌上，她告訴我說，一年前我在北京的參觀訪問，由中國國際旅行社陪同小劉安排，他也是上海人，在回家度春節時，抽空去探望二姐。交談中，他告訴二姐說：

「你的弟弟很傻，這麼好的機會，很容易賺共產黨的錢，他卻沒有要！」

我知道這位小劉為什麼會向二姐說出這麼一套話。原因是，我第一次到北京，帶了一個近二十人的加拿大旅行團。那可以說是我有生以來組織的第一個旅行團。到達後，小劉問我想見什麼人。我只是聳聳肩告訴他，第一次回大陸，心情很愉快也很激動，但是我沒有任何的人際關係。

實際上此次雖然是我初次回到中國大陸，卻擔負著一個特殊的「政治任務」。

1949年兩航起義時的一位飛行員，多年生活在溫哥華，以教太極拳為生。我和妻子及幾位朋友每週都跟隨他練拳。當他得悉我要前往北京時，立即聯繫到選區的國會議員，請議員給中國政府寫了封信，希望我帶到中國交給中國國務院有關部門，就成了我首次回故鄉的「政治任務」！我在途中一直琢磨著如何投遞這封「助人為樂」的信件。

我看了信的內容，才得知原來這位生活在溫哥華教太極拳的老師，竟然是在1949年響應周恩來的號召，和其他兩航飛行員一起駕機飛往北京的起義勇士。不料1957年在反右鬥爭時，他被定性為右派。無奈之下他只得出逃，輾轉來到加拿大，一直以來孤身獨處，妻子和孩子們都在廣州生活。

所以當旅遊團陪同小劉問我要見什麼人的時候，我想起一直生活在芝加哥的三伯岳父曾提及和中國國務院僑務辦公室主任廖承志先生之間的友情。由於政治的因素，兩個情深如兄弟般的同鄉兼同學就這樣從此天各一方。也因此引起我有一見廖承志前輩的好奇和願望。

我告訴小劉，希望見到廖承志先生的目的有二，一是純粹家庭私人交情。我簡單地告訴小劉，他的尊翁廖仲愷，及其母親何香凝和我岳家有著非常親密的關係。我先岳祖父伍漢持在推翻滿清帝國的革命工作中，一直支援孫中山十次的起義，同時用行醫來掩護他的祕密革命任務。

辛亥革命成功後，伍漢持當選為代表廣東的國會議員，於1913年4月赴京上任，深感袁世凱無視國會的尊嚴祕密向五國借款，又策劃暗殺宋教仁。於是在國會提出彈劾袁世凱議案，袁世凱懷恨在心，布置爪牙在天津將其綁架，並於八月中旬在韓家墅軍營中予以暗殺，成為民國成立後第一位為憲政流血的烈士。

廖承志的尊翁廖仲愷，後來被蔣介石暗殺，兩位烈士的遺孀何香凝和李佩珍（筆者岳祖母）過從甚密。廖承志是和伍漢持烈士次子伍伯勝先後在嶺南中學及嶺南大學為同窗，不僅兩人同住一宿舍，也是網球搭檔，從父輩到他們自己，成為莫逆之交。

所以小劉在上海見到二姐說我傻，是因為我要求見的是這樣一位位高權重的政治人物，何況我還有家庭友情的深層關係，換了別人絕對不會輕易放過這千載難逢的機會，只要他開口，拿幾單生意是輕而易舉的事。所以他認為我應該掌握這機會，在大陸不費吹灰之力發一筆財。

其次是我此次還有一個任務，加拿大國會議員囑咐我攜帶有一封請求信件，廖承志前輩為中國國務院僑務辦公室主任委員，溫哥華的華人請求，交給他應該是名副其實的機會。

我是1978年12月21日抵達北京的。22日和小劉提出這一要求，令我激動的是第二天，小劉就興奮地告訴我，廖公（這是大陸對廖承志的尊稱）和他夫人經普椿邀約我24日在北京飯店共進早餐，為此我也欣慰萬分。

上午七點半左右，小劉安排好車送我到北京飯店，走進餐廳裡面的一間小餐室，廖承志前輩和他夫人已經在那裡等著。他穿著一件淺咖啡色的皮夾克，夫人則穿著黑色帶有碎花的旗袍式的長衫。見到我即親切地先握手。我則以「廖伯伯」稱呼他，感覺更為親切。

從一見面給我的印象就感覺到他沒有絲毫的官場習氣，純粹是一位忠厚長者，夫人也是笑容滿面親切非凡。彼此間沒有任何的拘束。我們喝著咖啡，吃著雞蛋火腿。他很健談，不斷地詢問加拿大的情況。

西式早餐完畢，服務員來收拾餐盤，我以為就此結束了。不料接著服務員又給我們擺上筷子碗盞等食器。不一會，服務員給我們端上燒餅油條，豆漿，鍋貼，及甜點放滿了一桌。

廖承志前輩的食量很大，他夫人在一旁不時用關切的眼神注視著他旁若無人的吃相。對我來說，他不高卻略胖的身材，使我立即想到在芝加哥的三伯岳父，他們二人有許多相似之處，矮小卻略胖，而且食量大。個性率真坦誠。最後他夫人無法再容忍，也顧不得我坐在那裡，用命令式口吻直率地向廖承志前輩說：「夠了，你不能再吃了！」

說完後轉面向我，同時用手指指著他先生：「他有高血壓，醫生不許他吃得太多！」

大陸國務院僑務辦公室主任廖承志及夫人，與筆者在北京飯店早餐後合影留念。

當然我只能虛應故事般地笑了笑。接著廖承志前輩對我說，他有好幾位老同學，一直在加拿大生活。多年來失去了聯繫。是否讓我協助他尋找一下。隨即他給我寫了幾個姓名。我看過後，興奮地告訴他，其中有一位每次芝加哥的三伯岳父母到溫哥華來遊玩時，必定會一起小聚。我答應他回去後會立即將這資訊告訴他的老同學。

一頓豐富的中西合璧早餐結束了。我請廖承志伉儷一起合拍了一張照片。鑒於他的地位，又是初次見面，我沒有要求多拍。而這唯一的一張照片就成為我保存著的珍貴記憶。

接著我取出加拿大國會議員的信件，先交到他手裡，並口頭作了簡單的陳述。他沒有打開，也沒有任何的表達，就將信封一折為二揣到口袋裡了。我也不便再說什麼。

和兩位長輩話別，我心裡一直琢磨，那封信的最後結果如何，成了我在旅途中的懸念。直到全團抵達廣州，是我們在中國旅遊的最後一站。我沒有去遊玩，只是去拜訪溫哥華太極拳老師的夫人。

我找到地址按了門鈴，開門的是他夫人，有點胖，很慈祥。她開門，一看到我沒有說什麼，即一把將我拉進住所，緊張地朝外面左右望了一眼即關上大門。進入到客廳後，她用手摸著胸前，也沒有和我寒暄就氣吁吁地說：「劉先生你不知道，要是在文化大革命時，和海外聯繫罪可大了。」

我給她這奇特的動作先是被震撼了一下，因為我對「文化大革命」一無所知，我就只得自我介紹，還沒有將在北京和廖承志前輩夫婦見面的前後告訴她。她就提高了嗓子說：「我也不知道是怎麼回事，前兩天公安局來通知說我們可以去加拿大了，還給我們進行辦理護照的手續。」

既然她已經有了和先生將團聚的喜訊，假如我再將北京的交涉經過向她敘述，就顯得有點累贅了。喝了杯茶後我借詞辭出。走在路上，回想起在北京看到廖承志前輩將信揣入口袋時的情景，不禁對前輩只作不說的辦事作風敬佩不已。

兩個月後我在溫哥華見到太極拳老師一家團聚的歡樂情景，為他們開心，更讓我對廖承志前輩難以忘懷。

與此同時我聯繫上廖承志前輩的老同學，當我在電話中告訴他，廖伯伯希望他和夫人能有機會到國內去走走，所有費用由僑辦負責。老人家既感動又欣慰，果然不久他打電話告訴我，他將和夫人啟程去北京，計畫在國內遊覽兩周。

在我們再見面時，老前輩告訴我，他們抵達北京後，廖承志前輩為他們安排了整整一個月的行程，走遍了大江南北，看到許多保存完整的歷史古跡，品嘗了各地的美味佳餚。在敘述他夫婦的大陸行時，真的是眉飛色舞。

在我見到廖承志長輩之前，曾聽聞這位位高權重的中國共產黨領導人，對僑務工作總是做得有聲有色。經過我的親身經歷，證實了此話不虛。就因為他的認真，誠懇，直率，凡是和他交往過的，無不對他佩服得五體投地。

因為他在北美洲有許多的老同學和同鄉，我在1983年曾計畫邀請他和孫中山夫人宋慶齡先生訪問北美洲，之所以我會定下初步時間，是北京傳來資訊，廖承志前輩已經內定為下一任國家副主席。假如成為事實，那我這個販夫走卒，即使有三頭六臂，也無法直通天頂了。

遺憾的是，就在那一年，兩位德高望重的政治領袖人物先後辭世，我的意願也只剩下無盡的空想。

走筆至此，不由想起廖承志的一生，他可能打破歷史上政治人物的牢獄之災的記錄。他先後坐牢七次，有國民黨的，有歐洲的，有日本的，也是因為他家庭背景的不一般，以及他待人接物的誠懇，每次都能化險為夷。而第八次的身陷囹圄，竟然是被共產黨投入牢獄。但這些牢獄之災並沒有擊垮前輩的勇氣和毅力，反之，他卻是越戰越勇，以堅強不屈的信心，繼續為黨國獻身到最後一刻。

為加拿大的朋友完成了一次我平生不敢想像的「政治任務」。與此同時，在和廖承志共進早餐的簡短相聚，卻改變了我後半生的心路歷程。在餐桌上，他輕鬆地問我：「你覺得中國怎麼樣？」

這突如其來的問話，並不複雜，也很有味道，只是難以回答。我思忖片刻，簡單地說：

「廖伯伯，這是我解放以後第一次回國，而且才來兩三天，可能我的看法不一定準確。不過，從一個中國人的感覺上，我認為中國就是中國，它的傳統文化一直在延續。」

說完後我自己感到心在撲通地跳著，深怕有所失言，但廖前輩簡單地說：「以後有機會多回來看看。」

當時我也不知哪來的勇氣，用堅定的口吻向他說：「廖伯伯，未來的中國需要海內外的中國人齊心協力，把國家治好。至於我，只是個普通老百姓，但您可以放心，從今天起，在我的後半生，將盡力為家鄉效勞。」

我回到溫哥華後，開始了我的上海教書生涯，繼續為中美加三國之間的文化交流，三十年來始終如一，這都因和廖前輩的坦誠交談，以及感受到他長輩似的關懷所引領我獲得的無價記憶。小劉說我傻，有道理，因為我始終沒有墜入追求金錢的深淵！反之，從廖前輩的精神，談吐及思維中我領悟到，之所以一個政黨能獲得成功，帶領民眾從貧窮走上富強，是他們擁有一大群像「廖公」那樣矢志不渝，忠誠愛國，堅持民族大義的「公僕」！

「鑽石公主」敲響國際郵輪業的警鐘！

2003年「非典」肆虐的那段時間裡，我正在北京工作，社會上風聲鶴唳，謠言滿天飛！好心朋友建議我撤退，回到加拿大去。但我堅持了下來。

我的辦公室位於北京人口密集交通繁忙的「中央商務中心」，在「嘉里中心」三十多層辦公大樓的十六樓，必須依靠電梯上下。

由於病毒散播，許多單位都停頓了運作，整棟辦公大樓空洞洞的，除了大廳的保安人員外，上班的就只剩下我一人。於是我放心了，這說明大樓裡沒有人傳人的危機，電梯裡放著一只大桶，盛有半桶的強烈消毒劑，發出濃厚刺鼻的藥水味，保潔人員每天都要為電梯的樓層按鈕板及周圍的牆壁擦拭好幾次。

現在回想起來，那的確是一場沒有硝煙的戰場，而我也自喻為戰場裡的「孤軍」獨守，一直到北京恢復了她繁華而熱鬧的氣氛。

這次突如其來的新冠肺炎肆虐，適逢中華大地處在慶祝傳統的春節歡樂中，人潮的流動數以億計，百姓們都沈浸在喜慶中，一瞬間令整個國家都陷於「人人自危」的境遇裡，無情的病毒將整個歡慶的氣氛澈底攪得支離破碎。

「新冠肺炎」來勢洶洶，其肆虐的範圍和強度，「非典」是無法比擬的。而中國也因此成了眾矢之的。一些國家的媒體，竟然罔顧病毒的禍害，無視中國政府為救治患者而全力以赴的舉措，藉機用「落井下石」的手段，無所不用其極地向中國發出「嘲笑」、「污衊」、「詆毀」的攻擊。也有一些國家藉著「貓哭耗子」的姿態，博取其公民的好感，臨時用貨機改裝成客運機，將他們從病毒重災城市接走。

許多國家紛紛祭出中斷航空業務往來，禁止中國人入境等手段，滿以為這樣就可以保護自身的安全。但病毒是沒有國界也不需要「護照」而暢通無阻的「恐怖份子」，無孔不入。

就在此時，日本傳來驚人的消息，美國「嘉年華郵輪總部」屬下的「公主郵輪鑽石號」（統稱「鑽石公主號」）傳出有旅客感染病毒的消息，導致整艘郵輪上三千多名旅客及工作人員無法登岸。日本衛生部門並令所有的旅客和工作人員，必須在郵輪上隔離十四天。

日本此舉滿以為可以將病毒阻擋在本國社會之外，豈知郵輪上的感染旅客人數日漸增多，截至筆者寫稿時，整艘郵輪上感染病毒的旅客已上升到六百餘人，是整艘郵輪三千餘旅客和工作人員五分之一的比例。令人費解的是，日本神戶大學傳染病學教授岩田健太郎曾經隨日本環境感染學會調查團登郵輪了解情況，卻遭到不明團體的反對，只能以災害派遣醫療隊成員登船。

他在郵輪上目睹了整個環境的惡劣狀況，受到感染的旅客帶著發燒的病體到餐廳取食，郵輪也沒有用「感染區」及「安全區」的間隔來保護健康旅客和疑似病患者，船上的工作人員也沒有作適當的防護措施，有的甚至連口罩都沒有配戴。他將船上的實際情況記錄了下來，並在視頻上表達他的關心。豈知這一行動被日本厚生省認為是不合規則，告知不能留在郵輪上。

這位曾經在2003年參加中國「非典」救治工作的傳染病專家，也去過非洲承擔起對「伊波拉」疾病的治療，根據他長期對傳染病的研究，兩次的海外參與都沒有引起他任何的擔憂。而這次在「鑽石公主號」上不到一天的停留，卻產生是與死亡面對的恐懼，甚至立即決定要自我隔離十四天，足證日本政府對郵輪上嚴重疫情有向公眾隱瞞之嫌。

雖然已經有美國、加拿大、韓國、英國及澳大利亞國家和香港地區，都已安排專機將其本國公民從郵輪上接走，日本兩百多位旅客也登岸各自回家。問題是「鑽石公主號」的病毒傳播已經給日本政府和社會增加了無法估計的禍害。

當「鑽石公主號」一開始發生新冠肺炎時，表面上看似乎是日本政府有可能為避免給即將舉辦的東京奧運會蒙上陰影，一直淡化郵輪上病毒可能傳播的嚴重性。郵輪的總公司對「鑽石公主號」所發生的問題也諱莫如深。

一俟14天隔離結束，美國政府並沒有飭令嘉年華郵輪公司對旅客作適當的安置，卻安排了一架貨運改裝的飛機，匆忙將郵輪上的美國公民全數接走，置其他國家的旅客於不顧。實質上三國都是在設法推卸因這次病毒傳播所可能帶來的種種負擔和責任，進而形成置旅客健康安全不顧的三國之間的政治角力。

由於這次「鑽石公主號」郵輪上發生的嚴重病毒傳播，全球各大國際郵輪公司紛紛表態取消亞洲航程，或是改變航程路線。著名的挪威郵輪公司，更立即取消自即日起至年底的所有亞洲航線。

筆者自1990年以來，每年都會多次搭乘不同郵輪前往世界各地遊覽。在爆發新冠肺炎前，筆者對國際郵輪的旅遊已開始產生「意興闌珊」的感覺，主因並不是因為病毒的傳播，而是國際郵輪的服務質量每況愈下，歐洲的主要郵輪公司，為了爭取美國市場，心甘情願地讓美國的嘉年華郵輪公司收購，因此航行在世界各地的不同郵輪，內部的餐飲、娛樂等設施，幾乎是清一色的「美國化」，造成「千篇一律」的模式。

實際上國際郵輪的「豪華」宣傳早已「徒有虛名」。為了各郵輪公司相互競爭，居然想出每間客艙訂位旅客，如要增加兩位旅客使用同一客艙，每人僅需支付一美元即可訂位。可以想像一間沒有窗戶的內部客艙，本來兩位旅客使用同一客艙時都會出現「摩肩接踵」的尷尬，一旦四人同艙，其擁擠不堪的場面實難理解。更令人擔憂的是，一旦發生任何的疾病，其傳播的危機就難以掌控。

近些年來各大郵輪公司為了爭取更多客源，相互競造大噸位的郵輪，目前已有數艘巨型郵輪噸位達到十六萬噸，可搭載六千多位旅客，員工人數也達三，四千。有的郵輪公司甚至計畫建造二十萬噸的超巨型郵輪，因此傳出巴拿馬運河管理部門擔憂，要能夠讓超巨型郵輪通過，就必需要拓寬運河等設施。

在歐洲及亞洲地區，郵輪允許旅客可以在中途登輪或上岸。如去年筆者和妻子從義大利西西里島的巴勒莫港出發，途經葡萄牙、西班牙及法國等港口，然後回到巴勒莫，是一個往返的旅程。但在航程中，目睹有些旅客在中途結束旅程，也有旅客從中途的港口登船，無形中豪華的郵輪成為公交車的運作。

這樣的不規範航程，生活在北美洲的旅客就沒有權力享受其優惠安排。一則美國和加拿大的法規嚴格，再則類似的特優安排，在北美洲根本查找不到任何的信息。

之所以會出現如此盲目的發展趨勢，目的只有一個，就是郵輪公司想方設法儘量吸收鉅額的利潤，至於旅客的健康安全等相關的條件，就不在他們的考慮之中了。

這次「鑽石公主號」發生如此駭人聽聞的病毒傳播事故，無形中暴露出普羅大眾毫不知情的國際郵輪操作內幕的缺陷和弊病。

「鑽石公主號」發生病毒傳播而被隔離後，所有旅客及船上員工一律不准登岸。幾乎在同一時間，因多國拒絕停靠碼頭而在公海上漂泊多日的荷蘭美國郵輪「威士特丹」（Westerdam）號，兩者均屬於美國嘉年華郵輪公司。嘉年華郵輪公司是美英兩國的合資大公司，分別在美國和英國註冊上市。

「鑽石公主號」屬於公主郵輪公司（Princess Cruise Ships），「鑽石號」則是對郵輪的命名。嘉年華郵輪公司將其併購後，為英國嘉年華郵輪公司所擁有。公主郵輪公司本身擁有18艘郵輪，還有兩艘在建造中。

荷蘭美國郵輪公司擁有16艘郵輪，也全部出售給嘉年華郵輪公司，屬於該公司的美國部分。加上其他被收購的郵輪公司，嘉年華公司共擁有100艘郵輪，每年搭載世界各國的旅客達一千兩百萬人次，成為世界首屈一指的郵輪公司。

既然擁有如此龐大的海上資源，理應經營成為旅客讚揚的「豪華」享受。實際上嘉年華郵輪公司壟斷了大部分的海上業務，其餐飲及娛樂都要做統一的調度分配。也是在統一訓練下，晚間的舞台演出幾乎是清一色美國百老匯模子裡塑造出來的，筆者就因為看到這千篇一律的演出而心生厭倦。

往昔的荷蘭美國郵輪上傳統典雅的歐洲氛圍已無影無蹤，取而代之的就是這些美國式的舞蹈和歌曲。餐飲的設計也是博取美國旅客的愛好，酒吧裡推銷的非酒精飲料被可樂佔盡風光。

這次發生新冠肺炎的「鑽石公主號」是在日本由三菱公司建造的噸位為116,875噸較大的郵輪，可載客2670位，船上員工為1100人。總造價為5億美元，於2004年3月下水，主打日本及東南亞航線，並已計畫在日本航行到2021年春季。

而荷蘭美國郵輪公司「威士特丹號」是在2003年7月下水，噸位為82,500，可搭載旅客1964位，員工800人。

筆者在2018年10月曾與妻子和兩位友人同赴日本橫濱搭乘該郵輪作日本及韓國五晚遊，感覺上該郵輪設備及配件都已老化，毫無「豪華」的氛圍。雖然我們的客艙有陽台，長期搭乘郵輪積累的經驗促使我們每天必須將陽台門和客艙門打開，讓空氣對流，不然客艙裡就發出來自地毯或是空調的特殊異味。

幾乎所有的郵輪客艙分成五個等級，最高層的少數幾間特等豪華套間是整艘郵輪的精華所在，其價格是一般客艙的三倍以上。其次就是豪華套間，價格略低於特等豪華套間。帶陽台的客艙也有價格的差異，郵輪在接受訂位時，將帶陽台的客艙按照其樓層及前艙、後艙和中間艙列出不同的價格。

再下來就是沒有陽台的內部客艙，分為兩等級，一種是有打不開小圓窗戶的客艙，美其名為「海景客艙」，另一種就是如不開燈就是黑茫茫沒有窗戶的內部客艙。這次因新冠肺炎而被隔離在內的旅客就形容其環境比監獄還可怕！

這些無窗戶的客艙，即使沒有新冠肺炎肆虐，在日常的航行中，也很有可能出現各種難以想像的疾病騷擾。其唯一的通風就僅依靠管道中的循環系統供應，實際上根本無法得到新鮮空氣的調節。

鑽石公主號客艙，屬於無窗戶的內艙。

為了賺取更多的利潤，郵輪公司不會將郵輪停靠在碼頭太久。前一批次的旅客抵達終點站時，早餐後即陸續下船，客艙服務人員還沒有完全整理好艙房，下一批次的客人在中午時刻即開始登船，準備下午四點或是五點啟航。

難怪日本神戶大學的傳染病專家岩田健太郎就嚴肅地將「鑽石公主號」比喻為病毒製造廠。而國際病毒專家也認為整艘郵輪是一個半密封的區域，數千人擁擠在一起，給病毒提供了溫床。而沒有窗戶的內部客艙，就成了半密封中的全密封陷阱。

其他如自助餐廳裡，每天的早午餐，在有限的空間裡簇擁著上千的旅客在那裡爭搶取食，都是製造病毒的最佳場所。

令眾多旅客很難想像的是，在過去十多年裡，國際郵輪幾乎每年都會發生多次旅客集體感染諾如病毒（Norovirus）和腸胃病患等疾病。根據國際衛生機構公布的國際郵輪發病率報告，上世紀末海洋上發生郵輪旅客感染病毒的頻率較少，而自2006年以來，發病率顯著的頻繁，從2006年迄今國際郵輪發生病毒感染的郵輪數字即可了解其危害旅客健康的嚴重性：

2006年—37艘	2013年—9艘
2007年—23艘	2014年—9艘
2008年—15艘	2015年—12艘
2009年—15艘	2016年—13艘
2010年—15艘	2017年—11艘
2011年—14艘	2018年—11艘
2012年—16艘	2019年—10艘

雖然病毒發生的國際郵輪數字有下降的趨勢，但是在郵輪建造噸位更大，搭載旅客更多的巨型船隻的發展趨向，對如何遏止病毒的傳播不能掉以輕心。

下列的幾個病毒傳播，足以說明郵輪上的健康安全情勢絕不能容忍任何的閃失：

1. 2003年12月，荷蘭美國郵輪公司的「沃倫丹號」（Volendam）載客1400位有53人感染病毒，在600名工作人員中則有11人中標。
2. 2006年1月，皇家加勒比郵輪公司的「海洋水手號」（Mariner of the Seas）載客3465位，在一週航程遊中，有276位客人感染病毒，船上1190位工作人員則有27人受到感染。
3. 同一年3月同一家公司的「海洋探險家號」（Explorer of the Seas）載客3660位有328人感染病毒。同一時間，另一艘「海洋雄偉號」（Majesty of the Seas）搭載了2581名乘客及844名工作人員作四天航程遊，有66名旅客及2位工作人員感染病毒。
4. 同一年7月，仍然是同一家郵輪公司的同一郵輪「海洋水手號」，繼1月份發生病毒感染後，再度出現問題，這一次搭載了3660位旅客，其中328名受到感染。

5. 同一年11月，嘉年華郵輪公司的「嘉年華自由號」（Carnival Liberty）搭載2974位旅客中，超過536位受到病毒感染，其中兩名旅客死亡，還有143名船上工作人員受到波及。這次的病毒感染，在郵輪從羅馬起錨前即已有旅客將病毒帶上郵輪而傳播給其他旅客。這是一艘在2005年7月才開啟處女航的新船，卻遭到致命的病毒災難。
6. 2006年12月，皇家加勒比郵輪「海洋自由號」（Freedom of the Seas）搭載3900位旅客，前往加勒比海一週遊，有97位旅客及11位工作人員感染諾如病毒。同一天，另一艘「太陽公主號」（Princess Sun）載客1950位，有103位感染病毒。
7. 2007年4月，皇家加勒比郵輪「名人巔峰號」（Celebrity Zenith）載客1363位，有89位感染病毒，613位工作人員中有11人感染。
8. 2013年10月，皇家加勒比郵輪公司的「名人頂峰號」（Celebrity Summit）從美國新澤西州啟航前往加拿大及新英格蘭的兩週航程中，有300名旅客及工作人員感染了病毒。
9. 2014年2月，荷蘭美國郵輪公司的「威丹號」（Veendam）載有1273位旅客及575名工作人員，在14天的航程中，114位旅客及10名工作人員遭到病毒的侵襲。
10. 2019年1月，皇家加勒比郵輪公司（Royal Caribbean Cruise Ships）可以搭載逾六千旅客的超大型郵輪「海上綠洲號」（Oasis of th Sea）在1月6日從佛羅里達的卡納維拉爾港口駛抵海地後，為旅客在陸上安排了一頓自助午餐，事後一位女旅客和她母親有嘔吐現象，隨即有475位旅客集體感染嘔吐和腹瀉等症狀。船長當機立斷取消了到牙買加及墨西哥的續航，立即返回佛羅里達。

同一艘郵輪早在2018年，即已發生過相同的病毒感染，導致561位旅客感染。船長作出取消航程的決定，並向6285位旅客全數退還所有費用。這是十年來發生在海上郵輪最大的病毒威脅。

此次新冠肺炎的傳播，一個月內先後發生了三艘郵輪有旅客感染病毒的現象，「鑽石公主號」的處理經過最受人詬病。另一艘荷蘭美國公司的「威士特丹號」，經歷了台灣、泰國、菲律賓及日本等地拒絕停靠的尷尬後，東南亞的柬埔寨在洪森首相親自過問後，允許該輪在該國停靠。洪森首相親自迎接受驚的旅客，並與他們握手擁抱表達大愛的情操。即便如此，柬埔寨的義舉還是遭到不同的褒貶。

再有就是總部設在馬來西亞，香港分公司雲頂有限公司的郵輪「世界夢號」（World Dream）也發生旅客中邪的事故。

就在全球集中關注這三艘郵輪上的旅客命運時，一月二十號義大利郵輪公司歌詩達的「賽琳娜號」（實際上該郵輪的義大利名稱（Serena）應翻譯為「寧靜號」更為貼切）滿載3706位旅客，從天津出發6天5晚的航程後，發現有15位旅客及兩位員工出現發熱症狀，在這些旅客中有146位來自湖北。

郵輪在一月二十五日返回天津塘沽碼頭。凌晨一點，當地抗疫中心及海關人員分別安排11位和7位官員搭乘直升機登上郵輪給全旅客及員工測量體溫，所有來自湖北的旅客均無症狀，另外17位發熱的旅客和員工在過去14天內也都沒有前往武漢的旅居史。

稍後，在郵輪上採集的標本箱，由空軍直升機執行空中接力，轉送到天津疾控中心，經過篩檢，所有旅客及員工均為陰性。除了受觀察的患者被送往指定酒店外，其餘的旅客全部安全輸送到輕軌站及機場，整個的過程在24小時內圓滿完成。然而這個緊急事故的援救過程，都沒有在媒體中披露。

走筆至此，「鑽石公主號」的旅客陸續登岸，被其國家的專機接回國，也有部分旅客因為發生症狀必須在日本接受治療及觀察。從這一次郵輪上突發的病毒侵襲，給全世界熱愛搭乘郵輪的旅客作全盤的思考，究竟搭乘郵輪旅遊是否為最佳方式值得商酌。

首先郵輪公司在海上發生任何公共衛生事故時，為避免所應負擔的責任，郵輪公司及所屬國家機構儘量尋找理由推脫，致令旅客無所適從，甚至犧牲應有的權利。這次的「鑽石公主號」在發生病毒肆虐後，嘉年華郵輪公司及英美政府的所作所為，不僅令全球震驚，甚至遭受有良知的媒體批評。這充分說明，除了英美旅客外，其他國籍的旅客只能將命運看成是無奈的抉擇。

近年來，中國的旅遊發展，表面上似乎是全球旅遊大國，實質上中國的旅遊只能被看成是「出境遊大國」，這和旅遊發展的宗旨是背道而馳。歐洲的法國及西班牙，每年接受旅遊者人數，都比其本國人口總數還高，這才是名副其實的旅遊大國。

反觀當前中國旅遊入境遊外國旅客數目，遠不及中國公民出境遊的數字。嚴格的講，中國旅遊的發展是「外匯輸出」的嚴重虧損。就在這樣的情勢下，中國還不斷尋找與外界合資經營的渠道，但是在不熟悉國際市場環境裡，撞牆的事也時有發生。

如近期英國有百年歷史的湯瑪斯・庫克（Thomas Cook）旅遊公司突然倒閉，引起國際間譁然。而就在他們倒閉之前，居然還有中國國營的旅遊公司投資五億英鎊，最後是血本無歸。其損失只能看成是「啞巴吃黃蓮」。

嘉年華郵輪公司，在2015年10月和中國簽訂了十年的合作關係，總投資為40億美元。投資機構為中國投資公司及中國國有造船廠，定名為CSSC Carnival Cruise Shipping，並將總公司設在香港，實際操作業務運作的是中國招商局集團。

這一合資項目體現了中國進軍國際郵輪業務的野心。雙方在

2016年9月簽訂合同，先行採購兩艘郵輪，並附加於2022年增加兩艘郵輪交貨的條款。2017年7月，雙方進一步商討這兩艘新郵輪由上海外高橋造船公司及義大利Fincantien造船廠合作建造。2018年11月，雙方最終達成為這兩艘新郵輪的建造正式簽約，並定下15億美元的預算。

其實這一合資公司首先採購的兩艘郵輪，是從義大利歌詩達郵輪公司（Costa Cruises）（這一郵輪公司的義大利名稱在翻譯中文時，應該為「海岸」更為貼切）購入兩艘分別在2000年和2003年建造的舊船，均為85619噸的中型郵輪，前一艘為「大西洋海岸號」（Costa Atlantica）經過裝修後在2020年開始運作，後一艘「地中海海岸號」（Costa Mediterranea）將在2021年投入運行。

海岸郵輪公司是在1854年創建，公元2000年被嘉年華郵輪公司收購，成為其屬下的子公司。原來擁有的14艘郵輪也全部由母公司管理。兩艘舊船出售給中美合資的郵輪公司，有經驗的國際人士對這樣的合作一目了然，中方出鉅資為嘉年華郵輪公司解決舊船出路的問題，為後者提供坐享出售舊船淨利的機會，所以一開局中方就已經輸了關鍵的一盤。

至於其他兩艘新建的郵輪，將是一對重達133500噸的姊妹郵輪，預定分別在2023年及2024年下水啟航。如果運作順利，以後將計畫至2028年止每年增添一艘新郵輪。

這幾年中國在郵輪旅遊的工作上不遺餘力地開足馬力，但是遇到的問題層出不窮，投入鉅資與外方合作進行是否能達到預期的效果值得存疑。

首先未來該等郵輪的運行將主打亞洲市場，無疑的是，主要的旅客將來自中國本土。由於中國旅客的處事態度上與西方國家有極其明顯的差異，易於產生誤解，且不時傳出齟齬摩擦。雖然近來有所改善，仍然是任重道遠。所以在主打亞洲市場的前提下，能否因此吸引歐美旅客值得關注。

既然與有豐富經驗的美國嘉年華郵輪公司簽訂合同，共同經營國際郵輪業務。但是中方在如同一座海上五星特級酒店航行於世界各地的郵輪業務中，幾乎從航行、餐飲、客艙、酒吧、劇院以及所有綜合設施都無法自如地運籌帷幄，結果是必然處處受制於美國的主動。

此次中國的「新冠肺炎」蔓延，「鑽石公主號」對病毒控制的失策造成旅客成為無辜的大規模傳播的受害者，成為對未來旅遊發展的致命傷，為此各郵輪公司有必要作全面的調整。郵輪的半封閉設施成為病毒蔓延的元兇已是眾所周知的阻力，那麼此刻中國招商局在積極發展從郵輪旅遊的佈局到建造郵輪的業務不遺餘力之餘，是否考慮到在新造郵輪上內部客艙的設計和疾病安全防範設施？

從中美郵輪業務合作的利益均等問題來分析，可以預見的是，最終的受益者將向嘉年華郵輪公司傾斜。招商局將公司設在香港，無形中剝奪了在大陸增加就業率的權利，而且在亞洲地區經營，旅客對象無疑大多數來自中國。在已經形成的中國出境旅遊大國形象中，中美合資的郵輪運作招商局的運行收益只是中國自己的外匯，郵輪上酒吧餐廳提供的酒水幾乎被西方的貨源所壟斷。

由於語言的障礙，當前的世界各大郵輪公司的員工，除了船長等高級職務是清一色的航海大國如希臘、荷蘭、挪威及義大利等所掌控外，其餘中低級員工幾乎皆來自以前具有歷史色彩被殖民如印尼和菲律賓、泰國等國家，近年來印度積極加入郵輪員工的陣營，這次「鑽石公主號」上就有132位印度員工感染病毒。中國要將自己投入鉅資的郵輪上提供給中國同胞就業機會，首先要解決的是語言的障礙，所以不論如何的努力恐怕仍然是杯水車薪。

可以想像的是，自「鑽石公主號」在拯救旅客從病毒侵襲中解救的過程中，出現一連串擺烏龍的尷尬場景後，旅客對選擇搭乘郵輪旅行的意向勢必會有仔細的思考。也許大多數的世人所患的「健忘症」不需要多少時間，就會將「鑽石公主號」上曾經發生的種種拋置於九霄雲外了。

但對於擁有十四億人口的大國，不能在經受如此狂風暴雨驟然降臨的折騰後就忘得一乾二淨。因為一些丁點兒的小事，都有可能釀成大禍。這些年在中國的經濟蓬勃發展環境裡，難免有些人會產生「得意忘形」的姿態。就如濫捕野生動物作為佳餚，就是展現有「炫富的需求」就有「利慾薰心的供應」惡性循環，造成舉國上下一起來承擔的悲劇。

這是一場因為出現驚天動地的病毒傳播而造成無法估量的慘重經濟損失，中國全國上下要痛定思痛，細細反思，民族的發展必須是低調奮發，國家的繁榮應該是穩步前進，而非一蹴可就。

至於在當今特殊的環境裡，貿然發展國際郵輪的業務，是否妥當值得商酌。必須步步為營，小心翼翼。「鑽石公主號」的烏煙瘴氣，已經給全球的郵輪事業敲響了警鐘，作為這次因為病毒肆虐而遭到重創的中國，更不是展現財大氣粗的時候！

（2020年2月23日完稿於溫哥華）

我和師兄英若誠未完成的「陽謀」！

第一次見到英若誠（1929-2003）是1983年在北京人民劇院觀賞他主演的《推銷員之死》之前，經過交談後得知我是他先翁英千里教授的學生，他很高興地請中國文聯官員陪我去觀劇。演出結束後，我到後台進入到他的化妝室，他正在卸妝，很高興地一邊在抹臉上的油妝，一面和我交談。

也許是和他先翁的師生關係，按照中國人的傳統，老師的家庭成員，雖是初次見面，很自然地也就產生一見如故的感覺。也是從那次的見面，我和若誠師兄竟然成了莫逆之交，當然這應該是得力於他對我刮目相看的情誼。

因為和若誠師兄的會晤，勾起我對恩師英千里的一些記憶。我是在臺灣攻讀英國文學時，選修了英老師的歐洲古典文學課。他主要是講授希臘「荷馬史詩」。英老師除了上課講授外，一下了課即夾著公事包離開。在我觀感中是一位極受學生敬重的老師，但是彼此之間又存在著無法分析或者解釋的隔閡。

好幾次在兩節課之間的十分鐘時間裡，我偶然經過老師的休息室，不經意地透過窗玻璃，隱約看到他沉默地獨自坐在那裡，神態落落寡歡，眼神中透出茫然若失的憂鬱。那時候作為學生，我只能膚淺地想到，也許英老師兼課教學繁重，需要利用這僅僅幾分鍾的時間調整他的疲勞感。

那時候臺灣的經濟落後，從大陸跟隨國民黨到臺灣的公教人員及學術界精英擁擠在人口密集的臺北，他們的收入幾乎是清一色的入不敷出。所以大學教授到處兼課的情況已不是什麼祕密。英老師也不例外，雖然他是臺灣大學外文系系主任兼教授，卻在臺北輔仁大學和淡江大學裡日夜不停地忙碌。

他是在「知天命」的年齡到達臺灣，我們這些學生只知道他孤身一人在臺灣，每次到課堂上，為了和學生之間的交流，他消瘦的臉龐上擠出的笑容，夾雜著我們無法理解的孤獨和落寞。但他嚴謹中帶有風趣的教學態度，始終是學生們最大的享受。

唯一的遺憾是，英老師不時會缺課。我們坐在課室裡等待聆聽他精彩絕倫的講授時，教務處的工作人員突然出現在教室，簡單地告訴大家：「英老師病了，大家可以作自修。」一次，兩次……我們開始擔憂英老師的健康。後來得知，他的家人都在北京，而他的胃疾時發，家裡就是一個工人給他安排日常生活的所需。

在好奇心的驅使下，我從不同的渠道了解到英老師北平執教，1948年和其他學者一同收到國民黨的命令到機場集合，當時以為是到臺灣有什麼臨時任務，就提著公事包離開了家，他夫人蔡葆貞和孩子們也沒有覺得他的台灣之行竟然是永別。

英老師是北京正統的滿族後人，他的父親英斂之滿族正紅旗人，漢名姓玉，字為英華。娶了滿族皇室的愛新覺羅淑仲為妻，所以英若誠是正統的滿族後裔。

英斂之幼時沒有讀過書，但是後來經過自修和教會的協助，逐漸在文化界嶄露頭角。在1902年創辦了《大公報》，迄今這份擁有濃重文化學術氣息的報紙仍在香港發行。後來他又在北平籌辦了輔仁大學。

英千里老師是1900年在北京出生的，13歲時其父委託雷鳴遠神父帶他到歐洲讀書，一直到1924年從英國劍橋大學畢業返國後，就開始了他的教書生涯。最初他協助父親籌辦輔仁大學，但就在輔仁大學落成典禮的前一年，父親去世，英千里老師則在1927年開始執教，擔任西洋語文學系主任、教授兼秘書長等職。

抗戰勝利後，英老師在北平除了教書，還出任北平教育局長及社會教育司司長。在抗戰期間，由於參加抗日組織被日軍投入牢獄，並被判處死刑，後來被改判入獄15年，一直到日本投降才獲釋出獄。

英老師的一生可謂是一介書生清廉自律，培養了無數的後進，但是自己卻是嘗盡人間辛酸。我自1963年畢業後即離開了臺灣，未再和英老師有任何的音訊往來。一直到1969年從新聞中驚悉他因肺癌在臺北耕莘醫院去世，享年僅69歲。

我和若誠師兄在北京結識後，彼此間的聯繫往來頗為頻繁。每次到北京，我必定會給他打電話，然後約好聚會。他還特地安排了我到他家中去叩見師母，那時候她老人家已經是九十高齡耄耋之年了。

按照中國的傳統，我向師母行了叩首禮，她臉龐上始終是掛著慈祥的微笑，但沉默寡言。也許是幾十年來給她的磨難造成了她不多話的習慣。從1948年英老師被迫離開北平赴臺後，半個多世紀以來，英師母的遭遇可想而知。開始她還被安排擔任北京兒童圖書館的館長，但是到文化大革命後，她就受到無法想像的折磨，憑著她堅強的意志倖存了下來。

我見到師母不久她就溘然長逝，兩位老人被無情地分離逾半個多世紀，始終未能重逢，後人也只能祈求他們的靈魂能在沒有仇恨的天國裡重聚。

和若誠師兄的聚會總是一件愉快的事，他在戲劇演出和翻譯文學作品方面有顯著的成就。由於他的英語造詣高深，所以和西方文化戲劇界的交往甚篤。在他獻演的眾多舞台劇中，除了《推銷員之死》外，我印象最為深刻的就是老舍的《茶館》。他在劇中扮演的劉麻子，受到觀眾的好評。

1986年加拿大溫哥華舉辦世界博覽會時，《茶館》被選中代表中國到世界博覽會演出。我負責全團七十位團員演出時的生活必須。有一天我設宴歡迎全團，宴會還未結束前，部分團員即起身到餐館外在人行道上剔牙或抽煙。

事後若誠師兄和我在北京重聚時，為此事還特地表達了歉意。他語重心長地說，人民劇院的演員是一流，但是在待人接物方面太差。當然我早已忘掉這事過境遷的細節，若誠師兄事後還提及，足證他對舞台演員日常生活表現的關切，這不僅是演員本身的作為，更是代表國家的形象。

在我們交往的過程中，發現若誠師兄有一個特殊愛好，就是吃螃蟹。第一次我們約好在上海見面時，適逢大閘蟹上市的季節。雖然我在上海生活過很長一段時間，對外相不討人喜愛的小生物卻是興味索然。主要是我對從那瘦小的鉗子或蟹腳裡去挑連牙縫都塞不滿的蟹肉的工程視為一大折磨。

當我們點菜時，若誠師兄突然建議每人來兩隻大閘蟹，兩人還要了一瓶「女兒紅」（浙江的紹興酒）。在不到十分鐘的時間裡，我已經將兩隻蟹的殘骸狼藉地散落在盤子裡。

然而若誠師兄卻悠然自得地，有序地用「蟹八件」分解，然後慢慢享用。那所謂的「蟹八件」是自明代流傳下來的食蟹專用工具。分別是錘，鐓，鉗，鏟，匙，叉，刮和針等。翻譯成較為通俗的名詞則為「腰圓錘」，「小方桌」，「鑷子」，「長柄斧」，「調羹」，「長柄叉」，「刮片」和「針」等。這些都是在封建社會中附庸風雅的瀟灑飲食享受，然而在若誠師兄使用時的那份淡然神情，從歷史的角度去衡量，這「蟹八件」正符合他那溫文儒雅的高超情操。

經過一個多小時的奮戰，他的盤子裡整齊地放著兩隻大閘蟹的軀殼，所有的斷臂殘骸都推集中在蟹殼裡面，一眼望去，儼然是兩隻文風未動煮熟的螃蟹。他帶著笑容，用手指指著那兩隻大閘蟹的軀殼說：「上海人講究吃完大閘蟹後，要這樣地還原，才能稱為是吃蟹的高手。」

我對他分解大閘蟹的功底只有發自內心的讚嘆。後來從人民劇院的其他演員那裡，得知若誠師兄喜愛大閘蟹的另一番隱情。原來他在1968年因莫須有的罪名被關入薊縣監獄服刑，即使受盡折磨，他仍盡力為了恢復自己的尊嚴而忍辱負重，終於走出牢籠。他出獄後第一件事就是吃螃蟹，他用中國文字上極為形象的詞語將那些迫害他入獄的那些人和螃蟹相比，「看你橫行到幾時」。

筆者在英若誠家中目睹其將倫敦購買的手銬銬在自己的手腕上，回憶牢獄之災。

為此我每次和他唔面時，只要是秋高氣爽的季節，一定和他飽享一頓螃蟹的樂趣。在那次的牢獄之災後，若誠又增加了一個收藏的興趣。有一次，我在他家閒談，在座的還有人藝的其他演員。他進入到書房，不久出來時雙手被手銬銬住。我見後大吃一驚。不料他卻滿臉笑哈哈地坐下，舉起被銬的雙手，開玩笑地說：「這副手銬是我在倫敦一家旅遊紀念品舖子裡買到的。」

他是在用樂觀風趣的態度對牢獄之災的諷刺和憤怒，我們當時還真不清楚他的遭遇。還是劇院裡的演員告訴我，他在監獄裡有一段時間，要忍受手銬反銬的折磨。就是一隻手伸向頭的後部，另一隻手則從前面向後彎曲，再用手銬將兩隻手緊緊銬住。難怪他對手銬的「難以忘懷」。

由於他出自書香門第，對政治毫無興趣，何況因為有過牢獄的痛苦經歷，他一直埋首於翻譯工作中，以及舞台的獻演。但仍然迴避不了對政治的參與。他被當時的萬里總理看中，延攬他出任文化部副部長要職。經過相互的商討，最後英若誠答應只擔任一屆。是他一生中唯一一次的政壇生涯。

在擔任文化部副部長那段歲月，英若誠完成了幾件中美之間的交流任務。他夫人吳世良著手翻譯美國駐華大使溫斯頓·洛德（Winston Lord）夫人包柏漪的小說《春月》（Spring Moon）。英若誠和夫人原是清華同窗，兩人都有紮實的翻譯功底。他夫人曾經是曹禺的秘書，也擔任過周恩來總理的翻譯。由她來翻譯《春月》是最合適不過的。經過了三年的辛勞翻譯，就在接近尾聲前，吳世良突然病倒，而且是不治之症，每天大量嘔血。

當時英若誠和義大利著名導演波納多·貝爾托魯奇（Bernardo Bertolucci）合作開展中國和義大利之間的文化交流工作，拍攝《末代皇帝》影片。由貝爾托魯奇執導，英若誠在該片中只飾演一名出場不多的配角。1987年他正在羅馬片場工作，接到北京的急電，告知夫人病危。於是他匆忙趕返，夫人已是彌留之際。

與夫人訣別後，英若誠含著悲痛，繼續夫人未完成的譯作，將《春月》的最後一章翻譯完畢始得以出版，令包柏漪在中國文學界大放異彩。

在一次的聚會中，我向若誠師兄提及此書的成功。他非但沒有任何的喜悅，卻一臉嚴肅地對我說：「包柏漪這個人很不厚道。我幫她完成了作品的出版，還賺了一筆稿費，卻在背後給我添亂。」

我對若誠師兄的抱怨深感不解，只輕描淡寫地問他是什麼原因。他帶著幾分激動的口吻說：「這人明知我的地位很敏感，她卻一直在背後給我捅刀子。利用他老公在北京擔任大使一職的機會，經常邀請中國的文化界人士到美國大使館喝咖啡，談政治，講民主，從中挑撥離間。」

後來我才明白，包柏漪一直是美國向外鼓吹人權的機構重要人物，而英若誠對她的不滿，關鍵是她利用他夫婦的政府內部關係，請吳世良為她的作品在中國出版，同時她又在大使館中邀約中國的文藝界人士，煽動他們成為反對中國的異己份子。從而向美國的機構邀功，達到她名利雙收的目標。

1987年的一天中午，我們在北京一間餐館午餐。席間，他向我透露有意成立一個推動中外文化交流的民間團體，而且已經初步定名為「中國藝術節基金會」，英文名稱為China Art Festival Foundation。問我能否考慮一下如何在國外成立藝術節基金會的運作。他之所以給我投了信任的一票，是因為他了解到，我多年來從事的國際文化交流樹立了一些正面的成效。

有了師兄的關愛，經過縝密的思索醞釀，我擬出初步的方案交給他參考，並經過兩人在一年多的時間裡不斷磋商。1988年底，他告訴我收到美國國務院的邀請，到美國作文化交流考察。那時候他仍然在文化部副部長的職位上，但他不願意用官方的職務出訪，因為那會給他增加諸多行動上的掣肘。同時為了爭取海外對「中國藝術節基金會」的支持，他偏向於用該基金會主席的名義出訪。

問題是，在北京方面，如用該基金會名義出訪，而該團體在還沒有獲得正式批准前，官方自然不會撥付任何的費用。而美國方面，基金會是屬於民間組織，國務院也沒有支付費用的計畫，所以在訪問期間，他們提出安排英若誠在夏威夷鳳梨罐頭廠的大老闆莊園裡下榻。如此一來，他在美國的行蹤就受到嚴重的不便。

聽到若誠師兄敘述美國政府的這些安排給他造成困擾時，我立即提出，給他安排在美訪問時的住宿和交通，這樣他就可以無拘無束地在美國進行所有的日程。

當晚他就將我的建議通知了美國駐北京大使，不料竟牽動了美國大使先生的緊張情緒，立即將實情呈報國務院。在沒有任何的分析前提下，這位大使先生竟然獨出心裁地將我推測為中國共產黨駐海外的「特工」！次日，我和若誠師兄再見時，他將這個頗具趣味性的始末告訴我，引得我因為美國外交官一貫的疑神疑鬼態度而大笑，居然在沒有任何的調查分析前，就將我從一個幾乎被共產黨鬥爭的國民黨老黨員的後代抬舉為中國共產黨的海外情報人員，那一刻我真有飄飄欲仙的感覺。

若誠師兄接著說，他已將我的背景向美國駐華大使解釋清楚，我是他父親在臺灣的學生，每次他到北美洲訪問，都是由我負責安排他的食宿。不知道這樣的解釋是否能讓美國大使放心就不得而知，但我就擔負起若誠師兄在美國行程的全程安排。

他的訪美日程是1989年3月9日開始的。我提前一天從溫哥華抵達洛杉磯，在市中心的喜來登大酒店為他預定了一間套房（648號），我則在他客房旁邊訂了一個單間（646號）。事前我和酒店總經理有過溝通，所以在他抵達酒店時，受到總經理的熱情歡迎。

即便若誠的食宿是我安排，但美國國務院仍然安排了一位隨從人員負責一路的安保措施，為了甩脫他的干擾，我還特地租了一輛林肯轎車，負責駕車陪同他拜訪所有已經溝通好的文化界人士。

那天若誠師兄從東京抵達洛杉磯，我在機場接機，然後直奔酒店。為了讓他在長途飛行後能有適當的休息，當天沒有任何的節目。

次日早餐後，美國國務院安排的隨從在酒店大廳等候。第一眼就看出，這不是坐辦公室的官員，而是具備特殊監視能力的情治

在洛杉磯和好萊塢巨星查爾頓希斯頓夫婦（右1及2）與中國駐洛杉磯大使級總領事馬毓真伉儷（左1及2）和英若誠（中）在宴會後合影。

人員。若誠師兄只是禮貌地告訴他我們有車代步，他可以在酒店休息。我注意到他那尷尬的表情，當然他也無法堅持己見。

就這樣我開著車，師兄弟二人的第一站是去拜訪好萊塢著名演員查爾頓．希斯頓（Charlton Heston）。他們二位是相識已久的好朋友。拜訪他的目的當然包含希望得到他對未來的「中國藝術節基金會」給以支持。

從他抵達洛杉磯後，一直到3月23日，我們幾乎馬不停蹄地出席各種活動，其中有私人宴請，也有工商和文化界的聚會，包括義大利著名導演、劇作家和製片人維成佐．拉貝勒（Vicenzo Labella）。他曾發行《馬可波羅》一片，而且邀請英若誠參加演出。得知我們的行程後，特地和他夫人Sue和女兒Jennifer在洛杉磯當地一家著名的義大利餐館宴請我們，如同一家人般地親切。華人老演員盧燕和她先生也專程拜訪了英先生。

在洛杉磯活動的高潮是訪問了美國演藝界的領導機構「國際創作經理」（International Creative Management）。這個龐大的演藝機構，涵蓋了美國的電影、電視、舞台劇、發行、出版等，不僅資金雄厚，而且影響力無人能與之配比。若誠師兄實際上在抵達美國之前，就已經做了許多的準備工作，所以我們的活動很順利地展開。每個聯繫的無論是個人或是機構，若誠師兄均已考慮過計畫納入他構思的中國藝術節基金會，對往後工作的開展有正面的幫助。

在幾天的活動中，有一些是若誠師兄的私人活動，我就在酒店裡埋首修改基金會的章程等文件。抵達紐約後，進一步開展了密集的拜會和聯繫。一連串的活動中，若誠師兄都不遺餘力地用他三寸不爛之舌遊說所接觸的個人或是團體。

在小提琴家斯頓的歡迎宴會上，斯頓夫婦和筆者合影留念。

整個紐約的訪問，主要目的是安排當地的喬佛雷現代芭蕾舞團（Jeoffrey Ballet）訪問中國，而且邀請一百名當地著名人士每人投入一萬美元，搭乘專機訪問中國，為喬佛雷現代芭蕾舞團助威。

美國著名的莫里斯菸草公司（Morris）宴開九席歡迎若誠師兄，該大財團事前已經允諾支持喬佛雷現代芭蕾舞團訪問中國的全部費用。

在紐約的最後一個晚上3月23日，是全部訪問日程中的高潮。美國著名的小提琴家艾沙克・斯頓（Issac Stern 1920-2001）在他私宅為若誠師兄舉行了一個隆重的歡迎酒會。出席的幾乎是生活在紐約的一流音樂界人士，是名不虛傳的冠蓋雲集，其中還有一位來自中國的青年中提琴手王建。

斯頓先生是國際小提琴家，名震全球，他在1979年應中國的邀請訪問了北京和上海，成為文化大革命後第一位西方音樂界人士訪問中國。他原來的訪華安排是指揮幾場音樂會，他和中國著名指揮李德倫先生的合作，不僅提供了中國和西方音樂界合作的轉逆點，也為國際音樂界奠下深厚的發展基礎。

在這次的訪問中，斯頓先生產生了拍攝中美合作音樂紀錄片的意願，也就是後來獲得奧斯卡金像獎最佳金獎的紀錄片《從毛到莫札特》。在影片中，出現了李德倫的指揮鏡頭，而一個只有十歲的王建也展現了中提琴演奏的天分，促成他後來在美國耶魯大學及茱麗葉音樂學院深造，成為國際間的中提琴演奏家。

斯頓先生為若誠師兄舉行的隆重酒會，除了對他的尊重外，還有更深層的意義，就是和若誠師兄商酌計畫在中國拍攝《從毛到莫札特》的續集《十年之後》（Ten Years Later），片中以中國在十年後的音樂發展及社會的繁榮為主題。

當然最重要的是斯頓先生全力協助若誠師兄推動成立藝術節基金會，並允諾擔任基金會的名譽主席。

在紐約，若誠師兄還進行了兩個他並不熱衷的政治場合。一是拜訪了當時的紐約市長愛德華・厄爾維・克曲（Edward Irving Koch 1924-2013），因為斯頓先生、喬佛雷現代芭蕾舞團都來自紐約，市長先生的支持，有利於中美之間文化交流的開啟。

另一個就是美國的外交關係委員會，邀請若誠師兄前往出席一個座談會。自中美建交後，這個「民間」組織，僅邀請過鄧小平、

國際著名小提琴家艾沙克．斯頓（中立者）在其官邸歡迎英若誠（右2）及筆者（右1）合影。在《從毛到莫扎特》記錄片中演奏中提琴的十歲男孩王建（右3）和英若誠見面時已經是二十歲的中提琴手了。

楊尚昆及吳學謙三位中國國家領導人出席該組織的活動，若誠師兄的受邀是第四位，換了其他人都會認為受邀的榮譽，但是若誠師兄卻以無奈的神情出席了活動。

這個美國的「民間團體」實際上是由當地新聞界的權威掌控，我們抵達後，負責座談會的就是《紐約時報》總編輯。出席人數並不多，但提出的問題幾乎都是尖銳而刻薄。一開始若誠師兄就面對排山倒海般的西藏問題，但他不假思索坦然地用一口流利的英語將其化解拆招。我在會場裡冷眼旁觀，只見所有與會的向來自以為所向無敵的美國媒體都佩服得五體投地。

整個的美國之行可以說是圓滿完成，中國藝術節基金會的成立也只是時間問題，我擬定了整個的章程等文件交給若誠師兄過目潤飾，他並建議將基金會的總部設在溫哥華，幾天來見到的美國文化界人士都一致看好這個極具未來發展潛力的文化團體，尤其是小提琴家艾沙克・斯頓、劇作家阿瑟・米勒（Arthur Miller）、好萊塢巨星查爾頓・希斯頓都欣然接受了若誠師兄的邀請擔任基金會的理事，尤其是小提琴家斯頓更是滿心喜悅地接受擔任基金會名譽主席的榮譽頭銜。

帶著滿懷的欣慰，我將若誠師兄送到機場，到波斯頓去探望他的義妹韓拱辰。她是英千里老師在臺灣大學執教時，一位同事的女兒。也是她和英千里老師的「緣分」，從孩提時代與英千里老師為鄰，到後來兩人成為忘年之交，而且英千里老師在臺灣孤寂一人，這位討人喜愛的女孩在英千里老師的心目中就如同己出。

在那段歲月裡，他不僅讓英千里老師感受到失去的父女親情，也解除了他在臺灣無依無靠的孤獨寂寞。他始終不懈地給韓拱辰在學習上的督促和鼓勵，同時也經常一起到天主教堂望彌撒。英千里的健康因為在抗戰時期遭到日本軍國主義的酷刑折磨，導致他的胃和肺留下難以復原的後遺症。

他教導韓拱辰就如同自己的女兒一樣，積極鼓勵她赴美在波斯頓完成學業，並且成家立業。我在臺北的《傳記文學》第59卷第三期中，拜讀過韓拱辰撰寫的〈憶英伯，念恩師—追憶英千里教授〉，從她文中的描述可以想像她和英千里先生之間勝過父女般的感情，凡是接觸過這篇文章的讀者莫不一灑難忍的同情之淚。

當若誠師兄一家得悉這則感人心扉的往事後，他在1984年赴美國密蘇里大學訪問時，終於見到韓拱辰女士，韓女士將保留多年的英千里老師遺物悉數交還給若誠師兄帶返北京。而英家也因此認同韓拱辰女士為英家的一分子，特別是若誠師兄視韓拱辰為有情有義的妹妹。

在歸途中，一路上我反覆盤算如何將這個有極其特殊意義的文化基金會進行得有聲有色。正在我沈浸在喜悅的心情中時，1989年的6月4日，北京傳來一齣震驚全球的悲劇，我從電視上看到一些令人既無法理解又不能核實的鏡頭而感到悲哀和無奈。也因為這個悲劇，首先進入我腦海中的憂慮是和若誠師兄忙乎了好一陣的基金會可能從此化為烏有。

為了尋找真相，我在七月飛到北京，若誠師兄知道我下榻在香格里拉大酒店，於是約了幾位文化部的有關人士一同在酒店便餐。我一見到他，即按捺不住地嘆息著說：「怎麼就這一瞬間，整個世界如同隔世！」

整座五星級的大酒店裡，除了我們這一間餐室裡有燈亮著，居然是一片昏黑。我不敢相信自己眼前的所見一切，整個餐桌上從開始到結束，沒有一絲笑容，更遑論碰杯的雅興，若誠師兄對我們在美國的諸多安排不免憂心忡忡。

果不其然，因為國際上對中國的抵制和反感，美國文化界對我們談判的所有內容也因此而一筆勾銷。這時候若誠師兄的健康出現了問題。雖然我們計畫了數年的基金會這時已經是付之東流，但我們師兄弟二人仍保持往來。

在一次的聚會時，他在席間交給我一本印製極為精美的聘書。只淡淡地說：「我考慮了很久，還是應該給你留作紀念。」

我打開一看，原來是早在1987年基金會開始醞釀的時候，他即準備好聘請我擔任該基金會理事而頒發的聘書。之所以這份聘書一直沒有給我，即便這只是一個沒有酬勞的榮譽職位，卻因文化部堅持不允許外籍人士擔任，就這樣被擱置在那裡。

他之所以最後決定送給我，也許在他心目中，對這個夭折的團體仍佔有重要的成份。而那時侯他的健康情況令人堪憂。雖然他對

筆者在台北天主教公墓拜祭恩師英千里教授。

自己的健康只是輕描淡寫，但在一次和他午餐時，他咳嗽用紙巾吐痰，我注意到他吐出的是一堆紅色的液體。對照往日的相聚，我也間接了解到，他有嚴重的肝臟問題，是多年來舞台生活造成的後患。

若誠師兄是在2003年去世的，當時我正在北京，但沒有接到訃聞，後來得知他臨終前特別關照不要任何的儀式，只是幾個家屬在側，他自己還選擇了最喜愛的音樂陪伴著他離世。

轉眼之間，若誠師兄離世已經十七個春秋，但每思及師兄弟二人在美國訪問的那段時光，仍有無限的追憶和懷念。當年見到的國際知名演員和音樂家等，如查爾頓．希斯頓、阿瑟．米勒、艾沙克．斯頓均已作古。回憶他們的暢談歡笑，如今卻成為空谷足音。

我曾想，既然洛杉磯和紐約的相會沒有得到圓滿的結果，也許他們在天國卻能享受著沒有政治干擾，也不需要顧慮人事糾紛的極樂世界，開懷大笑，對酒當歌。

至於我，仍然在喧囂的人世間謹慎小心步步為營地苟且偷生，但每次回想起得到恩師英千里老師的循循善誘和教誨，又有若誠師兄的充分信任，這是我一生中獲得的最珍貴的精神財富和終生為人無價的借鏡。想起這些，我不禁又感到釋懷，和若誠師兄的一番努力而未盡的計畫，只能被視為是一次未完成的「陽謀」！

（2020年2月8日元宵節完稿於溫哥華）

我和瓦倫西亞的投緣

去年7月和妻子在歐洲歡度我們的金婚紀念，其中有一段乘郵輪暢遊地中海的行程，包括停靠在西班牙東海岸的瓦倫西亞（Valencia）。一登上岸，已經深埋在記憶深處的點點滴滴，一瞬間全都呈現在眼前。

十四世紀瓦倫西亞建造的哥德式城門塞拉諾塔（La Torre de Serranos），為該市十二座城門中的主要入城通道，至今仍然是主幹道的入口。

那是1964年3月，我第一次在西班牙的長途旅行選擇了瓦倫西亞。但那不是賞心悅目的休閒旅遊，而是為瞭解決生活所需的一次探測。

我是1963年秋季得到天主教的協助到達馬德里深造。離開臺灣前，我滿以為既然是天主教的獎學金，那麼應該可以高枕無憂專心一致地求學了。令我不解的是，抵達馬德里後，首先是原先都以為安排妥善的住宿，遇到了意想不到的困境。那是一個由兩位來自大陸安徽的天主教徒，租用了一棟公寓大廈中的整層公寓，作為臺灣和港澳留學生的宿舍。

我和其他同行的港澳留學生抵達後，他們都被安置好床位，唯獨我被告知沒有床位，幸運的是有一位香港留學生延後抵達，我可以暫時留宿，假如他一到，我必需要騰出床位給他。言下之意，那張床鋪也只是我的暫棲之地，為此我對日後的留學生活不敢作任何的妄想。

至於每天三餐就要到離宿舍步行大約十五分鐘路程的一所西班牙學生宿舍膳堂去解決。這令我對在臺灣通過天主教會安排的「獎學金」產生了疑竇。幸運的是一週後，宿舍負責人告訴我，香港的留學生去了美國，所以我可以在這張睡了一週的床鋪上「高枕無憂」了。

由於這個突如其來的周折，引起了我對日後留學生活的種種憂慮。當時西班牙的經濟條件在歐洲是屬於最靠後的。幾乎所有留歐的中國留學生一到暑假，就結伴到德國的漢堡碼頭去做臨時勞工，賺取下一年度的生活零用。為此，每當我做完功課後，就會為已經頗為拮据的經濟條件發愁。

一天，我途經馬德里中心區，看到一家門面並不很豪華的中餐館，在好奇心的驅使下，我走了進去。西班牙籍的服務員以為我是上門的食客，正要引我入座，我卻不敢表露自己的口袋羞澀，找了理由坐在進口處的椅子上。我張目四望，看到旁邊的一個小櫃子裡堆著幾本中文雜誌，我隨意抽出一本不經心地翻閱，那是香港發行的「中外畫報」，每篇文章的文字很少，幾乎是圖片佔滿了篇幅。

突然靈機一動，我在想是否可以向這家雜誌社投稿？假如獲得接受，也許我就可能賺取微薄的稿費來彌補日常生活的所需。至少可以略為解決當前面臨的燃眉之急。

我將該刊物的發行人姓名和地址抄在一張小紙條上後，即離開了那家小餐館。在回宿舍的路上，我一直反覆地為自己產生了這樣一個白日夢而興奮。但是寫什麼內容能得到雜誌社的接受，就得費一番心思了。

自打高中求學時期，我就養成每天閱報的習慣，到了馬德里後，雖然手邊並不寬裕，而且由於語言上仍有一定的障礙，每天買報有點浪費，於是我一週買一份當地的ABC日報，每天閱讀幾段，幫助我在語言學習上增加字彙的累積，也藉此瞭解當地的風土民情。

終於一則西班牙的節日新聞吸引了我的注意力。那是一年一度在瓦倫西亞城舉行的「法雅節」（Las Fallas），為進一步瞭解實情，我開始搜尋有關該城市的資訊。那是距離馬德里約350公里路程的東部海港。除了工業產品外，盛產我最喜愛的橘子。

經過左思右想，我決定大膽一試，用最經濟的方式來完成這個平生的首次歐洲之旅。決定後，我即購買了最廉價的夜間開行的火車座位，那時候西班牙的火車條件極差，所謂的座位也就是木板製的，經過一夜半醒半睡的顛簸，第二天早晨抵達這個素昧平生的城市。先找好了最廉價的西班牙稱為Pension的小旅社，它的條件一般，但還包一頓大陸式的早餐。

我先找到地圖，畫好路線，就開始在城中去「巡邏」一番。只見重要的街道十字路中間都豎立了不同造型的建築。向路人詢問，原來這就是「法雅節」（Las Fallas）名字的來源。所有的建築就稱為「法雅」。

這個節日從三月初到十九日共進行兩週，是為紀念天主教聖人聖若瑟（San Jose）而舉行的。聖若瑟在天主教以及聖公會和東正教都被視為是耶穌的父親，而且是宗教中最重要的聖人。三月十九日就是聖若瑟大瞻禮日。

我漫步在街頭，看著當地人不論男女，大多數都穿著傳統的服裝，無憂無慮踩著輕鬆的步子喜形於色地載歌載舞。酒吧裡充盈著歡樂的人群在那裡飲酒交談。空氣裡瀰漫著餐館裡溢出的引人垂涎的菜餚香味。

穿過幾條主要街道，我注意到建築在圓環中心的一座「法雅」，造型是荷馬史詩中的「特洛伊木馬」，走近一看，在木馬的腹部設置了一臺階梯，順著階梯可以進入到「特洛伊木馬」內，是一間美輪美奐的酒吧，已經有好些人在那裡喝酒唱歌。見到我這個中國人，大家先用好奇而友善的目光注視著我。我也帶著微笑向他們道了聲「Hola」（你好！）

1964年瓦倫西亞選出的法雅節皇后少女瑪麗亞·安東妮亞· 莫瑞。

就這麼一個簡單的字，引起他們的興趣，邀請我坐下，還給我倒了一杯「Jerez」（英文名稱為Sherry），這一杯酒向我傳遞了西班牙人的熱情好客傳統。我們交談了許久，從他們那裡得到許多有關瓦倫西亞的資訊。

向他們道別後，我再往前走，看到一群當地人簇擁著一個穿著較為特別的少女，她頭上配戴著一個皇冠型的裝飾。經過瞭解，她是當年選出的「法雅皇后」。交談之後，我給她拍了照片，她的全名是瑪麗亞・安東妮亞・莫瑞（Maria Antonia Moreg）。至今我還保留著當時為她拍攝的照片，如以她那時的年齡計算，如今應該是花甲甚至是古稀之年了。

瓦倫西亞除了有手工藝外，最為人樂道的是當地的飲食，它盛產橘子，公路的兩旁綿延數十里，都是枝葉茂盛的橘子樹。但最令人嚮往的是一道加了藏紅花名為Paella的燜飯。那是用魚塊，雞肉，大椒，豌豆和墨魚配以大蒜燜出來的飯，深為本地人和外籍人士所喜愛。

西班牙自西元711年，即受到來自北非的摩爾族攻擊佔領，長達近八個世紀，到西元1492年，西班牙南部格納拉達Granada）最後一個摩爾王室滅亡，西班牙天主教王室重振雄威，一直延續至今。但摩爾人在近八百年的統治中，給伊比利半島留下極其豐富的文化遺產。就西班牙語言中約有一千五百個詞彙源自於阿拉伯文。還將阿拉伯人飲食中的諸多香料及大蒜等烹調佐料傳入西班牙。

瓦倫西亞的燜飯是用大米製作，西班牙人喜愛煮食大米，就是受到摩爾人的影響，那是在西元十世紀傳入的，它的西班牙語Arroz（大米）源自阿拉伯文。而燜飯Paella一字則源自拉丁文Patella，是瓦倫西亞方言中的詞彙，這個拉丁字的意思是「平底煎鍋」或是「容器」。

實際上西班牙詞彙Paella是「剩菜」的意思。追溯到傳統上，最早的時候瓦倫西亞的社會特殊階級在用過餐後剩下的菜餚，均由僕役階層收集回去摻入大米煮成一大盤，供全家人食用的「大鍋飯」。

而阿拉伯文中有一個詞彙Baqiyah意思就是「剩菜」，用它來詮釋西班牙文Paella，兩相對照，西班牙燜飯的起源就是用剩菜加上大米烹煮而成。

經過了歷史的演變，瓦倫西亞燜飯是大約三百年前，在瓦倫西亞近郊一個名叫阿爾布法拉（Albufara）瀉湖區的居民開始烹製而逐漸興盛的一道菜餚。隨著時間的轉移，到十九世紀這個詞彙首次以「食譜」的方式出現在報章上，從此在西班牙全國流行，更流傳到歐美各國，成為瓦倫西亞對外宣傳的一張名片。

我在當地停留的三天內，在極為拮据的預算中抽出令我自己都感到心疼的一筆數字，到城裏一家小餐館中，第一次嘗試了瓦倫西亞的燜飯。餐館是按照每張餐桌食客的人數而製作的，因為我只是一個人，所以侍役就為我安排了足夠一頓飯的單份。一端上桌果然名不虛傳，我的食慾也由此大增。屈指算來已經是將近半個世紀的往事，對那美味的燜飯記憶猶新。

如今不論走到哪裡，經常會聽到凡是提及Paella時，就會誇耀稱其為「西班牙海鮮飯」。其實瓦倫西亞的正宗燜飯，全稱應該是Paella Valenciana，主要是用雞肉，魚塊，墨魚，再配上燈籠椒和豌豆粒。而海鮮飯雖然在瓦倫西亞也能找到，但在其他地區更為常見，稱為Paella de Mariscos，最後一個西班牙字意思就是海鮮，也統稱為Paella Zarzuela。

要瞭解這道名菜，首先要對這個有著藝術舞蹈音樂等融會一體的詞彙Zarzuele作深入的瞭解，才更能體驗出這道菜餚的品味價值。

這要追溯到十七世紀西班牙的舞臺演出，當時的國王菲利浦四世（Felipe IV）和王后瑪莉安娜（Mariana）在馬德里郊區皇宮附近狩獵場的官府中，觀賞西班牙文學黃金時代戲劇家貝特羅・卡爾迪隆・德・拉・巴爾卡（Pedro Calderon de la Barca）作品「阿波羅的桂冠」（El Laurel de Apolo），全劇的配樂為當時著名作曲家胡安・

德．伊達爾果（Juan de Hidalgo）的作曲。

因為該演出的狩獵區遍佈藍莓和荊棘，西班牙文稱這個區為Zarza，由此而衍生出（La Zarzuela）一詞，意即為如同藍莓及荊棘的豐富多彩，將舞臺上包含音樂，舞蹈，演唱和對白，內容輕鬆愉悅，充滿了歡樂同時沒有任何冷場的表演形容為絢麗燦爛的輕歌劇，且一時成為風尚。但是在以後的政治演變中，輕歌劇的發展路途上充滿荊棘。直到十九世紀的後半葉才達到頂峰而被譽為西班牙輕歌劇的黃金時代。

由於Zarzuela代表著色彩繽紛的舞臺表演，也不知是誰將其引申到當地的燜飯菜餚Paella Zarzuela，很快它的地位就凌駕於瓦倫西亞傳統的燜飯之上了。

我是在1967年到西班牙北部海濱城市聖．塞巴斯蒂昂（San Sebastian）出席一個國際活動時，嚐到正宗的海鮮飯，對其內容色彩和味道久久無法忘懷。

在「法雅節」的最後一天，從一大早就期待著晚上的盛會，我不敢想像當整個城市籠罩在熊熊烈火中的情景，會不會有火勢失控的可能？一連串的疑問在我腦海中盤旋。但看到當地人和遊客一起唱歌跳舞時，我的心情也隨著輕鬆自如。

太陽西下後，我注意到在每個有「法雅」裝飾的十字路口，一輛消防車和幾位消防人員開始進駐，每一座「法雅」周邊也已經布滿了乾草和碎木片。時間一分鐘一分鐘地過去，在接近午夜的時候，整個城市沈浸在一片沖天的歡樂氣氛中，在十字路口，幾乎所有的瓦倫西亞居民，穿著傳統服裝，男女手挽著手在周圍跳舞，嘴裡還不停地歌唱，民間的樂隊在一旁助興。

我佇立在那裡好奇地張望，旁邊有一位當地長者很有禮貌地和我打招呼，由此開始了我們的交談。他給我講解這個節日的來由。原來在近一百七十年前，當地有兩位手藝精湛的木匠，他們在論及三月十九日紀念聖若瑟大瞻禮時，應該有些表示。於是兩人分別用他們的特殊匠心，各雕塑出一座唯妙唯肖的人物木雕，在大瞻禮的那天，當眾焚燒，引起居民的好奇。

第二年他們如法炮製，再次將木雕在大眾之前焚燒，就這樣年復一年，逐漸演變成現在的大節日。他告訴我這一次整個瓦倫西亞城市，共建造了174座「法雅」。每一座都有其特色造型。吸引了來自世界各地三百萬遊客，將一座不到一百萬人口的城市擠得水泄不通，但是每個人都是在那裡歡慶。

這時候教堂的鐘聲響起此起彼伏，城市裡每個廣場上的群眾也按捺不住內心高昂的興奮，歌聲嘹亮。早已安排在每一座「法雅」旁的點火人員，開始在周圍的草木堆上澆灑汽油並予以點燃。就這麼一瞬間，只見整座城市熊熊烈火發出劈啪的爆裂聲，火光直衝雲霄。

我夾雜在群眾中，兩位當地的姑娘，看到我一個人站在那裡，就用手勢招呼我過去，和他們一道圍繞在火光四周順著時鐘方向且歌且舞，雖然我不會唱當地的民謠，更不理解那些民族舞蹈的步驟，只能跟隨著他們的舞步湊熱鬧。

漸漸地，當火光閃出最後一點火星時，燈光暗了下來，群眾的歌聲遠去，一時間整座城市恢復了往常的寧靜。人群也逐漸散去，我獨自站在一座「法雅」留下的灰燼前，望著裡面大火留下的些微溫馨，腦海中開始了靈感的醞釀。第二天在回馬德里的火車上，我寫下了生平第一篇歐洲的遊記，並寄發到香港的「中外畫報」。然後是等待。

不久，從大學回到宿舍，看到放在我的書桌上一封從香港寄來的郵件。信封左上角是「中外畫報」的名字。我迫不及待地拆開信封。是一張兩開的畫報剪報。刊印著我在瓦倫西亞完成的手稿和幾幅照片。裡面還夾著一封發行人蘇錫文先生親筆給我寫的信，和我人生中首次用自己腦力賺取的稿費，一張十美元現鈔。

蘇先生的信不長，但對我卻是難能可貴且熱情的鼓勵。他要我每個月給他發一篇通訊稿，因為他很喜歡有國際性的文化稿件。那一張現鈔，在我心目中無異是珍貴的「雪中送炭」！

未曾料到的是，我居然孜孜不倦地寫了十多年。令我至今感恩不盡的是，蘇先生每個月給我寄來剪報時，都會夾著我的稿費，而且由一張美鈔增加為三張。後來瞭解到，蘇先生在香港經營這份畫報前，曾經在臺北擔任過時任僑務委員會委員長鄭彥棻先生的秘書。我們之間始終是用信件交往，卻從沒有一面之緣，但這並沒有讓我忘記他對我的全力支持，讓我度過留學生涯裡最難熬的時艱。

從每個月寄發稿件過程裡，我深深體會到因為被生活所迫而「賣文度日」的苦楚和無奈，也由此時常回憶起好友香港作家劉以鬯賣文謀生的堅毅不拔精神，以及曾經在江西叱吒一時的堂兄劉已達，流亡到香港後蟄居在調景嶺難民營的鐵皮屋內，挖空心思用爬格子換取充飢糊口的落魄！

為此許多時候，我只能用「同是天涯淪落人」來揶揄揶揄，撫今思昔也未嘗不是人生自我磨練的必然。

這次的瓦倫西亞舊地重遊，往日的景色已經封存在歷史中，但

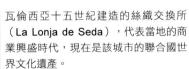

瓦倫西亞十五世紀建造的絲織交換所（La Lonja de Seda），代表當地的商業興盛時代，現在是該城市的聯合國世界文化遺產。

那些古老的歷史建築依然無恙。我思念那位在1964年被選為「法雅節」的皇后瑪利亞·安東妮亞如今應該是在家頤養天年，弄孫為樂了。據瞭解，當前瓦倫西亞每年在製作「法雅」的經費已經高達兩千四百萬歐元之鉅，但來自世界各地的旅客則以千萬來計算了。

我和妻子注意到市中心擠滿了來自世界各地過往的旅客，他們只是在尋找背景拍幾張照片，算是「到此一遊」，可口的傳統燜飯，已被來自美國的廉價「垃圾食品」所取代，或許現代的旅遊者對傳統文化或歷史形同陌路人，因為他們更在乎的是口袋裡的「精打細算」！

對這個古老的城市，我有著無法割捨的「投緣」，始終如一地保持著對它那充滿歡樂激情的傳統節日「法雅」的尊崇和感懷。從這裡我發出的第一篇通訊稿，引領我往後不懈寫作的興趣和衝動，也培養了我對寫作婉謝稿費的一種信仰，因為那「賣文度日」的經歷曾是揮之不去的魔咒，此刻我對寫作看成是一種難以想像的享受，更是上蒼賜予的無價餽贈。

我在北京失蹤了好幾天！

雖然已經事隔近四十年，但在過往的日子裡，每當和朋友們閒聊時，有意無意間提起1982年我在北京失蹤了好幾天的往事，妻子肯定會數落我一陣。我之所以會突然地失蹤，因為事前沒有告訴她我的確切行蹤，也是事非得已，全不在我的掌控下，給了她一個日夜不停的焦慮。

我是在5月中旬抵達北京，原來只安排逗留十天左右，主要是和文化部簽訂中國鐵道部雜技團訪問加拿大巡迴演出的合同，另外也約好和中國人民對外友好協會王炳南會長及美大處劉庚寅處長見面，商討由加拿大維多利亞市長彼得．波倫（Peter Pollen）率領「名人演出團」（Famous Peoples Players）訪問中國友好城市蘇州，並在北京等地作文化交流。該劇團是一個由智能殘疾人所組成，得到對外友協的支持獲得邀請。

本以為工作結束後我即可打道回府。就在此時，我接到廣西人民文學出版社編輯陳肅人先生從南寧來電話，邀請我到南寧去訪問，目的是就我的新作，中篇小說《掙扎》出版事宜親自看一下最後排版清樣。也是出於他的好意，要我選擇廣西一些名勝去參觀遊覽。

我斟酌了一下告訴他，之前我已經在桂林，南寧等名勝古跡遊覽過兩次，不知道能否安排到中越邊界「鎮南關」一遊。

陳先生在電話中簡單地介紹說，「鎮南關」在1957年曾改名為「睦南關」，後再度改名為「友誼關」，中越邊界自衛反擊戰結束後，至今還沒有對外開放。他只能向有關部門了解一下，因為我的外籍身分有點敏感。

這部中篇小說《掙扎》在廣西人民文學出版社，是我醞釀多年的一套「三部曲」的最後一篇，前兩篇已經先後於1980年和1981年在北京和上海出版。

由於多年來，我一直有個第一本小說在母國出版強烈的心願。所以自大學開始創作以來，積累了多本手稿隨著我在歐洲闖蕩，如同我一樣沒有一個固定居所。隨著年齡的增長，這個心願更是如影隨形，始終是夢魂牽縈。

和我較接近的朋友知道我這個願望後，幾乎對此都不表贊同，理由只有一個，何必去和誓不兩立的共產黨打交道。更要避免被人誤以為我有「親共」的傾向，對這樣的「好意」我只是報以宛然一笑。

我這一生從不和任何政治牽扯，之所以有在大陸出版作品的意念，無非是滿足還沒有「數典忘祖」的自謙，證明身體裡還流淌著純樸的華夏血液。雖然通過學習的專業鍛鍊了幾種外國語言，在我心目中，中文始終是佔著首要地位，對這個世界上最有文化感染的語言，我始終如一地用特殊的感情對待。

為了對這個語言的尊重，在海外生活了逾半個世紀，在任何的環境裡，我使用中文的時候，從不夾帶外語詞彙。欣慰的是，我的堅持引領我還能對中文運用自如。

1978年初，我開始有了出版小說的衝動，也必須撇除情感上含有政治雜質的藩籬，但如何和北京的出版界聯繫是一大困擾。多年來，我一直通過北京中國國際圖書公司購買書籍，猛然想起在諸多的出版社中，北京人民文學出版社的名字最熟悉。也許毛遂自薦地將手稿郵寄到北京人民文學出版社是唯一的途徑。

經過深思熟慮，我鼓起勇氣，將小說稿《雁歸行》直接郵寄到該社編輯部，只期待回信的接受或拒絕。

大約過了一個月，我收到了該社總編室的屠岸先生覆函，原則上他用「瑕不掩瑜」四個字接受了我的手稿，同時也提出了一些意見。從他信中的字裡行間，我感受到他誠懇而坦率的鼓勵。尤其是那四個字告訴我，這部小說肯定有瑕疵。為此我下了決心並虛心地將這部十萬字小說全部改寫，然後再付郵。

1978年12月20日，我首次踏上睽別近三十年的故土，行前我預先告訴屠先生抵達北京的時間和將下榻於友誼賓館。次日屠先生偕同另兩位編輯，江秉祥先生和趙水金女士一同到訪。經過愉快的交流，出版我的處女作也成定局。當屠先生特地提及支付稿酬一事時似乎面有難色而欲言又止，江先生見情接著說，由於國家外匯短缺，他們無法用外幣給我支付稿酬，而外籍人士在訪問中國時，只能使用暫行規定的「外匯券」。但是人民幣我既不能使用，更無法匯到國外。

江先生話還沒說完，我即打斷他，並將我計畫在中國出版的意願，從未有過出版小說賺取利益的打算。我接著說，雖然這是我第一次回國參觀，直觀上告訴我，中國的經濟環境並不是我在海外聽聞的那麼先進，這更增強我絕不能在國家困難的時候優先考慮自身利益的決心。

他們堅持說，支付稿酬給作者是政府規定必須執行的法規，關鍵是我身為外籍，這筆人民幣稿酬的確是他們要面對的一大難題。既然如此，我就建議他們是否可以匯到上海，因為我在上海還有一個失散多年剛聯繫上的姊姊，這樣一來也是對她生活的一點補貼。

這時候屠先生臉上露出微笑，給我講了一個小故事。在他們收到我的手稿時，同時接到一位美國華人女作家提出相同的要求。但這位旅美女作家提出的稿酬數字，根本不是出版社所能承擔的，而且必須是美元支付。當然最後雙方的談判因此而無疾而終。

從他講述這個小故事時的語氣，我領悟到我們之間已經建立起互信。從屠先生待人接物的一舉手一投足中，深切體會出中華民族知識分子的高尚情操。我有此機遇得到他的鼓勵，還親自擔任我的責任編輯，令我突然感到自己寫作的水準而誠惶誠恐。

這份特殊的榮譽始終珍藏在我的懷念中。在日後的接觸中，得知屠先生是一位詩人，曾經翻譯過莎士比亞的詩歌，更增加我對他由衷的尊重和敬仰。

出乎我意料之外，這部還不成熟的處女作，居然印發了十五萬冊，另外還特地為分送國家領導人加印了兩百本精裝本。人民日報，光明日報和文藝報等重要報刊都作了介紹，第二年夏天，這部作品列為青少年暑期十本讀物之一。我最吃驚而欣慰的是，當被告知這本小說，是自1949年新中國建國以來，被中國出版界所接受而出版的第一本來自海外的中文作品。對此我只認為那只是我的僥倖。

假如那位旅美的女作家能放下身段，不計較用美元核計稿酬，所謂的「第一」肯定輪不到我這個旅居加拿大的作者。因為從國家的地位和國際上的交往，美國的一切向來是被人所看重。所以當北京的新聞媒體在為我「吹噓」時，我卻是以平常心來看待。

《雁歸行》出版後，我即收到上海文藝出版社約稿的信件，當時我已著手在撰寫第二部中篇小說《生存》，於是就交給他們出版，印數十萬冊。上海解放日報和文藝刊物分別作了介紹。這兩部作品先後的出版，增強了我用中文寫作的意願和對故鄉的認同。

《掙扎》能在廣西出版，是他們的編輯陳蕭人主動找到我，經商談後而確定的。我之所以用了較多的篇幅來說明這三本小說出版的經過，並非要增添虛榮的自我宣傳，只說明我的廣西之行是得益於文學的牽針引線。

我藉此南寧之行的機會，對他提出一個似乎是強加於人的要求，實際上也是我有參觀「友誼關」強烈意願的推動，並沒有想到其中的複雜性。他在電話中，只能用模棱兩可的口氣對我說：「我試一下，你來了以後再說。」

一切安排就緒，5月20日我從北京經廣州轉機到南寧，抵達後一下機即看到好友賀祥麟教授一行在那裡等候，陳蕭人先生分別給我介紹了出版社的同事阮同先生和我的責任編輯黃建中先生。

在步行到機場大廳途中，陳先生既興奮又激動，一直拉著我的手大聲地問我：「劉先生，你到底是什麼來頭？我打電話到北京，向公安部和外交部提出你到憑祥的申請後在辦公室一根煙還沒有抽完，就接到北京的回電稱，你可以去憑祥訪問。你真是神通廣大。」

雖然中越邊界反擊戰已經結束，但是「友誼關」的敏感性仍然存在，何況我還是「外籍人士」，所以陳先生向北京有關部門提出申請是理所當然，最終能順利通過前往中越邊界訪問。

那時候外籍人員抵達中國境內後，不論到哪個城市，都要向出發城市的公安部門申請「外國人旅行證」。我在北京已經申請了到北京、上海、蘇州、南寧和桂林的行程。於是我將這證件請陳先生在南寧市公安局加簽了進入友誼關城市憑祥的簽證。

在陳蕭人先生和另一位編輯陪同下，我們向憑祥出發。從南寧到憑祥距離為兩百三十二公里。那是一條非常重要的戰略公路，因為受到戰爭的影響，我們的車輛要經過好幾道關卡，都是由人民解放軍把守。他們彬彬有禮的態度令我對他們肅然起敬。

我坐在車裡，向窗外望去，一路上風景秀麗，有「樹中美人」之稱的小葉桉樹叢順著公路兩邊延綿。這種樹的樹幹筆直，生長到一定時間，外皮會自然脫落，露出潔白的樹幹，光滑而清新，遠遠望去，如同一個個婷婷玉立的少女佇立在那裡。當地人就用「樹中美人」來比喻恰如其分。

公路兩旁還夾有濃密的松樹，一陣陣的松脂香，隨著微風飄入到車廂裡，令人心曠神怡。午後我們抵達憑祥的「明園飯店」，這

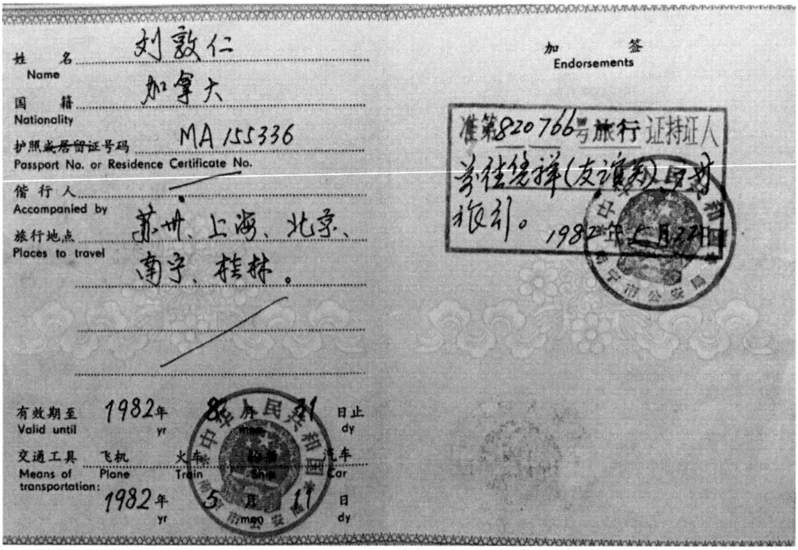

外國人旅行證的內頁，右邊有公安部門簽發前往中越邊境憑祥的簽證。

是中國國際旅行社在當地最大的一家招待所。整棟建築展現出的是歷經戰爭滄桑的蒼老疲憊神態。雖擁有近兩百間客房，我卻是唯一的住客。當地旅行社為我特地將已經歇業在家的廚師調來臨時為我開了「小灶」。

晚餐後他們一行先行告辭，臨行前還一再叮囑房間一定要將門窗鎖好。不言而喻是因為這個邊界小鎮還處於戰爭狀態。雖然空氣中已經嗅不出戰火的味道，但仍需要提高警惕防備越南人經常出現在晚上的小動作。

我獨自坐在陽台上，從微弱的燈光下，隱隱約約地看到眼前是一片蔥鬱的樹叢，微風帶給我的是那久違的桂花香，還有此起彼伏的知了啼聲，勾起無限童年時光曾經嘗試過的桂花糕點，以及捕捉知了的惡作劇。偶爾勇敢的蚊子會飛到我的耳際，嗡嗡地似乎在歡迎我這遠方的遊子，給我增添無限的思鄉之愁。

一夜好睡，當地解放軍部隊在前一天告知早餐後七點出發前往「友誼關」。但是前線千變萬化的情況，無形中給初到斯地的海外遊子頻增幾分警惕。不久解放軍來告知，前方有動靜，需要稍微延後再作安排，而且有可能需要將我化裝成農民打扮，根據他們收到的情報，由於我住在中國政府的官方酒店裡，越南方面將我估計為「重要人物」，如果他們分析到位，就有可能施行突擊的偷襲。

再過了約半小時，前方傳來信息告知我可以出發了。在解放軍的武裝吉普車前導下，我坐的是一輛很普通的轎車。從憑祥到「友誼關」只有18公里路程，抵達那裡後，和前方的地雷區也就只有兩百公尺的距離了。

看到那座歷經滄桑的城門，我佇立良久，心緒起伏，這裡不僅曾經為中華民族創下了首次對外戰爭的大捷（中法戰爭1883-1885），還因此留下一位忠貞不

1 筆者在中越邊界「友誼關」前留影。

2 接待筆者的解放軍前線戰士和廣西人民文學出版社的編輯陳蕭人（左二）在友誼關前合影留念。

二為國效力的滿清廉臣李秉衡（1830-1900）的悲壯事蹟。這段戰史至今仍有許多的誤傳，以為「鎮南關」大戰是馮子材率兵完成的戰役。事實上，由於滿清的腐敗，原來的帶兵官臨陣脫逃，李秉衡臨危授命，在戰爭最關鍵時，啟用了年屆古稀的馮子材率兵出征。

後來李秉衡奉命在北京率兵抵抗八國聯軍時，戰至最後一兵一卒，終於吞金殉國，清廷曾于褒獎。但因為八國聯軍曾受到他的強烈抵抗，死傷枕藉，懷恨在心，向清廷提出抗議，必需要去除對李秉衡的正面對待。故而中國的歷史學界以訛傳訛，竟然將一位忠貞不二的清廉將領誤傳為禍國殃民的罪魁禍首。

由於他的清廉，清廷曾下令叮囑他修建祖屋，但他拒絕為此而要浪費公款，最終他僅動用了六兩銀子，在自家的祖宅前豎立了兩支旗桿，代表了官宦的象徵。

清廷後來賜李秉衡「北直廉吏第一」的尊稱，在大連附近的鞍子鄉黃柏樹後石峭屯小村莊祖宅門上有一副對聯：「曠野荒村凝視武略文韜主，茅屋草舍鬧出驚天動地人」，足能闡述李秉衡的高風亮節驚天地動鬼神的忠烈氣節。

當我沈浸在歷史的情節中時，陳先生一直在我旁邊似乎不願打破我的思索，終於他打破沉默，讓接待我們的解放軍官員給我們大略地講解了中越邊界自衛反擊戰的大概情況，我們在參觀時也見到一些曾經代表著中越友情象徵的景物都遭到破壞。

我聚精會神地欣賞城門上陳毅先生書寫的「友誼關」三個蒼勁有力的書法時，卻發現整塊石碑上彈痕纍纍，關內周恩來總理和胡志明主席會晤的會議室，處處可見越南砲彈留下的痕跡，甚至牆上仍留有鮮明的血跡。城關後面的一棟大樓，曾經是中越雙方官員會晤的大廳，整個窗戶不見蹤影，只留下一個被砲彈轟擊後留下的大洞。入關的大門和關後的建築之間有一座建在金魚池中的假山，也被砲彈削去一半，水池中的金魚早已不知去向。旁邊有一株剛成長的小樹，在戰火中被攔腰一劈為二。這映入眼簾的種種，凸顯了「中越友誼」的極大諷刺。

再繼續往前行，我們停了下來，解放軍官員指著兩棵交織在一起有近兩百年的老榕樹對我說，在中越兩國和平相處時，每逢越南官員來訪，都會不約而同地用這棵榕樹比喻為兩國情如兄弟相互擁抱。幸運的是，當友誼關處處彈痕纍纍時，唯獨這兩棵榕樹還依然無恙，是不幸中的大幸。

友誼關後面會議大樓，周恩來總理和北越領導人胡志明曾經會晤的地方，邊界戰時被越共炮火轟炸造成的破損。

兩國的交惡，是自1969年胡志明去世後逐漸浮出，但是中國從來沒有對越南設防，而且為了協助越南，每天有近七百輛軍用卡車滿載物品送往越南，回程時幾乎都是空車。但越南卻在邊界悄悄地修建平行的國防公路，而且在山區中築暗堡，埋設地雷和竹尖陷阱等戰略部署。

解放軍長官接著用帶有激動的口吻說，在中越邊界自衛反擊戰後，我們攻進了涼山，打開他們的倉庫，裡面堆積的都是我們援助的糧食，戰場上繳獲的武器竟然是我們對越南部隊維護安全的支柱，卻用來攻擊我們。

佇立在友誼關的小山頭上極目遠眺，越南村莊裡的小茅屋頂上炊煙裊裊，顯得一片寧靜，山上滿佈紅木棉花，解放軍官指著一棵對我說，在戰爭爆發前，越南人大言不慚地說凡是有紅木棉花樹的地方都是屬於越南的。

在一個長滿雜草的山坳中，我發現一塊斑駁無數還長滿青苔的石碑，隱隱約約地似在向我們打招呼，我仔細端詳，竟然是一塊光緒二十四年建成的「萬人塚」，那是公元1898年。建立這座萬人塚應該是為鎮南關中法大戰而殉國的官兵。巧合的是，這一年四月正是光緒皇帝頒布《明定國是詔》宣布變法的重要時刻，而到八月慈禧太后重新垂簾聽政，光緒被囚禁。歷史的造化令人不堪回首。然而又有多少人對這塊幾乎湮沒在雜草中的歷史墓碑下的枯骨有一掬同情之淚的意圖？

由於越南軍隊經常在夜深人靜後，剪斷鐵絲網，偷偷地潛入中國領土內，在水稻田裡埋設地雷，殘害無辜的農民。我們在訪問中，到一間小鐵器修理廠裡，見到一位大約三十來歲的工人，他和我們就談起一個矇矓的清晨，和往常一樣到田間耕耘，不幸一腳踩到地雷而因此失去一條腿，從此無法從事世代相傳的耕耘勞作，只能在政府的協助下，開設了這家小工廠，重新學習謀生的手藝。

當地農民被越共地雷炸掉一條腿只能當工人，在他的小作坊前留影。

在南北越戰爭後，南越節節敗退，越南全國統一後的政治清洗如狂風暴雨，當地華僑只得想方設法逃離而掀起了海上船民死傷無數的悲劇，西方國家盡力作有限的收容。中國卻靜悄悄地在中越邊界收納逾二十萬越南華僑，並就地設立農場，為難僑開設培訓中心。我在訪問時，遇到一位已近「知命」之年的越南華僑。

他告訴我是越南第四代華裔後代，早已入籍越南，曾經在南越外交部工作多年。但是政治的清洗已無法使他在「西貢」立足。言談中他強忍著內心的傷感，因為他的家屬都還陷在越南而信息全無。

一天的「友誼關」訪問，我沒有任何旅遊的興奮，滿心裝載著戰爭給人民帶來的無窮災難。時至今日，雖然我曾多次訪問過越南，卻對這個近鄰民族的感覺，只有兩個字來形容——「好戰」！

結束中越邊界的訪問，我回到北京，當然首要的是給妻子撥了個長途電話，她一聽到我的「喂」，立刻拉高了嗓門：「你跑到哪裡去了？我還以為你失蹤了呢！」

當然我的解釋只是因為去邊界的安排來得突然，而且地處敏感，加上當時中國的長途電話極為落後，所以只能讓她過了幾天提心吊膽的難熬日子。

對這次的訪問，我深感欣慰的是，就如同我是第一個在故鄉出版小說一樣，成為第一位到訪中越邊界自衛反擊戰前線的「外籍人士」，且受到特殊安排，到達距離只有兩百公尺地雷區參觀訪問。不知是誰走漏了我訪問「友誼關」的信息，美聯社記者找到我，想出重金購買我拍攝的照片，我只簡單地告訴他，我拍攝的照片是「非賣品」！

（2020年2月18日完稿於溫哥華）

野味宴會留下半生的陰影！

1982年，為了出版我的中篇小說，應廣西人民文學出版社赴南寧訪問，並審閱出版前的清樣。

連同前在北京和上海出版的另外兩本中篇小說，榮幸地成為自新中國建國以來，第一位海外華人在中國出版原著的「作家」，一時間竟然成為「矚目人物」。到了南寧後，廣西華僑聯合會主席，特地設宴歡迎我。

晚宴是在當地一家非常特殊的餐廳舉行。周邊環境風光旖旎。整座餐廳就只有一張大圓桌，設置在四面環水的半露天亭子裡。

我被安排坐在主人的右手席位，賓主入席後，經過一番寒暄，主人即熱情地告訴我，他特地避開了入俗的宴會，為我設計了一桌野味宴，讓我品嚐廣西的珍奇野味，同時將當晚的菜單打開交給我，讓我欣賞一下野味的名目。

我接過菜單，只隨意瞄了一眼就將菜單合攏，放在餐具的前面。心裡卻一直在嘀咕，這可能是我有生以來最難應對的一頓晚宴。坐在那裡我好似有點走神，對席上的交流幾乎是有點魂不守舍的感覺。

一時間我的思路轉到不知什麼時候聽聞的一則傳言，是有關廣西少數民族和東南亞吃「猴腦」的傳統。相傳這是一種地地道道的「生吞活剝」習俗。餐桌的中間有個圓孔，其直徑和猴子的腦袋差不多。

這道菜的程序就是將猴子五花大綁，放在桌子下面，腦袋頂部正好從餐桌中間的洞孔露出。據說，「施刑」的人很有技巧，先是將猴子腦頂的毛髮剃乾淨，然後用極其鋒利的刀，順著猴子的腦袋周邊劃開，將皮掀起，露出整個的猴腦。

這時候被綁在桌子下面的猴子發出淒慘的叫聲，但是圍坐在餐桌的食客似乎毫無反應，只是一味地注視著那被掀開的腦子。「廚師」就將已經放置在餐桌上的熱湯，灌到活生生的猴腦裡，然後所有的食客就你一匙我一匙地大快朵頤，桌子下面的淒涼叫聲也逐漸地消沈。

儘管我沒有親眼目睹過這種慘無人道的「盛宴」，也不能證實是否真有其事，但僅聽人講述這種令人毛骨悚然的故事就會使血壓升高。所以我在回想這則曾經聽聞的故事，兩眼緊盯在我們就餐的圓桌中間，其實只有一個玻璃的轉盤，可我仍然是心神不寧，深怕我應邀的野味盛宴會出現那則故事的恐怖場景。

幸運的是，從第一道菜到最後甜點上桌，雖然我沒有看到幻想中可能出現的五花大綁猴子，卻對那每一道菜餚因為不知其內容仍帶有幾分疑惑。宴會結束前，出於好奇，我拿過菜單打開仔細看了一遍。只覺得雙臂上毛孔直立的感覺。

菜單上除了雉雞，鹿肉等較為常聽到的野味外，我簡直不敢相信，居然鱷魚和穿山甲還有果子狸的名字都出現在我眼前。在整個宴會的過程中，由於對每一道主人夾給我的菜餚都是淺嚐即止，受到強烈的心理影響，味覺上根本無法分辨出每一道菜餚喜愛與否的反應。

結束了那頓豐盛的野味宴會，我回到酒店，不斷反覆回想，仍無法區分出哪一道菜是鱷魚肉，哪一道是穿山甲？眼前只是反覆出現這些小生物關在動物園鐵籠子裡可憐兮兮的形象。我無法想像它們醜陋的外表，怎麼竟被兇殘的人類視為美味佳餚？

我獨自坐在陽台上，靜靜地聽著從樹叢裡傳出的知了啼聲，思潮像海浪般地不斷敲擊著我，一幕幕多年來曾經與我有過千絲萬縷交織的野生動物，如同回放的影像出現在我眼前。

我回想起曾經生活過的臺北。在中學時代，為了節省車費，通常我會從家裡步行，西寧南路、昆明街一帶就成為我必經之路。

在行走時，經常會聞到一股衝鼻子的濃濁腥味，那是從一家專門出售蛇膽酒，或是蛇肉湯的小鋪子傳出來的，裡面塞滿了形形色色大小不同的鐵籠子，有些籠子架床疊屋似的擺在那裡，有些就直接放置在店鋪口和行人道之間，籠子裡關著色彩各異大小不同的蛇，鋪子裡擺設著幾張小桌子和凳子。零星的食客就坐在那裡盡情地享受著「鮮美的」蛇湯。

我每次經過時，幾乎不敢相信但總會出現相同的問號，難道這些看上去令人倒胃口的蛇類，真的是一道美味佳餚嗎？

不久街坊傳出這家蛇舖的老闆被毒蛇咬死了。原來這位經營蛇生意的老闆，鑒於這個行業具有極高的危險性，難免會被毒蛇咬。於是憑藉豐富的捕蛇經驗，鋪子裡經常備有自製的治療毒蛇藥粉。

那天，他一如既往地為顧客提供服務，從籠子裡抓一條毒蛇時，不慎被咬了一口，他對每一種不同的毒性，可以根據其毒液發作時間的長短來治療。所以他估計招呼好客人後，有充分時間上樓去敷藥。

如同其他行業一樣，往往就會因百密一疏的忙亂中產生嚴重後果。這位老闆在招呼客人完畢後，即刻登樓取解毒藥，打開罐子一看，裡面竟然是空的，原來他在前一次用畢後忘了調製新的解毒藥，這時候要趕緊調製已經來不及了。不一刻毒性在他體內發作終致不治。一輩子和無數蛇類打交道的老闆，就那麼一滴毒液，結束了他的一生。

這讓我聯想起和英國王子查爾斯一段對話的趣事。1975年我在加拿大的一所國際學校執教，校董事長是英國王室的蒙巴頓將軍。他被愛爾蘭共和軍暗殺後，由其外甥查爾斯王子接任。

一天查爾斯王子蒞臨視察，校長知會全校停課一天，為的只是歡迎查爾斯王子。我對教育機構參與政治活動向來持反對意見，所以告訴我的學生，次日上午我按照慣例在課堂等他們，這樣他們有兩個選擇，一是照常上課，一是跟隨校方去歡迎英國王子，但以後就不要再回到我的班級。

令我欣慰的是那天上午，我的課室裡沒有一個缺席的。正當我在授課時，有人敲門，我打開一看，是校長陪同王子及其他幾位隨從。校長輕輕地對我說，王子突然提出參觀課室授課的要求，他了解到全校就只有我一個班在上課，問我能打擾一下嗎？

我告訴他們正在分析一個句子的結構，結束後再和他交談。王子和他的隨行人員安靜地站在我的講台旁邊，聽我授課。等我結束了給學生的講解後，即和王子寒暄一番。他對我這個中國老師，在英語系國家教授西班牙語表達了很高的興致。

我卻將話鋒一轉說，不久前媒體報導，王子在香港時，曾經有嘗試蛇肉的經歷，請問王子蛇肉的味道如何？

他即用英國人一貫的幽默口吻說，味道還不錯，只是骨頭多了些。一邊說一邊用手指頭放在嘴邊，做著從嘴裡取出骨頭的姿態。

我即告訴他，廣東人烹煮蛇肉時，是沒有骨頭的，閣下嚐到的蛇肉，說不定是雞肉替代品而已。因為香港餐廳擔心蛇肉的危害，所以不敢隨意給王子閣下提供真蛇肉。

我們的交談在哈哈大笑中結束。當天下午，校長舉行了一個小型酒會，讓王子有機會和全校老師隨意交談。由於上午在教室了解到我教授西班牙文，所以他特地拉我到一旁煞有其事地問我：「你知道如何才能將法文學好？」

我還沒有作答，他卻給了我一個始料不及的答案。用幽默的口吻在我耳際輕聲地說：「只要找一個法國情婦，就能把法文學好。」

說完他還幽默地哈哈大笑一陣。他之所以能做出如此驚人之語，是當時沒有一個新聞記者在旁，不然國際傳媒就會拿來大作文章。

其實吃蛇的傳統除了廣東一帶之外，臺灣也一直流行。我曾經在回臺北時，去以前住所（現已拆除）附近的華西街食街瀏覽，看到出售蛇肉的鋪子裡，關著數米長的蟒蛇，還有細小的毒蛇，玲瑯滿目，看得滿身是雞皮疙瘩。

1980年的冬天，我曾偕同加拿大維多利亞大學藝術系教授到蘇州作文化交流，回程途經廣州，我們到酒店附近一家餐館午餐。在我們的餐桌旁，坐著一位看上去應該是古稀長者，旁邊有一個二十來歲的女士細緻地服侍他。

不一會，餐館的服務員，提著一隻小鐵籠，在他餐桌邊放下，我們注意到鐵籠裡有三條不同的小蛇。那個服務員見我們好奇地注視著他手中的小鐵籠，特地衝著我們的視線提高著說。這是三條毒蛇，但很滋補。說完就將鐵籠放在地上，熟練地打開鐵籠上端一個小洞，把手伸進去，用指頭夾了一條小蛇出來放在地上，一隻腳踩著蛇的尾部，一隻手按著蛇頭，另一隻手拿著一把看上去非常鋒利的小刀。

說時遲那時快，他很利索地在蛇的側面先劃了一刀，然後從蛇的體內將膽囊取出放在一隻小碟子裡。隨即將被割傷的蛇放回籠子裡。然後分別將另外兩條蛇如法炮製地取出膽囊。他先後將三隻膽液擠到一隻小玻璃酒杯中，再將烈酒倒入酒杯中，用小湯匙攪動均勻後交給那位長者。他端起酒杯一咕嚕喝得乾乾淨淨，還要服務員再倒點烈酒在杯裡，將酒杯搖晃幾下即喝完。

我們看在眼裡，覺得非常地不可思議。他將老人家服侍完後，提起籠子，對著我說，這位老人家每年此時都會從香港來喝蛇膽酒，有去風濕的功效。我隨即問，那三條被割了肚子的蛇呢？他輕鬆地答道，這三條蛇至少還能存活一兩個星期。

我和加拿大教授面面相覷片刻，對這一幕場景的反應只是「難以理解」，於是我開玩笑地跟她說，她在海島上生活溼度較大，是否有勇氣嚐一下這道蛇膽酒，來解除身上的濕氣？

她沉靜片刻，要我做領頭羊，而我卻對她不存好意，要讓她打破飲食常規。彼此相互推託了好一會，最後還是點了兩道簡單的家常菜餚，帶著紓解的心情離開了那家難以忘懷的餐館。

事隔二十多年後，我又在無意間遇到一個吃野味的機會。記得我曾率領一個由十六位美國世界冠軍組成的滑雪隊，到中國東北吉林的北大湖，用那些尚未開發的雪山作外景，拍攝美國滑雪隊的體育活動。結束後，吉林市負責體育文化的副市長設宴給我們送行，席間，這位劉姓女副市長給我介紹了菜單上的當地特色菜餚。

在我的印象中，東北俗稱的三寶應該是鹿茸、人蔘和貂皮。在座的幾乎都是美國人，而我是整團的負責人，就以貴賓身分坐在她的右手席，她頗為得意地給我介紹吉林有三寶，卻是人蔘、鹿茸和鹿鞭，而且當晚的宴席中就有一道燉鹿鞭。

她神態自若地給我介紹這道菜對男性有壯陽的功效時，我覺得相當地不自然。服務員端上這道特色菜餚時，她還親自給我盛了好幾湯匙，我只是感到萬分的尷尬。心裡一直不停地在嘀咕，弱小動物的繁殖器官，竟然成為殘酷人類餐桌上的下酒佐料！

吉林的冬天奇寒無比，白天零下二十度出門哈氣成冰。當地有不少朝鮮族的少數民族，因此街上就出現節比鱗次的「香肉」招牌。我無法向美國的年輕滑雪運動員，就大漢民族和朝鮮民族兄弟友邦都喜愛「香肉」的習慣作合理的解說。

我在臺灣求學時，就曾有過人生中留下因為貪食狗肉而無法饒恕的罪惡。那是一個寒流侵臺的下午，我在大學校園裡編輯完即將出版的學生月刊，走過訓導處，胖胖的田主任用他那濃重的北方口音叫我，問我有無興趣晚上去吃狗肉。他這一問立即使我產生正反兩面的反應。這是個很有挑戰性的邀請，但我內心深處又有抗拒的本能。只能簡單地回答他：「從沒嚐過，能吃嗎？」

他那對被濃眉罩著的眼睛，露出帶有征服感的眼神，和具有說服力甚至還有宣傳意味的口吻說：「是寒天進補的最佳食料，我還請了教三民主義的教授一同去。」

我接受了他的邀請，天黑後，三人步行到總統府斜對面的臺北一女中，一女中的正門首是當時臺北最有吸引力的三軍球場。沿著一女中的圍牆，夜市的小攤販已經亮起了那帶著刺鼻氣味且發出如氣喘般絲絲聲的石棉燈，一溜小攤販上幾乎都是鍋貼、餃子和酸辣湯等山東小吃香味四溢。田主任順著那一溜小攤子，找到了香肉攤。

當一個熱騰騰的砂鍋放在我們面前時，田主任還要了一瓶高粱，他輕鬆地說，吃「香肉」必需要喝烈酒，好幫助消化。打開砂鍋，撲鼻的香味的確令人垂涎欲滴。我也不知哪來的勇氣，居然犯下有生以來始終無法補償的罪孽。

回到家裡，父母姐妹等都要蓋厚被子還大呼好冷。奇怪的是，我有多年哮喘頑疾的殘弱身子，那一晚居然只蓋一條薄薄的床單還覺得一身熱氣騰騰。

母親擔心我會受寒，半夜來到我房裡，見我只蓋一條床單，關心地摸摸我的額頭，發現很熱，用擔憂的口吻問我是否生病發燒了。我只是隨意應付一下說，不冷，很舒服。然對那晚吃狗肉的事卻是諱莫如深，一旦我認錯，肯定會引來一頓責備。

究竟狗肉有無對人體健康產生作用，至今我不得而知。巧合的是，自那次嚐了「香肉」後，我的哮喘居然遠離我而去，過往每逢冬天，我就得穿著如同千層糕，如今居然連帽子都不必戴了。當然我始終認為重獲健康是因為堅持運動得來的結果，可是經常聽到似真似假認為狗肉是對人體有益的假設，也只能姑妄聽之。

不過自那次後，每當我見到有人牽著狗走過我身邊的時候，不由自主地內心就會產生「罪孽深重」的自責。一直到我們生活在溫哥華，由於社區的盜竊頻繁，決定領養一隻家犬來防賊。我們從一對在鬧分居的年輕人那裡，接收了他們計畫放棄的斑點狗，從此開始了我和斑點狗的一段情誼。

說也奇怪，那隻才只有三歲的小狗，從一進到我們家，每一個角落似乎都是他熟悉的地方。我夫婦視它如同自己的孩子一樣百般呵護。我們沒有給他備置充滿化學物質的狗糧，而是親手製作它喜愛的羊肉加白米飯和菜蔬等，還有水果，所以他的健康強壯深得我們周邊的朋友羨慕不已。

在十餘年的歲月裡，我們一同生活在加拿大、歐洲最後到達北京，親眼目睹他從活潑可愛的童年，到茁壯成長的中年，直到衰老多病的晚年。就那麼短短的十多個春夏秋冬，經驗了他和人類一樣的生命規律。直到一天傍晚，他的健康出現了異常。妻子開車，我將他抱在懷裡，一路上我祈求上蒼能挽回他的生命。但是在抵達醫院前，他安寧地在我懷裡停止了呼吸。

那是我一生中最痛苦的時刻，我回憶起在臺北殘忍地吃過他的「同胞」，他來到我們的家裏，我就是帶著懺悔的心意，刻骨銘心地看顧著他，目的就是希望能因為善待他，而讓我能贖回我曾經的歉疚和罪過。

對狗肉的懺悔言猶在耳，又引起對熊掌的諸多過節。一次冬天我到北京公幹，一位好友來訪，還帶給我一包禮物。他特別鄭重其事地告訴我，那是四隻從東北帶回來的熊掌。等他走後，我對著那四隻還帶著黑毛的熊掌發愁。因為我下榻在酒店，沒有任何的炊具，而我也根本沒有權力將動物的肢體帶出境，再進入加拿大。何況我在北京的行程還有好幾天。好在那天下了點雪，室外的溫度就成了天然冰箱，我就將那只塑料袋掛在窗外。

最後我將這四隻中國人視為珍寶的熊掌贈送給一位在中國國家旅遊局任職的老前輩。他真的是欣喜萬分，將熊掌取走，幫我解除了一個突然降臨的難題。

事隔多年，又是一個冬天，這次是在加拿大，一位義大利裔的朋友去打獵時殺了兩隻棕熊，加拿大的法律上規定，在特定季節，加拿大人可以在打獵時射殺熊、鹿等野生動物。所以這位朋友將他射殺的熊在森林中將熊肉割下打包帶回，剩下的皮毛殘骸通通丟遺在森林裡，完全漠視動物應受到的尊重。

因為之前他曾聽我講起中國人的「魚與熊掌不可兼得」的典故，以及熊掌在中國人的思維中有著傳統的滋補意識，所以這次打獵時特地將八隻熊掌帶回來給我。在好奇心驅使下，我居然對眼前的誘惑投降，鼓起勇氣，將第一遭面對的八隻黑漆漆帶毛的動物殘肢，比照處理豬腳的程序來如法炮製，去毛、刮洗、過水，加五香、桂皮、花椒等大料及烹飪作料，經過了三個小時的烹煮，直到用筷子一插感到鬆軟，認為自己完成了一次偉大的使命。

於是我打電話請一位原籍福建的同事到家裡來共享。抱著對熊掌的好奇心態，他勉強地吃了一隻。第二天一大早在電話裡用幾近責備的口吻先向我申飭一番，繼而告訴我因為吃了熊掌，他清晨如廁，大便中帶血。為此我還用調侃的口吻，揶揄他沒有福氣享受這曾經是皇帝特享的一道御宴。

加拿大對隨意殺戮動物是要對法律負責的。因為地廣人稀，動物繁殖率高，也為此給當地人創造了從動物身上獲取利益的機會，但也給這些在人類面前毫無抵抗能力的動物帶來悲慘命運。所以每年在加拿大喜愛殺戮的人們，就會去獵殺幾隻鹿或是熊也就是被稱為消遣的家常便飯了。

在諸多人類殘殺動物的悲劇中，加拿大東部的紐芬蘭地區集體殺戮海豹，也許是世界上最慘無人道的卑劣行為。尤其是出現在以人權法治、愛護動物為號召的加拿大，殺害海豹的行為反映出來的是人性的湮滅、虛偽和殘酷。

每年三，四月間就是獵人們大開殺戒的時候，雖然政府規定，海豹出生後十二天內是不准被獵殺的，而要等三週後，它的白毛才開始轉變成棕黑色。可正是在三週到一個月的幼年時期，因為行動緩慢，就成了獵人捕殺的對象。

無情的獵人，使用的屠殺器械不外是棒球棍，和布滿尖釘的長棍，對準無助小海豹的腦門就是當頭一棒。受傷的小海豹忍受著傷痛在那裡淒厲地哭泣，但是獵人們無動於衷，痛下毒手，或是當場剝皮，或是開腸破肚割下它們的生殖器和附在肉上的脂肪。

最使人不忍目睹的是，那些深感無助卻充滿母愛的母豹，將支離破碎的小豹殘體擁在懷裡不停地淒叫，眼角上的淚水滴在那帶血的雪地上，令人心酸。

就在這些獵人大開殺戒時，原本潔白安詳的雪地頃刻間就成為一望無際的血河。為了經濟的發展，以及生態平衡的藉口，加拿大每年都會大言不慚地公佈獵人被允許屠殺的數字，幾乎介於三十萬至四十萬隻左右。

即使國際上一直有本來經營海豹產品的國家，逐漸出現抵制的決定，加拿大屠殺海豹的勾當仍然是方興未艾。海豹的皮毛可以製作成大衣，豐富的脂肪是調製美容化妝品的原料，而它們的生殖器官，卻成了男人壯陽的「珍品」。

值得稱奇的是，素有找動物生殖器官作為壯陽補品傳統的中國，居然拒絕了向加拿大進口這些補品的決定，而且世界上還訂定每年三月一日為「海豹日」，一方面呼籲全球抵制加拿大這種屠殺動物的行為，同時提醒世人對海豹的愛護。

相比之下，加拿大的果子狸就幸運多了，它們不僅得到保護，還可以在人居的區域裡，經常可見這些與人共處的小生命。

但這些長相並不惹人喜愛的小動物，一旦遇到廣東人就會遭到厄運而大禍臨頭。有一次，家裡的車庫天花板隔層中，果子狸媽媽在裡面築了窩，兩隻幼小的果子狸寶寶就在那裡出世了。我準備第二天請保護動物機構安排人來，幫助果子狸寶寶遷居。

我下班回家後剛停妥車，準備給保護動物機構打電話時，正在為我修理車庫的華裔工人嬉皮笑臉地領著我到車庫旁邊的大樹下，說是要給我一個驚喜。

我見到水泥地過道上放著一隻空油漆桶，上面蓋了一塊三夾板。他將木板掀開，我吃驚地看到昨天躲在天花板裡還是那麼憨態可掬的果子狸寶寶，此刻已是僵硬地躺在桶裡面。那個工人還得意地告訴我，他是用手將兩隻果子狸寶寶活活捏斷脖子的，準備晚上帶回去清燉。我聽後除了起一身雞皮疙瘩外，還厲聲地責備他的殘忍手法是犯法的行徑。

果子狸在遇到險境時，就會排出小便來自我保護。我聞到一股濃濁的尿騷味，肯定是兩隻小寶寶在掙扎時流出來的。令我感到難受的是，從那天以後，那隻失去孩子的果子狸媽媽，每天晚上必定到她孩子「殉難」的地方逗留良久，嘴裡不斷發出淒厲嗚咽的叫聲。

從這些和野生動物曾經有過的千絲萬縷情節中，我的心境很複雜，一方面檢驗著人類的殘酷無情，一方面對自己往昔六十年生命歷程中曾經充當過「幫兇」的過往，產生出難以饒恕的罪孽悔恨。

實際上屠殺野生動物也並非是中國人的專利，西方人在這方面的殘忍也是過猶不及。迄今為止，印尼人嗜好蝙蝠翼的習慣在其他民族眼中視為異端，而朝鮮民族嗜狗肉的傳統，將其列為首爾國際奧運會的自豪，雖引來國際上諸多的批評，卻仍然堅持己見。

從為我修理房舍的工人居然將無辜的果子狸寶寶烹製成盤中物，到2003年發生的「非典」病毒，也許是巧合，也許是因果報應。廣東人對果子狸的貪得無厭，就如同我曾在臺北見到過的蛇店老闆，最後的命運栽在一小滴蛇毒液中，而「非典」也讓果子狸的病毒成為廣東人被傳染的毒株。

這次的「新冠肺炎」蔓延全球，雖然還沒有找到完全的證據，證實病毒的傳播是通過蝙蝠，將病毒傳給中間傳播媒介，有可能就是被人類殘殺得瀕臨滅絕的穿山甲。從人類早就嗜食穿山甲的惡行，毫無疑問穿山甲成為病毒媒介應該是人類作惡多端而順理成章的懲罰。

走筆至此，從北京傳來消息稱，全國人民代表大會，已經通過提案，全面禁止野生動物的販賣和食用。接下來深圳、雲南等地也先後通過地方法規，約束當地百姓對野生動物的殺戮。實際上，這個禁令應該統一由中央頒布，全國執行，而且是勢在必行，並且要規範違規者必須面對嚴懲，沒有必要再出現地方的法規。中國社會傳統上始終不絕的「天高皇帝遠」習性，往往是反映了地方政府對中央的「陽奉陰違」，結果是事倍功半。

在人類面臨著生態環境愈發惡劣，野生動物瀕臨滅絕的逆勢時，澈底的覺悟刻不容緩，對野生動物肆無忌憚的殺戮應該停止了，保護野生動物的生存，就是為人類自己提供一個健康的生存環境。「非典」和「新冠肺炎」已經給全人類提供了一堂生動的求生教訓。假如人類再不引以為鑑，當另一場的病毒來臨時，也許就是人類自我滅絕的開始，這絕不是危言聳聽！

（2020年3月1日完稿於國際海豹日）

新疆迷人的神祕在哪裡？

最早對新疆的簡易認識是從中學地理教科書中獲得的，內容極為有限。可以歸納為哈密瓜、吐魯番的葡萄，以及和田的玉石、手抓羊肉飯和潔白的棉花，僅此而已。說得不好聽就是對新疆的「孤陋寡聞」！

若不是親自去過幾次新疆，這一生的遺憾將是永遠無法彌補的。第一次去新疆，已經是三十多年前的事了。當時溫哥華有一所中學要我組織當地中學老師們去中國旅行，選擇的路線是「絲綢之路」。他一提出這個建議，幾乎讓我有立即打退堂鼓的念頭。原因很簡單，中國當時西北地區的旅遊發展還處於萌芽階段，一切的條件諸如交通、飯店及餐飲都極其落後。

但禁不住那位老師的一再要求，我終於下了「壯士一去不復返」的決心，給他們安排一次中國沙漠之行的「壯舉」。

行程的確如我所預想的艱難萬般，從北京飛西安還差強人意，但到了敦煌後，條件即開始每況愈下。先是在敦煌發生全團有一半團員腹瀉的嚴重問題，我後來發現肇因是當地用豬油炒菜，給加拿大極富嬌氣的腸胃製作了威脅。

其次是敦煌飛烏魯木齊的航班，延誤或取消竟然是家常便飯。我親眼目睹羈留在當地動彈不得的日本、法國及英國旅遊團，在酒店和機場之間的來回折騰。好在我和當地旅行社有密切的業務關係，我的加拿大教育旅行團很順利地登上安18蘇式的螺旋槳小飛機，平安抵達新疆首府烏魯木齊。

第一天的城市觀光，給了我一個從未有過的「驚奇」。我們在市中心廣場上瀏覽風光，突然有幾位看上去是維吾爾族的市民，給我的團員們散發資料。我在好奇心驅使下，上前向他們索取一份，但遭到拒絕。還是其中一位加拿大團員，主動將他收到的資料遞給我看，那是一張質地極為粗糙的白紙，內容是用打字機打出後複印的。我先瞄了一下標題，就明白是維吾爾族反對漢人的宣傳品，他們的目的是要藉助外國人將這個信息傳到海外去，而從我的面貌判斷我就是漢人，誤認我是大陸的旅行社導遊，所以這宣傳品就沒有我的份了。

那次的行程很匆忙，前後只有兩晚，所以對烏魯木齊除了那帶著極濃的羊騷味的羊肉給我留下難忘的印象外，其他都記憶不起來了。

上世紀八十年代喝茶吃饢的維吾爾族老人。

一直到2008年之後，由於教育交流的使命，我有機會多次前往新疆，令我汗顏的是，我對新疆的文化和歷史居然是無可饒恕的「閉塞」和「無知」。

2008年之前的落後印象，在以後幾次的烏魯木齊訪問中已有了顯著的改進。維吾爾族市民給外國人發傳單的場景也不復存在。卻增加了車輛出入停車場或是進出星級酒店時，都會有穿著制服的安檢人員用電子探測器在我們乘坐的汽車周圍繞一圈，並打開車後面的行李艙看一眼才放心。陪同我的當地教育界人員向我解釋，是因為新疆經過了多次的恐怖份子騷擾後，治安當局為保護市民安全，才訂出了這個安檢的措施。

為了不讓他認為我會對新疆有任何的負面想法，我輕鬆地告訴他，這樣的安檢，我在其他國家經歷多了。上世紀希臘發生政變的時候，我在雅典旅行，市中心布滿了坦克軍車，軍人們都是荷槍實彈地在四周巡邏。了解到這些軍人的職守是保護當地居民的安危，所以我沒有絲毫的恐懼，逍遙自在地到處參觀。我隨即告訴他，當時我還撿了個便宜，那就是在採取緊急狀態下，到訪的旅客減少，因此幾乎所有的星級酒店都用大折扣來吸引外來旅客。也因此，我下榻的希爾頓酒店房間包早餐還不及平時的一半要價。

類似經驗我也在菲律賓首都馬尼拉遭遇過。也是一次政治的變動，我正好在馬尼拉，下榻的「菲律賓廣場大酒店」，幕後的主人就是當時馬可仕總統夫人。在酒店的大門口，有重兵把守，凡是初臨斯地的旅客，在進入酒店前，都要將行李從車上取出，放在門口打開給駐紮的士兵檢查。對一些不習慣的旅客，遇到這樣的情境，除了尷尬，更不敢隨意表達意見。

我進一步語重心長地告訴陪同，其實新疆遭受到一些恐怖份子的騷擾，不但沒有得到西方國家的理解，反而譴責中國在迫害少數民族。實際上滅絕人種的勾當，早已出現在西方有數百年的歷史。

西班牙在中世紀的對外擴張，佔領了拉丁美洲，除了撒下西班牙文化的種子外，就是屠殺當地土著。如祕魯的印加民族，當今的印加城市科斯克遺留下來的印加後裔，只要一提到西班牙，他們就會咬牙切齒。我在庫斯克訪問時，乘坐的出租車司機就是印加後裔，他得悉我是中國人時，從駕駛座的反光鏡裡給我豎起了大拇指。而下車時只輕鬆地說了一句：

「假如西班牙人乘坐他的出租車，肯定會給他們要三倍車費。」

我曾到過的古巴，也發生過同樣的悲劇，當地土著被西班牙人趕盡殺絕後，欠缺的勞工居然要從非洲輸運奴隸來取代。

法國和英國先後的殖民，被佔領的島上土著幾無人倖免屠殺的厄運。英國統治者，最後要到印度運輸大批勞工到模里西斯，時至今日，該國百分之七十的居民為印度裔。不理解歷史的人會以為，這是一個屬於印度的島國。

富裕的北美洲，安分守己的印地安人在這裡生活了數千年，被來自英國的「探險者」建立了美利堅共和國和英屬的加拿大，當地原來的主人，要面對被鳩佔鵲巢幾近滅種的厄運。尤其是加拿大，迄今為止，雖然各地仍有零星的印地安人保護區，但是該民族的營養嚴重缺乏，失業率居高不下，屬於溫哥華市政府世界聞名的史丹利公園1001公頃的土地，居然是英國統治者以一元加幣，從印第安人手中奪取的戰利品。

如今攻擊污衊中國對新疆政策最為惡毒的，竟然是來自這個大言不慚披著民主外衣的「美麗」大陸。

經我這一說，陪同臉上露出的笑容，代表著他內心的釋懷，也反映出他對我的解說有充分的認同。

其實烏魯木齊是一個充滿活力的現代城市，唯一和內地城市不同的地方就是走在路上，耳聞的是不同的語言，目睹的是膚色的差異。就在我每次到訪時下榻的市中心喜來登酒店，服務人員有漢族、維吾爾族和白族等不同背景，但彼此間都和睦相處，而對待旅客時的真誠態度卻看不出民族的差異。

當地民族風光旖旎，物產富饒，為了一探維吾爾族的烹調，陪同為我安排到一家位在克拉瑪依大街上名叫「米拉吉」（Miraj）的維吾爾族餐廳，這是一家被評為五星級的餐館，在當地頗享盛名。進入餐廳即聽到維吾爾族的音樂，兩位維吾爾族音樂人在那裡彈奏，兩層樓的餐廳完全是維吾爾族式裝飾，餐廳裡已經是高朋滿座，熱鬧非凡，而且廚房裡烹飪的香味傳到餐廳令人飢腸轆轆。食

新疆道地美食「饢」。

客有漢人，也有維吾爾族人，當然其中不乏像我來自海外的遊客，被那些傳統的佳餚所吸引。

菜單上琳瑯滿目，圖片極為誘人，包含廣為食客捧場的手抓飯，還有「饢」、「烤包子」、「羊肉燜餅」和「拌麵」等維吾爾族的典型傳統食品，美不勝收。

「饢」是一種用麵粉製作成環狀如圈的麵食，外面灑芝麻在火爐中烤熟，香脆可口。

「羊肉燜餅」則是在製作好羊肉菜餚後，將燜餅放置在上端。食用時將燜餅醮羊肉汁，佐以羊肉等食料，味道鮮美無比。

為食客服務的工作人員是清一色的維吾爾族年輕小伙子，個個長得英俊雋拔，對待客人和藹可親，而且做事利索，在餐桌間穿梭

石油城克拉瑪依市中心全景。

不停，深得食客的好感。

我們也在忙碌過後，安排一個晚上去一家規模相當的大巴扎歌舞宴藝廳，裡面張燈結彩，氣氛活潑，整個大廳可容納好幾百位不同民族的食客，同時享受美食並觀賞維吾爾族的歌舞，氣氛熱鬧融洽。

新疆的美食極具吸引力，但它的自然風光卻有別於中國大地的任何一角。我在當地教育部門的協助下，先到了距離烏魯木齊約三百公里外的克拉瑪依。那是一座因盛產石油而聞名的城市，位在新疆西北角。在沒有抵達之前，我一直在猜測因為出產石油，這座城市肯定是「烏煙瘴氣」，而且我還擔憂它的空氣污染會否影響呼吸？可是一進入市區後，令我驚訝不已，而對先前在公路上的隨意猜測不由產生愧疚。

克拉瑪依整個城市人口約二十八萬，在中國大地上，這樣少有居民的大城市實屬罕見。而且整座城市放在地球上任何一個角落，將其稱為「現代化的先進城市」一點都不誇張。它擁有全覆蓋的電子設施，百姓安居樂業。如不是親眼目睹，很難想像在離開北京五個多小時航程的邊疆，有這樣令人目不暇給而令內地許多城市稱羨的都市。

距離城市約一百公里處，有一個烏爾禾風城。顧名思義，這裡會令人和臺灣以風而著名的新竹聯繫在一起。事實上，烏爾禾風城的風力，是新竹可望而不可及的奇特現象。歷史上，這裡曾經是個清新的碧水湖泊。經過了兩百萬年的變遷，如今卻成了一個寸草不生的沙漠，但也因此成為舉世無雙的著名旅遊景區，而且是聯合國世界文化遺產，給新疆增添豐富的自然景觀，在這片廣漠的沙漠下還蘊藏著豐富的天然瀝青和石油。

我在幾次的新疆旅途中，給予我印象最為深刻的就是這一片烏爾禾風城的遺址。因它的地理位置處於風口，在刮風的時候風力幾乎在10到12級。在荒蕪人煙的沙漠裡，當太陽下山天昏地暗後，風力的呼嘯聲，令人毛骨悚然，感受到如同魔鬼的淒厲慘叫，也因此這裡被稱為「烏爾禾魔鬼城」。

哈薩克人和維吾爾族人稱之為「沙依坦克爾」（Shaitankrsy），蒙古族稱之為「蘇魯木哈克」（Surumhak），意思是魔鬼出沒的地方。整個地區為典型的「雅丹」地貌，在維吾爾族語言中，雅丹的意思是「陡峭的小丘」。

從未涉足過烏爾禾地區的人士，一踏進這座沙漠地區，會誤以為這裡曾經是個人煙繁榮的城市，經歷了大自然的變遷，只留下千奇百怪的建築遺跡。實際上這些所謂的建築遺跡，是經歷了千百年颶風的無情吹襲而自然風化，將沙子自然形成如同建築的不同樣

筆者在烏爾禾魔鬼城留影。

子。有的看上去猶如西藏的布達拉宮、柬埔寨的吳哥窟，有的像是日本的富士山、羅馬的鬥獸場，或是大鵬展翅，又似石獅觀海。凡是留下的不同形狀，遊人可以用自己的思維或是幻想，去形容那一座座沙漠的堆積，更為增添參觀時的雅興。

由於整個烏爾禾魔鬼城地貌廣漠，僅僅一天匆忙的拜訪，即使用擺渡車作為交通工具，也只能走馬看花。我在當地人士的陪同下，雖然時間略嫌倉促，卻仍然深切感受到這座魔鬼城並不因為它是沙漠，卻更為凸顯其迷人的景色。尤其是當夕陽西下之前，金黃色的陽光照射在一座座沙漠形成的建築遺跡，給人增添無數的遐思。

新疆之有今天的繁榮，功勞應該屬於1954年建立的新疆建設兵團。我第一次接觸建設兵團，是在上世紀九十年代。當時為了安排教育旅遊團，通過北京，我與新疆旅遊業聯繫，在信紙上看到新疆建設兵團XX旅行社時，對這個很新鮮的單位名稱有幾分納悶。為什麼成為新疆建設兵團旅行社呢？難道中國人民解放軍也經營旅遊業？

經過了多次的訪問，我逐漸了解，新疆建設兵團對當地的開發建設，有著驚天動地的功勞。原來那是1954年10月7日毛澤東下令成立的屯墾組織。是由中國人民解放軍第一野戰軍第一兵團的第二軍和第六軍大部分成員，第二十二兵圖的全部成員，以及第五軍的大部分成員組建而成。

其中第二軍擁有不少的赫赫戰功，包括保衛延安、解放大西北、進軍新疆和西藏阿里等重要任務。而第二十二兵團則是由1949年國民黨新疆警備司令部「起義」的部隊改編而成。第五軍則是新疆當地三區革命民族軍在1949年12月20日正式改編的番號。

新疆在1949年9月25日和平解放後，雖然沒有經歷戰爭的摧殘，但是國民黨在1944年到1949年那一段時間裡，根本沒有作任何的經營。所以新疆的面貌是民生凋敝、經濟落後。經歷了幾年的苦心經營，毛澤東決定必需要全力開發新疆，將沙漠變為綠洲，開荒地為農田，當地人民才能去除貧困的磨難。

於是毛澤東一聲令下，將上述的三個兵團共10.5萬人，及六萬家屬，立即脫下軍服，改為務農開發的工人。全體官兵在沒有任何物資的援助下，自力更生，憑藉的僅是雙手和堅強的意志。在一年的時間裡，栽種出糧食，養殖了畜牧，不僅解決了這十幾萬人的後勤補給，還給維吾爾族人民提供了一些幫助。

我曾觀賞過中央電視台聯播的電視劇《走天山的女人》，其中不乏建設兵團艱苦拼搏賺人眼淚的鏡頭，尤其是在那冰天雪地的荒漠中，墾荒的戰士們居住的地方令人動容。他們在雪花紛飛的惡劣氣候中，穿著單薄的衣褲，就地在冰封如堅石的沙漠上，辛苦地用鐵鍬鑿出一個坑，上面搭上柴草，再覆上泥土，就這樣在僅能容身的地窖中避風雪，這就是後來聞名於全國的「地窩子」。

經過了近六十年的經營，新疆建設兵團已經將貧窮落後的沙漠予以改頭換面，成為今天繁華的新疆。它從開始的十六萬人已成為擁有248萬的大軍，其中在崗位工作的有93萬人，為新疆擁有14個師（墾）區，174個農牧團場，4391個工業、建築、運輸、商業、企業等事業單位，發展了科技、教育、文化、衛生、體育、金融及保險等各行各業。

我有一位在北京結識逾二十年的忘年之交，他就是出生在新疆的建設兵團成員後人。他的先翁從抵達新疆後即始終不渝地為新疆的發展堅守在艱苦樸素的崗位上，他和妻子就和那十多萬建設兵團成員畢生獻身於新疆的建設，令人肅然起敬。我的忘年之交有兄弟姊妹，也都是新疆的永久居民。

不知就裡的人以為新疆建設兵團是毛澤東的新發明。其實屯墾戍邊的政策已經有兩千年的歷史。早在西漢時代，張騫在公元前101年就在新疆屯墾。歷經不同朝代，屯墾新疆到清代曾達到高峰，1840年前就有12.67萬屯工，屯田達20萬公頃的輝煌。在1840到1850年之間，甚至高達83萬公頃的紀錄。左宗棠收復新疆後，再創歷史新高。到盛世才統治新疆時，還創辦了第一個機械化的農場。

了解到中國歷史上對新疆開發經營的興盛滄桑，就知道毛澤東延續了發展新疆的歷史進程，值得讚賞的是毛澤東的新疆建設兵團經歷了僅僅六十年，所創造出包括工、農、商、科技等行業的發展，是史無前例的成就，也使歷代皇帝望塵莫及。我可以大膽地表達，假如新疆有什麼迷人之處，就是新疆建設兵團創造出的奇蹟。無可否認的，新疆的水果、大自然風貌等吸引力，凡是親身經歷過的旅客，莫不對自己的選擇額手稱慶。

我在最後一次離開新疆的時候，因時間所限，無法去領略與敦煌石窟相比美的克孜爾千佛洞。這是一個被許多人忽略的新疆阿克蘇地區的歷史文化古蹟。阿克蘇位在天山南麓，塔里木盆地的北緣，因此克孜爾千佛洞也被稱為阿克蘇佛窟。

對於許多人來說，在中國與佛教有淵源的石窟應該是龍門石窟、敦煌莫高窟、雲崗石窟，以及四川的千佛崖石窟。然而新疆的克孜爾千佛洞，卻是歷史最悠久的佛教石窟。它在公元三世紀就開始開鑿了。是中國西部歷史最悠久，佛教影響最深遠，藝術價值最精湛的石窟。

但是在歷史的長河中，由於戰爭以及天然風化等影響，許多石窟都未能被保護而毀壞，如今僅遺存有236個被編號的石窟，其中完整的有131個，壁畫石窟有60個。壁畫的面積總計有一萬多平方米，是除了敦煌莫高石窟的精彩壁畫外的重要歷史遺產。

阿克蘇位在天山南麓，塔里木盆地的北緣，因此克孜爾千佛洞也被稱為阿克蘇佛窟。

為了克孜爾石窟，我有重臨新疆的強烈願望，因為在上世紀九十年代，在英千里老師公子英若誠的協助下，我曾有幸在敦煌莫高石窟看到九個不對外開放的重要石窟。那時候他擔任中國文化部副部長職，所以與全國範圍內的文化機構都有直接領導的關係。

因為我們之間有著師兄弟的關係，所以在北京時，向他諮詢如何能看到敦煌的輝煌歷史真跡。他欣然為我聯繫了甘肅省宣傳部長，抵達蘭州後，甘肅省宣傳部長到酒店來看望我，而且告訴我，已經和敦煌研究院院長樊錦詩聯繫好，我去時她會親自接待我。

樊錦詩是中國現代敦煌莫高窟研究學者，她在1962年從北京大學考古學系畢業後，即被分配到敦煌任職，一待就是六十年。她的重要任務是編撰敦煌考古報告，作為以後敦煌石窟有毀壞或是災害時，能按照她編撰的報告作為參考予以修復。

經歷了長期的艱苦研究，樊錦詩終於在2011年出版了《莫高窟266-275窟考古報告》。這一輝煌的成就，引起了法國學界的注意，2019年10月18日，在法國「第二屆汪德邁中國學獎」頒獎儀式上，負責人汪德邁以九十二高齡，牽著八十一歲的樊錦詩之手步入大廳，受到全體與會人士起立致敬。

樊錦詩在接受榮譽後說：「我是一名中國的考古學者，我一生只做了一件事，那就是保護和研究世界文化遺產地——敦煌莫高窟，我在敦煌度過了近六十年，我個人的考古研究和莫高窟保護事業是不可分離的。」多麼樸實的講話，反映出一位終身為考古事業奮鬥學者的高超品格。

2019年9月17日，中國國家主席習近平簽署了主席令，親自授予樊錦詩國家榮譽稱號「文物保護傑出貢獻者」。

我在訪問敦煌的時候，得到這樣一位簡樸而偉大的考古學家親自接待，並陪同我一起參觀了九個壁畫極為豐富的石窟，結束後在她樸素的辦公室裡交談了很久，還給我贈送了有關莫高窟的研究文獻，使我終身難忘。

阿克蘇千佛洞，是我夢寐以求的參觀內容，以後必定選擇適當時間前往阿克蘇一睹中國歷史上的佛教精湛遺跡。我殷切希望在阿克蘇能遇到一位如同在敦煌莫高窟見到的樊錦詩學者，為我介紹並啟迪千佛洞的歷史故事，增長我對該地區文化宗教歷史的知識。當然更為期盼的是，中國的考古界，是否能如同研究敦煌莫高窟一樣，組織考古人士，將阿克蘇的佛教遺產作有序的整理研究，使得敦煌莫高窟和阿克蘇千佛崖不僅能成為中國佛教歷史的一對瑰寶，更重要的是，它必然是新疆的迷人之處！

（2020年元月25日完稿於溫哥華）

國家圖書館出版品預行編目

穹宇涉獵 / 文釗著. -- 臺北市 : 致出版,
2021.09
面；　公分
ISBN 978-986-5573-20-1 (平裝)

1.遊記 2.旅遊文學 3.世界地理

719　　110013790

優傳媒叢書01

穹宇涉獵

作　　者／文釗
出版策劃／致出版
製作銷售／秀威資訊科技股份有限公司
114 台北市內湖區瑞光路76巷69號2樓
電話：+886-2-2796-3638
傳真：+886-2-2796-1377
網路訂購／秀威書店：https://store.showwe.tw
博客來網路書店：https://www.books.com.tw
三民網路書店：https://www.m.sanmin.com.tw
讀冊生活：https://www.taaze.tw

出版日期／2021年9月　　**定價**／500元

致 出 版　　向出版者致敬